Architekturlandschaft Niederösterreich
Weinviertel

Architekturlandschaft Niederösterreich
Weinviertel

Lower Austria – The Architectural Landscape
Weinviertel Region

Theresia Hauenfels/Elke Krasny/Andrea Nussbaum

Mit Essays von
Henrieta Moravčíková, Dominik Scheuch,
Gerhard A. Stadler, Michael Stavarič
und einem Interview mit Andreas Breuss
Fotografiert von Andreas Buchberger

With essays by
Henrieta Moravčíková, Dominik Scheuch,
Gerhard A. Stadler, Michael Stavarič
and an interview with Andreas Breuss
Photographed by Andreas Buchberger

Herausgegeben von Kunstbank Ferrum – Kulturwerkstätte
und ORTE Architekturnetzwerk Niederösterreich

Edited by Kunstbank Ferrum – lab for cultural development
and ORTE Architecture Network Lower Austria

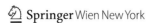

Herausgeber / Editors: Kunstbank Ferrum – Kulturwerkstätte zur Förderung von
Kunst und kultureller Entwicklung und ORTE Architekturnetzwerk Niederösterreich
Redaktion / Editorial Office: Theresia Hauenfels, Elke Krasny, Andrea Nussbaum, Heidrun Schlögl
Texte / Texts: Theresia Hauenfels *(th)*, Elke Krasny *(ek)*, Andrea Nussbaum *(an)*
Fotografie / Photographs: Andreas Buchberger

© 2013 Springer-Verlag/Wien
Printed in Austria

SpringerWienNewYork is part of
Springer Science + Business Media
springer.at

Grafik, Pläne, Umschlaggestaltung und Satz / Graphic design, maps,
cover design, and typesetting: o- Alexander Ach Schuh, Martina Fuchs
Übersetzung D – E / Translation G – E: Chickadee Translation, LLC.
Lektorat E / Copy editing E: Chickadee Translation, LLC.
Lektorat D / Copy editing G: Sabine Wiesmühler, Hannah Bruckmüller
Umschlagbild / Cover Photo: Performative Behausung,
Architektur / Architecture: Klaus Stattmann, Fotografie / Photography: Andreas Buchberger
Druck / Printed by: Holzhausen Druck GmbH, 1140 Wien, Austria

Gedruckt auf säurefreiem, chlorfrei gebleichtem Papier – TCF
Printed on acid-free and chlorine-free bleached paper

SPIN: 86146900. Mit 182 Abbildungen. / With 182 illustrations.

Bibliografische Information der Deutschen Nationalbibliothek
Die Deutsche Nationalbibliothek verzeichnet diese Publikation in der Deutschen
Nationalbibliografie; detaillierte bibliografische Daten sind im Internet über
http://dnb.d-nb.de abrufbar.

ISBN 978-3-7091-1350-9 SpringerWienNewYork

Die Publikation wurde gefördert von der Abteilung Kunst und Kultur im Amt der nieder-
österreichischen Landesregierung und der Sektion VI – Kultur im Bundesministerium für
Unterricht, Kunst und Kultur. *This publication was funded in part by the Abteilung Kunst und
Kultur of the Lower Austrian regional government and the Sektion VI – Kultur of the Austrian
Federal Ministry for Education, Arts and Culture.*

Inhalt / Contents

Editorial

Wer die moderne Baukultur des Weinviertels erkundet, wird vielleicht eine
Vielzahl herausragender Wein-Architektur erwarten. Doch ist die Region
in dieser Hinsicht erst im Aufbruch. Überraschend hingegen ist die Fülle
an überzeugenden Bildungseinrichtungen ebenso wie die Formenvielfalt im
verdichteten Wohnbau.

Installationen wie Interventionen der »Kunst im öffentlichen Raum Niederösterreich« finden sich in diesem Viertel häufiger als im übrigen Bundesland.
So kann dieses Buch lediglich eine kleine Auswahl bemerkenswerter Kunst-
werke im Freiraum präsentieren. Zahlreiche private Wohnhäuser wurden in
ihrem Bestand vorbildlich erweitert oder revitalisiert. Oft aber ist ihre Qualität
nach innen gewandt und somit für Architekturreisende unsichtbar. Trotzdem
wollen wir einige von ihnen im Kapitel »Versteckte Schätze« würdigen.

Zwei Essays und ein Interview reflektieren die Wechselwirkungen zwischen
Landwirtschaft, Energiegewinnung, dem Baustoff Lehm, der gegenwärtig
eine Renaissance erlebt, und der Architektur und Landschaft des Viertels
unter dem Manhartsberg. Ein literarischer Text nähert sich dem Weinviertel
auf sehr persönliche Weise und erzählt aus der Sicht eines Zuwanderers
von den ersten Wahrnehmungen von Land und Leuten. Nicht zuletzt befasst
sich ein wissenschaftlicher Beitrag mit der Geschichte von Gesellschaft,
Wirtschaft und Siedlungsstrukturen im Nordosten Niederösterreichs und
der benachbarten Slowakei und vergleicht die Auswirkungen des Weinbaus
auf die Baukultur beider Regionen.

9

Unser besonderer Dank gehört der Abteilung für Kunst und Kultur des Landes
Niederösterreich sowie den BauherrInnen und PlanerInnen, die mit ihrem
Engagement das Weinviertel bereichert haben.

Heidrun Schlögl
ORTE Architekturnetzwerk Niederösterreich
ORTE Architecture Network Lower Austria

Gerhard Junker
Kunstbank Ferrum – Kulturwerkstätte
Kunstbank Ferrum – lab for cultural
development

*Someone exploring the contemporary architectural
culture of the Weinviertel might expect to find a wealth
of exceptional wine-related buildings. However, this
sector is only first beginning to develop in the region.
Conversely, the abundance of excellent educational
facilities, as well as the multitude of different solutions
for densified living situations, is indeed surprising.*

*Art installations and interventions by the "public art
lower austria" institution can be found more frequently
in this district than in the rest of the region. For this
reason, this book is only able to present a small
selection of the many remarkable works of public art.
A great number of existing private homes have
been splendidly expanded or revitalized. However,
their qualities are often on the inside and, as such,
not visible to architectural travellers. Nonetheless,
we aim to acknowledge some of them in the chapter
titled "Hidden Treasures".*

*Two essays and an interview reflect upon the interplay
of agriculture, energy extraction, clay as a building
material – currently experiencing a renaissance – and
the architecture and landscape of the area below the
Manhartsberg mountain ridge. A very personal literary
text approaches the Weinviertel from an immigrant's
point of view, describing the author's initial impressions
of the country and the people. Not least, a scientific
article takes a look at the history of the society,
economy, and settlement structures of northeastern
Lower Austria and neighboring Slovakia, comparing
the different effects that winegrowing had on the
architectural culture of the two regions.*

*We express special thanks to the Lower Austrian
Department of Art and Culture, as well as the building
owners and planners who have so greatly enriched
the Weinviertel region through their dedication.*

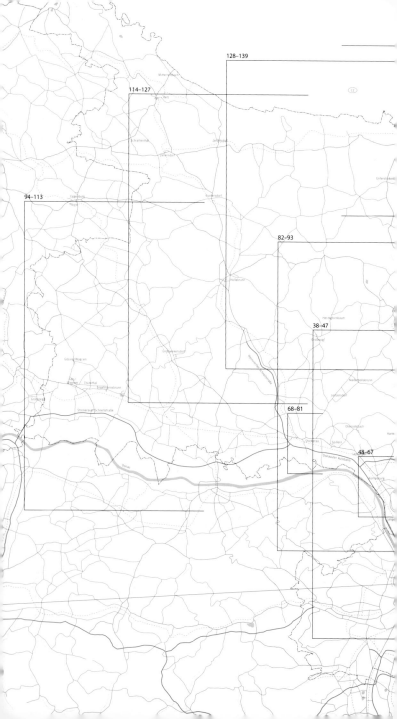

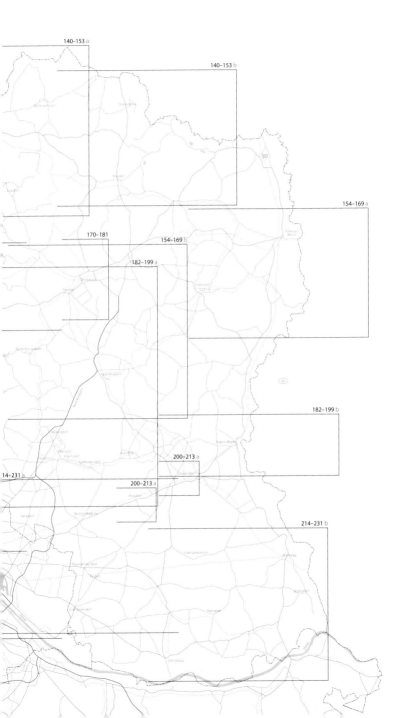

Ressource Landschaft – ein Streifzug auf Weinviertler Boden
Dominik Scheuch

Gibt es so etwas wie eine Weinviertler Erde? Einen Boden, auf dem das kulturelle Erbe entstand? Eine Geschichte aus der Landschaft, so wie der Stein in Mittelitalien, der die Idealstädte der Renaissance formte? Eine Gestalt, die sich aus den Landschaftsräumen aufgrund natur- und gleichzeitig kulturräumlicher Bedingungen bis heute entwickelte?

Das Weinviertel hat einen guten Boden, und es ist einiges daraus zu machen. Es ist ein Landstrich, so heterogen er auch sein mag, der zusammengehört und eine noch oder mittlerweile wieder kleinteilige gemischte Kulturlandschaft präsentiert. Die sanft-hügelige und von kleinen Bächen durchzogene Morphologie innerhalb weicher Grenzen wie der Manhartsberg im Westen, die March im Osten und der Wagram im Süden fördern kleinräumliche Eigenheiten. Besonders die Kalkklippen vom Waschberg bei Stockerau, über die Leiser Berge und die Staatzer Klippen bis über die Grenzen zu den Pollauer Bergen markieren eine sehr dezente Teilung des Viertels. Klimatisch betrachtet ist das Weinviertel viel extremer. Aufgrund seiner pannonischen Zuordnung dominieren kalte Winter und heiße Sommer. Der Niederschlag ist unterdurchschnittlich gering. Nicht ohne Grund findet man Trockenrasen und Eichen-Hainbuchen-Wälder als Repräsentanten einer Pflanzengruppe, die sich mit Niederschlägen unter 500 mm pro Jahr begnügt. Die bäuerliche Nutzung hatte darauf zu reagieren. Der agrokulturelle Anbau erzeugte daher über Jahrhunderte eine lebendige Mischkultur, eine Abwechslung und eine laufende Abfolge bester Früchte. Daraus entstanden kleinregionale Unterschiede mit Schwerpunkten wie Zwiebel, Rübe, Erdäpfel oder dem neumodischen Kürbis und natürlich dem namensgebenden Wein. TouristikerInnen bezeichnen das bescheidene Viertel mittlerweile als Genussland. Das Marchfeld nimmt landschaftlich natürlich eine Sonderrolle ein. Die weite Ebene im Südosten des Weinviertels zeigt sich als intensives Agrarland, dessen BewohnerInnen sich eher als MarchfelderInnen denn als WeinviertlerInnen verstehen.

Landscape as a Resource – Roaming through the Weinviertel Countryside
Dominik Scheuch

Is there really such a thing as Weinviertler soil? The earth from which a cultural heritage sprang? History arisen from the landscape, like the stone in central Italy that gave birth to the ideal city of the Renaissance? Something still developing from the natural and simultaneously cultural conditions of the different landscapes even today?

The Weinviertel region has good soil, and much can be done with it. As heterogeneous as this swath of land is, it belongs together and still, or once again, presents a highly mixed cultural landscape. The gentle hills and little streams that crisscross the morphology of areas softly defined by borders such as Manhartsberg mountain in the West, the Morava river in the East, and the Wagram rim in the south create fine differentiations in the landscape. The lime cliffs ranging from the Waschberg mountain near Stockerau all the way to the Leiser Berge area, and from the Staatzer Cliffs all the way across the border to the Pálava mountains, all mark particularly subtle divisions of the Weinviertel. The climate of the region is much more extreme. Its location in the Pannonian Plain means that cold winters and hot summers are predominant. Precipitation is well below the average. It is not without reason that dry grasslands, oak trees, and hornbeam forests are found here, representatives of a vegetation group that can subsist on less than 500 millimeters of precipitation per year. Local farming practices had to adjust, of course. Over the centuries, agriculture turned to a lively mixed culture that created diversity and a continual succession of the best produce. This led to the development of distinctions between the tiniest of regions, with the emergence of specialties such as onions, beets,

Die leicht hügelige Kulturlandschaft arrangiert sich wie selbstverständlich mit kleinen Geländesprüngen, forstwirtschaftlich genutzten Waldgebieten, wilden Flurgehölzen und immer mehr verbreiteten Wildbrachen aus mageren Wiesen. Ein starkes Stück verschob die so genannte »Weingarten-Stilllegung« in den frühen 1990er Jahren weg vom Wein hin zur EU-geförderten Brache. Doch das war eine Zeit des Wandels. Die Wiederentdeckung des Weinviertels als Land des hervorragenden Grünen Veltliners, des so genannten Weinviertel DAC, ist nun bereits vollzogen. Der qualitätsvolle Wein hat das von Massenproduktion, Weinskandal und schwacher Vermarktung gebeutelte Weinviertel voll rehabilitiert, mehr noch, ihm zu großem Erfolg verholfen. Wo bleiben aber die architektonisch bemerkenswerten Neubauten der heutigen Weingüter? Ausnahmen bestätigen die Regel, aber von einem Hype wie in der Steiermark kann man nicht sprechen. Und da kommt natürlich neben der Bebauung des Bodens die architektonische Bebauung der Weinviertler Dörfer und Städte ins Spiel.

Das traditionelle Baumaterial des Viertels schöpft aus dem reichen Vorkommen von Löss. Die voralpine Lage entwickelte in der letzten Eiszeit dank ausgeprägter Winde ein aus Flugsanden sedimentiertes Gestein, das sich vorzüglich formen, fixieren und abbauen lässt. Es ist ein extrem nachhaltiges und mittlerweile im Rahmen ökologischer Baustoffe wieder diskutiertes Baumaterial. Besonders bemerkenswert ist, dass der Löss von alleine »steht«, sich also Kellerröhren, Hohlwege oder Nischen ohne Zugabe von Bindemitteln im anstehenden Material graben lassen. Im Neubau ergab sich aus der Mischung mit Stroh und Wasser ein luftgetrockneter Lehmziegel besonderen Formats bis zum Ende des 19. Jahrhunderts, als die Ziegelindustrie im Weinviertel losbrach.

13

potatoes, new-fashioned squashes, and, of course, the wine that gives the "Wine District" its name. Tourism specialists now recognize the modest region as being a "land of culinary delights". The Marchfeld, or Moravian Field, naturally takes on a very special role in the landscape. This broad plain in southeast Weinviertel is intensely agricultural, and its denizens see themselves more as Marchfelders than as Weinviertlers.

The cultivation of the gently hilly landscape comes to terms matter-of-factly with small jumps in the terrain, commercially forested woodlands, corridors of wild forest, and steadily spreading fallows of wild, scraggy meadows. During the so-called "winery shutdowns" of the 1990s, a strong shift away from wine took place, with grapevines being replaced by EU-subsidized fallows. However, this was just a passing period of readjustment. The rediscovery of the Weinviertel as the home of an excellent Grüner Veltliner wine, the so-called Weinviertel DAC, has come to full bloom. This superior wine has not only rehabilitated a region shaken by the ailments of mass production, wine

scandals, and weak marketing, it has done even more – it has turned it into a great success. But where are the architecturally notable new buildings of today's wineries? There are a few exceptions to the rule, but it doesn't come even close to the hype that is happening in Styria. And of course the architectural seeding of buildings in the villages and towns is as much part of the game as the seeding of the region's soil.

The traditional building material of the region comes from its rich abundance of loam. The extreme winds of the last ice age brought drifting sands into this pre-alpine location that developed into sedimentary rock that can be excavated, formed, and set with extraordinary ease. It is highly sustainable, and is now being brought back into the discussion as an ecological building material. It is especially noteworthy that this clay can "stand" all on its own, and that basement pipes, tunnels, and niches can thus be dug out of the solid material without the addition of bonding agents. A mixture of clay, straw, and water was used to make specially sized, air-dried bricks for

Typische Siedlungsstrukturen des offenen und weiten Viertels sind Anger-
dörfer, weil sie mit geschlossenen Häuserzeilen und zwei schmalen Zugängen
gut zu verteidigen waren. Wie die Landschaft dörfliche Bebauungsstrukturen
definiert, zeigt sich schön anhand des Pulkautales ganz im Norden. Die Orte
liegen im Tal, wohingegen die oft romanischen, später barockisierten
Kirchen auf der Anhöhe, geschützt vor den Überschwemmungen, thronen.
Die Kellergassen, auch Kellertriften genannt, laufen hingegen normal zum
Fluss in die Lössablagerungen nach Norden oder Süden. Gekeltert wird im
Pulkautal traditionellerweise der Blaue Portugieser, der die extrem trockenen
Bedingungen bei gleichzeitigem Schutz vor Frost in guten Hanglangen verträgt.

Die Industrialisierung der Landschaft, die Dominanz der nahen Großstadt
und die besondere Randlage zum ehemals hermetisch abgeriegelten Osten
erzeugten einige räumliche Besonderheiten. Die Erschließung mit der
Kaiser-Ferdinands-Nordbahn in Richtung des oberschlesischen Kohlereviers
veränderte eine vormals stark bäuerliche Region in ein Band der ArbeiterInnen,
von Deutsch-Wagram, Strasshof über Gänserndorf bis Hohenau. Zu Beginn
stand die Mühlenindustrie. Klassische Wasser- und Windmühlen, die die
begünstigte Windsituation im Weinviertel ausnutzten, lösten elektrische
Mühlen ab. Die Agrarindustrie ließ gleichzeitig die Getreideproduktion
steigern. Die Erdölgewinnung im Raum Gänserndorf passte dazu perfekt.
Die industrielle Landwirtschaft brauchte Erdöl für Dünger, Unkrautvernichtung
sowie die Bewässerung. In Kombination mit der Kornkammer Marchfeld
brachte es der Südosten damit zu Reichtum. Das Marchfeld, das ja ohnehin
stets Hauptanbauregion von Getreide war, mauserte sich mit der
Industrialisierung zur großmaßstäblichen Agrarmaschinerie. Den damit
einhergehenden Problemen wie Erosion, Senkung des Grundwasserspiegels
und Versteppung versuchte man schon zur Zeit Maria Theresias mit Kiefer-
Bannwäldern entgegenzuwirken. Mittlerweile wirken der Marchfeldkanal
und Windschutzgürtel den Folgen einer kommassierten Landschaft entgegen.

new buildings until the late 19th century, when the brick
industry moved away from the Weinviertel.

The Angerdorf, a type of village centered around a green,
is the predominant settlement structure in this wide-open
region, as the closed rows of houses and two small
entrances were easily defended. The extent of how much
the landscape affects village development patterns can
be seen in the Pulkautal valley way up in the north.
The towns are all nestled down in the valley, while the
Romanic, and then later Baroque, churches crown the
heights, well protected from flooding. The "cellar lanes"
lined with wine cellars usually run in the clay deposits
either north or south, toward the river. In the Pulkautal
valley, the traditional wine is made from the Blauer
Portugieser, a grape that can withstand the very dry
conditions of the steep, frost-protected hillsides.

The industrialization of the landscape, the dominance of
the nearby city, and the unique fringe location along the
once hermetically sealed Eastern Bloc all converged to
create several very distinctive spatial characteristics.
The connection of Emperor Ferdinand's Northern Railway
to the coal regions of Upper Silesia transformed a once
strongly agricultural region by creating a ribbon of laborer
communities that stretched from Deutsch-Wagram to
Strasshof, and Gänserndorf to Hohenau. At first, there
were milling industries. Electric mills took the place of the
classic water and windmills that had once made such good
use of the favorable wind conditions in the Weinviertel.
At the same time, the agricultural industry increased grain
production. The petroleum production in the Gänserndorf
area fit in perfectly with this. Industrial agriculture needed
petroleum for fertilizers, weed control, and irrigation.
This brought, in combination with the grain treasury of
Marchfeld, considerable riches to the southeast.
Marchfeld, which had always been a main grain-growing
region anyway, now grew into a large-scale agricultural
mechanism fed by industrialization. Attempts were already
being made under the reign of Maria Theresia to remedy
the problems this entailed, which included erosion, falling
groundwater levels, and desertification, by planting

Über das ganze Weinviertel liegt im Wind eine neue Kraft. Bis 2030 sollen Hunderte neue Windräder entstehen. Die bevorstehende Veränderung der Landschaft läutet eine vielerorts diskutierte neue Ära der Windmühlen ein.

Während sich die traditionelle Rübenzuckerproduktion, als Reaktion auf die Kontinentalsperre und den Entfall des Rohrzuckers im 19. Jahrhundert groß geworden, mit der Schließung der Standorte Dürnkrut, Niederabsdorf und Hohenau auf einen Standort in Leopoldsdorf reduzierte, hat ein Luxusgemüse das gesamte Marchfeld im Griff: der Spargel. Optimale Bedingungen, viel Wärme und eine hohe Sonnenscheindauer begünstigten den Anbau seit dem 16. Jahrhundert. Der kaiserliche Hof und die nahe Stadt waren zu beliefern. Nach einer spargelfreien Nachkriegszeit erfolgte die Wiederentdeckung in den 1970er Jahren.

Weinviertler Kleinstädte entlang der Kaiser-Franz-Josefs- oder der Nordwest-bahn haben lange ihre typische Struktur und ihre Eigenständigkeit erhalten. Die nötige Distanz zur Großstadt entwickelte eigenständige Subzentren wie Hollabrunn, Mistelbach, Laa/Thaya oder Poysdorf. Mittelalterliche Stadtmauern als Zeugen steinerner Inseln in einer lehmigen Landschaft stehen heute im Schatten weitläufiger Wohn- und Gewerbegebiete. KritikerInnen sprechen von Flächenfraß und Zerstörung der Kulturlandschaft. Während Zentren veröden, sprießen Fachmarktzentren in Randlage, die wiederum den Individualverkehr fördern. Ein Horrorszenario? Vielerorts entwickeln sich Initiativen, die der Austauschbarkeit entgegenwirken und auf die eigene Identität des Viertels, so vielfältig sie auch sein mag, eingehen. Diese Tendenzen nutzen neue Technologien, kurze Wege und den Geist des Ortes, ohne reaktionär Altes zu kopieren, sondern vielmehr aus der Landschaft zu schöpfen, um sie weiter zu bebauen.

forestation corridors of pine trees. In the meantime, the Marchfeld Canal and a wind shelter belt work together to counteract the effects of a battered landscape. And new power lies in the wind blowing across the region. Hundreds of new windmills are planned for construction by 2030. The impending changes to the landscape are ringing in a widely discussed new era of wind-generated power.

The traditional production of beet sugar, which had swelled as a result of the Continental Blockade and the unavailability of cane sugar during the 19th century, was cut back to a single location in Leopoldsdorf, after centers in Dürnkrut, Niederabsdorf, and Hohenau were closed in succession. This left Marchfeld in the grips of a single luxury vegetable: asparagus. Ideal conditions, ample warmth, and long hours of sunlight had been favoring its cultivation since the 16th century, when the imperial court and the nearby city had to be kept in supply. Following an asparagus-free, post-war era, the delicacy was rediscovered in the 1970s.

Many of the small Weinviertel villages along the Kaiser-Franz-Josef and the Northwest Railways retained their typical development patterns and uniqueness for a long time. The distance to the big city led to the development of subcenters such as Hollabrunn, Mistelbach, Laa/Thaya, and Poysdorf. Medieval city walls, witnesses to stony islands in the midst of a clay landscape, are now overshadowed by widespread residential and commercial districts. Critics speak of sprawl and the devastation of the agricultural landscape. While town and village centers dwindle, chain stores spring up in the periphery, in turn causing vehicle traffic to increase. A horror vision? In many places, initiatives are being founded to counteract this exchangeability, and to draw attention to the unique identity of the region and all its diversity. These tendencies use new technologies, short distances, and the spirit of the place, not blindly copying old ways, but instead drawing from the landscape itself in order to build with it.

Literatur / References

– Thomas Hofmann, *Das Weinviertel und das Marchfeld*,
  Wien 2012
– Alfred Komarek, *Weinviertel – Tauchgänge im grünen
  Meer*, Wien 1998
– Gerhard A. Stadler, *Industrielles Zwischenspiel
  in der Agrarlandschaft*, in: Günter Bayerl, Torsten
  Meyer (Hg.), *Die Veränderung der Kulturlandschaft:
  Nutzungen, Sichtweisen, Planungen*, Münster 2003,
  S. 123–138
– Alois Vogel, *Pulkauer Aufzeichnungen*, St. Pölten 1986

Alte Lehmbauten im Weinviertel als Ressource
für modernes und gesundes Wohnen

Der Weinviertler Lehmbau wird weit unter seinem Wert gehandelt. Über die Vorteile, seine Faszination, aber auch die Fehler, die sehr oft passieren, erzählt Andreas Breuss (A.B.) im Interview mit Andrea Nussbaum (A.N.).

A.N. Als Sie mit der Sanierung und dem Umbau des Lehmhauses in Mitterretzbach beauftragt wurden, wie waren die ersten Reaktionen?

A.B. Zuerst einmal gab es eine große Unsicherheit, ob man sanieren soll oder nicht. Die landläufige Meinung ist ja, dass diese alten Häuser wertlos sind. Doch mit der Umgestaltung dieses Hauses hat sich auch eine Auseinandersetzung im Ort über diese Gebäude entwickelt. Die Bevölkerung denkt heute anders. Interessant war, dass die Einheimischen zuerst skeptisch waren. Ich habe die Baustelle immer offen gehalten, und jeder, der neugierig war, konnte rein. Zuerst gab es große Skepsis, nach einiger Zeit kamen die ersten Fragen und dann Staunen, wie man ein altes, für wertlos gehaltenes Gebäude so transformieren kann, dass dort zeitgemäßes und modernes Wohnen stattfinden kann. Diese alten Lehmbauten im Weinviertel bieten eine große Chance für eine nachhaltig ökologische und regionale Entwicklung in diesem ländlichen Raum.

A.N. Doch der Umgang damit ist nicht immer leicht, weil in den vergangenen Jahren auch viele Fehler gemacht wurden.

A.B. Die Weinviertler Lehmbauten sind im Schnitt zwischen 100 und 150 Jahre alt. Ihr Zustand ist sehr unterschiedlich. Gut erhalten heißt im Falle des Lehmbaus, dass in den letzten Jahrzehnten nicht saniert wurde. Schlecht erhalten bedeutet, dass saniert wurde. Denn dazu wurden falsche Baustoffe verwendet. Beton, Lacke, Kunststoff, Polysterol, PU-Schäume und ähnliche in der konventionellen Bauindustrie eingesetzte Baustoffe sind Gift für Lehm. Der Lehmbau braucht Diffusion und Austausch. Und das können nur natürliche Baustoffe. Stroh, Hanf, Schilf und Holz sind mit Lehm kompatibel. Lehmbaugerechtes Bauen unterscheidet sich stark von der gängigen Bauweise. Dafür ist spezielles Wissen sowohl seitens des Planers als auch der Firmen nötig.

20

Old Clay Buildings in the Weinviertel:
A Resource for Modern and Healthy Living

Weinviertel clay construction is very undersold. In this interview by Andrea Nussbaum (A.N.), Andreas Breuss (A.B.) talks about its advantages, his fascination for it, and the mistakes that are frequently made.

A.N. What were the initial reactions like when you were contracted to repair and renovate the clay building in Mitterretzbach?

A.B. At first, there was great uncertainty as to whether or not we should renovate. General opinion says that these old buildings are worthless. However, the transformation of this house really sparked a local debate about the building type overall. Today, the public has changed the way it thinks. The fact that the locals were initially skeptical was very interesting. I always kept the construction site open, and anyone who was curious could just come in. First, there was great skepticism, and after a while the first questions started, followed by astonishment at how an old building that was thought to be worthless can be transformed into an up-to-date, modern living space. These old earthen buildings in the Weinviertel represent a great opportunity for sustainable environmental and regional development in this rural area.

A.N. But working with them is not always easy, since so many mistakes have been made in past years.

F.S. The clay buildings of the Weinviertel are, on average, between 100 and 150 years old. Their condition varies greatly. In clay construction,

Alte Lehmbauten im Weinviertel als Ressource
für modernes und gesundes Wohnen

A.N. Ist das handwerkliche Wissen in den vergangenen Jahrzehnten verloren gegangen?

A.B. Ja, leider wurde den örtlichen Baumeistern das Wissen der Großväter nicht überliefert bzw. gab es kein Interesse daran. Lehm wurde als minderwertig angesehen, zu stark war die Faszination von Beton, Bitumen und Polysterol.

A.N. Lehm galt als Baustoff der Armen, man baute mit Lehm, wenn man nichts anderes hatte. Was fasziniert Sie am Lehmbau?

A.B. Lehm ist ein einfacher, aber intelligenter Baustoff, das heißt, er ist erstens überall verfügbar, wenn auch in unterschiedlicher Qualität. In den Gebirgsregionen ist der Lehm eher mager, im Weinviertel hingegen findet man fetten Lösslehm. Lehm geht nie aus, wird permanent erzeugt und hat genauso wie Holz eine nachhaltige Verfügbarkeit. Seine Herstellung ist energieschonend, weil dafür kaum Primärenergie notwendig ist. Das ist wichtig, weil wir den Energieverbrauch insgesamt reduzieren müssen. Zweitens ist bei der Verarbeitung von Lehm keine Chemie notwendig. Und drittens sind nur natürliche Zusatzstoffe wie Steine, Kiesel oder Stroh einsetzbar. Sie sind regional verfügbar und haben kurze Transportwege.
Lehm ist ein extrem moderner Baustoff mit hohen baubiologischen Qualitäten. Lehm kann die Luftfeuchtigkeit im Raum regulieren, was wiederum für das Wohlbefinden des Menschen essenziell ist. Lehm kann dämmen und speichern. Er hat gute akustische Eigenschaften, kann Gerüche binden und elektromagnetische Strahlen abschirmen.

A.N. War der Umbau des Hauses in Mitterretzbach Ihre erste Auseinandersetzung mit dem Lehmbau?

A.B. Mit Lehmbau beschäftige ich mich theoretisch schon seit dem Jahr 2000. Praktische Erfahrung habe ich dann ab 2005 mit der Planung des alten

well-preserved often means that the building has not been renovated in recent decades. Poorly preserved means that it was renovated, but using the wrong materials. Concrete, paints, plastics, polystyrene, polyurethane foams, and similar materials conventionally used in the construction industry are toxic for earthen buildings. The clay needs to be able to diffuse and respire. And this is something only natural building materials can do. Straw, hemp, reeds, and wood are all compatible with clay. Clay-friendly construction is very different from standard building methods. It requires special knowledge both on the part of the designer and that of the construction companies.

A.N. Has the craftsmanship been lost over the past decades?

A.B. Yes, unfortunately local builders did not inherit the knowledge of their grandfathers, and/or there was no interest it. Clay was regarded as inferior; concrete, bitumen, and polystyrene were far too appealing.

A.N. Clay was considered the building material of the poor; people built with clay when that was all they had. What is it about clay construction that fascinates you so much?

*A.B. Clay is a simple yet intelligent building material. First of all, it is widely available, although in different qualities. The clay in mountainous regions is often rather poor, but in the Weinviertel region very rich loess clay can be found. Clay never runs out; it is constantly produced and its supply is just as sustainable as wood. Processing it conserves energy because it hardly uses any primary sources of energy. This is important because, overall, we need to reduce our total energy consumption. Secondly, no chemicals are needed to process clay. And third, only natural ingredients, such as rock, gravel, or straw, can be used with it. These materials are available locally and thus have short transport distances.
Clay is a very modern construction material with high biological properties. Clay can regulate the humidity*

Der Weinviertler Lehmbau wird weit unter seinem Wert gehandelt. Über die Vorteile, seine Faszination, aber auch die Fehler, die sehr oft passieren, erzählt Andreas Breuss (A.B.) im Interview mit Andrea Nussbaum (A.N.).

Lehmhauses gesammelt. Als Autodidakt, weil es die Auseinandersetzung mit dem Lehmbau in der Architekturausbildung nicht gibt. Ich habe viel dabei gelernt, weil bei dem Projekt keine der Firmen die Verantwortung in der Bauausführung übernehmen konnte, sodass ich das selbst machen musste. Seither habe ich mehrere Projekte dieser Art übernommen und diese mit einem Dachausbau oder mit kleinen Zubauten in Holz erweitert.

A.N. Mittlerweile wird dem Lehmbau in der Architektur wieder mehr Beachtung geschenkt. Sie unterrichten an der New Design University St. Pölten, ist Lehmbau dort ein Thema?

A.B. Es gibt keine Ausbildung zum Lehmbau an den Universitäten, es war auch an der NDU kein Thema, als ich dort zu unterrichten begann. In der Zwischenzeit ist das Interesse der Studenten an den vielfältigen Einsatzmöglichkeiten von Lehm sehr groß. Die NDU ist eine Universität, wo es in erweitertem Sinn um den Innenraum geht. Die Innenarchitektur ist die unmittelbare und fassbare Schnittstelle von Architektur und Nutzer. Gerade da ist es sehr wichtig, körpergerechte und sinnliche Materialien einzusetzen. Einen zweiten Schwerpunkt setzte ich in der Vermittlung des gesamten Bauprozesses, der Gesamtaufbau eines Hauses, die Beziehung zwischen der Hülle und dem Inneren, z. B. Lehm und Holz, die traditionell zusammengewachsen sind.

A.N. Erhoffen Sie sich mehr Auseinandersetzung mit dem Lehmbau? Wie sehen Sie die Zukunft des Bauens mit Lehm?

A.B. Lehm wird in der Zukunft noch stärker eine tragende Rolle spielen. Nicht nur im Innenraum, wo er als Putz dank seiner hydroskopischen und wärmespeichernden Eigenschaft schon sehr verbreitet ist, sondern auch im Holzbau. Noch gibt es sehr wenig Forschung zum Thema Lehmbau. Ich arbeite aktuell an einem Forschungsprojekt, in dem ich untersuche, wie sich Holz und Lehm ergänzen. Holz trägt, Lehm schützt.

in a room, which is highly essential to human comfort. Clay can insulate and store heat well. It has good acoustic properties, absorbs odors, and acts as a shield against electromagnetic radiation.

A.N. Was the renovation of the Mitterretzbach house your first experience in clay construction?

A.B. I have been working with clay construction in theory since the year 2000. I started getting practical experience in 2005, with the redesign of the old clay building. I'm self-taught, because there were no courses in clay construction in the architecture schools. I learned a lot along the way, since none of the construction companies could assume responsibility for managing the project, so I had to do it all myself. Since then, I've taken on more projects of this kind, including an attic conversion and smaller additions in wood.

A.N. Meanwhile, the architecture world is giving more attention to clay construction. You teach at the New Design University in St. Pölten; is clay construction one of the subjects?

A.B. There are no universities that teach clay construction, and it wasn't a subject at the NDU either when I first began teaching there. In the meantime though, students have developed considerable interest in the multiple applications of clay. The NDU is a university that focuses, in the broader sense, on interior space. Interior design is the direct and tangible interface between architecture and the user. That is exactly where it is very important to use ergonomic materials that appeal to the senses. I have also added a second focus, on mediating the entire construction process, the overall building design, the relationship between the shell and the interior, such as clay and wood, which were traditionally developed together.

A.N. Do you look forward to doing more work with clay construction? How do you see the future of earthen building?

Wir erforschen, wie man die Komponenten am besten kombinieren kann. Was mich auch noch brennend interessiert, sind die Fragen der Vorfertigung und Standardisierung des Lehms für den konstruktiven Bau, wie man den Lehm im Bau von Reihen- oder Hofhäusern bzw. Kindergärten und Schulen einsetzen kann. Dazu sind noch viele Forschungen nötig, aber das Entwicklungspotenzial ist sehr groß.

A.N. Sie kommen aus Vorarlberg. Ein weiterer Pionier des Lehmbaus ist Martin Rauch, der ebenfalls aus Vorarlberg stammt. Ist das Zufall?

A.B. So habe ich das noch gar nicht gesehen, das ist reiner Zufall, ich bin ja schon seit über 20 Jahren in Wien. Die Parallele mit dem Lehm mag vielleicht daran liegen, dass die Vorarlberger Lust an Innovationen haben, wie man das zum Beispiel im Holzbau erkennen kann. Martin Rauch hat sich auf Stampflehm spezialisiert und mit seinem eigenen Haus ein schönes Projekt geschaffen. Der Lehm galt ja lange Zeit als etwas für Ökofreaks, Selbstbauer oder Entwicklungsländer. Es ist schön, dass er jetzt auf unterschiedliche Weise in der Jetztzeit angekommen und Teil relevanter und moderner Bautechnik geworden ist.

A.N. Mit Ihrem Projekt haben Sie im Weinviertel eine echte Pionierleistung geschaffen.

A.B. Mir war wichtig zu zeigen, dass man auch mit alten Lehmbauten ein zeitgemäßes und spannendes Raumgefühl erzeugen kann. Zudem erhält der Bewohner einen deutlichen Mehrwert durch eine gesunde und körperverträgliche Raumumgebung.

23

A.B. Clay will take on a much larger and crucial role in the future. Not only on the interior, where it is already widely used as plaster, thanks to its hygroscopic and thermal qualities, but also in timber construction. There has been very little research done on clay construction. I'm currently working on a research project in which I explore how wood and clay compliment one another. Wood is load-bearing; clay preserves. We are investigating the best ways to combine these components. What also interests me quite a bit are issues regarding the standardization and prefabrication of clay for building structures, and how to use clay to build row houses or courtyard houses, or kindergartens and schools. This will need a lot more research, but there is great potential for further development.

A.N. You come from Vorarlberg. Another pioneer in building with clay is Martin Rauch, who is also from Vorarlberg. Is that a coincidence?

A.B. I never saw it that way, but it's just a coincidence. I've been in Vienna now for over twenty years. It is possible that the clay connection may arise from the fact that people in Vorarlberg have a desire for innovation, as in wood construction, for example. Martin Rauch specializes in rammed earth, and he did a beautiful project for his own house. For a long time, clay was seen as something just for eco-freaks, do-it-yourself builders, and developing nations. It's really nice that it has finally arrived in the present in various ways, and that it is becoming a significant part of modern construction.

A.N. Your project in the Weinviertel is a genuine feat of pioneering.

A.B. It was important for me to show that you can actually create contemporary and exciting spaces using old clay buildings. Also, for the inhabitants, a healthy and physically comfortable spatial environment brings significant added value.

Transformation
Gerhard A. Stadler

Der in der Zwischenkriegszeit sich entfaltende Bergbau auf Kohlenwasser-
stoffe wie Erdöl und Erdgas rückte das Jahrhunderte hindurch von der
Landwirtschaft geprägte Weinviertel in das Blickfeld der Ölmagnaten. Obzwar
von einigen Pionieren enthusiastisch gefordert, flossen die Investitionen für
den Erdölbergbau zunächst nur zögerlich. Erst zu Beginn der 1930er Jahre,
als die ersten bedeutenden Vorkommen am Steinberg im Raum Zistersdorf
gehoben und ein leistungsfähiges Schienennetz für den Transport des Rohöls
in Bahnzisternen hergestellt worden war, floss vermehrt internationales
Finanzkapital in die Region. Die Bohrungen am Steinberg, in Neusiedl/Zaya,
bei St. Ulrich und Windisch-Baumgarten sowie um Zistersdorf verviel-
fachten nicht nur die Erträge der Bergbaugesellschaften, sondern auch die
Hoffnungen auf weitere bedeutende Ölquellen. Als die Ostmark nach dem
»Anschluss« in das Kriegswirtschaftskonzept des Dritten Reiches eingebunden wurde, begann eine bislang nicht gekannte Phase der Exploitation,
die mit der Beschlagnahme des »Feindvermögens« und der Neuverteilung
der Konzessionen an reichsdeutsche Unternehmungen begann. Im waldarmen
Gebiet des nördlichen Weinviertels wuchsen nun rasch ganze Wälder aus
Bohr- und Fördertürmen, die größten zwischen St. Ulrich und Hauskirchen,
in Mühlberg und über dem Gaiselbergfeld.

Das Kriegsende bescherte den Arbeitskräften der Erdölgewinnungsbetriebe
eine kurze Verschnaufpause. Demontagen von Seiten der deutschen Unternehmungen sollten dem Feind lahmgelegt und zumindest für einige Zeit
unbrauchbare Fördereinrichtungen hinterlassen, Demontagen seitens der
Sieger sollten helfen, den Erdölbergbau im eigenen Land mit westlicher
Technologie voranzubringen. Doch nach einer Änderung der sowjetischen
Erdölpolitik erfolgten umfangreiche Instandsetzungen, sodass die Ölfelder
nach und nach instandgesetzt wurden und die Aufschließungsarbeiten in der
Entdeckung des größten Erdölfeldes Mitteleuropas mündeten. Die alsbald
erneut in schwindelnde Höhen gepumpten Fördermengen dienten allerdings

Transformation
Gerhard A. Stadler

*Shaped by centuries of farming, the Weinviertel region
caught the attention of oil magnates during the interwar
period when the mining of hydrocarbons such as
petroleum and natural gas began to develop. Although
enthusiastically touted by a few early pioneers,
petroleum mining investment was initially sluggish.
Global capital did not start flowing into the region until
the early 1930s, when the first significant deposit was
struck at Steinberg near Zistersdorf, and an efficient
railroad network was created for the transportation of
crude oil in tank cars. Drilling operations at Steinberg,
in Neusiedl an der Zaya, and near St. Ulrich, Windisch-
Baumgarten, and Zistersdorf not only caused mining
company profits to soar, but also increased hopes for
the existence of other significant petroleum resources.
Following the Anschluss, or annexing of Austria, the*

*Ostmark became part of the war economy of the Third
Reich. This was the start of an unprecedented phase
of exploitation, beginning with the seizure of "enemy
property" and the redistribution of mining concessions
to Imperial German companies. Entire forests of drilling
and extraction towers grew up rapidly in the sparsely
wooded regions of northern Weinviertel, the largest in
Mühlberg and on the Gaiselberg field between St. Ulrich
and Hauskirchen.*

*The end of the war gave oil field workers a short
breather. The dismantling of industrial facilities by the
Germans was aimed at leaving crippled and unusable
production equipment behind for the enemy, at least for
a time anyway. The victors dismantled with the aim of
advancing the petroleum industry in their own countries*

zum größten Teil als Reparationszahlungen, die sich Österreich an die Sowjetunion zu leisten verpflichtet hatte. Erst mit Abschluss des Staatsvertrages gelangten die in der Sowjetischen Mineralölverwaltung zusammengefassten Erdölbetriebe in den Besitz der Republik.

Der rasante Aufschwung des Erdölbergbaus bewirkte einen sozialen Wandel in der Region, als dessen Katalysator die Mechanisierung der Landwirtschaft gilt. Zuerst wechselten die Knechte zu den Bohrungen, dann auch die Bauernsöhne und schließlich sogar die Bauern selbst, die sich alle einen größeren Verdienst bei der Erdölförderung versprachen. Der ursprüngliche Lebensinhalt, die Landwirtschaft, wurde zum Nebenerwerb. Während sich in der Erwerbsstruktur der Bevölkerung infolge des prosperierenden Bergbaus gravierende Veränderungen abzeichneten, überformten die Anlagen der Förderbetriebe das Land. Jahrzehntelang prägten Tausende von Fördertürmen die Landschaft von Österreichs Kornkammer. Inmitten von Weizen- und Gerstefeldern, zwischen Weinstöcken oder über Sonnenblumen ragten die zwanzig und mehr Meter hohen Gittermasten aus einem Meer der Fruchtbarkeit in den Weinviertler Himmel. Heute hat man sie schnell gezählt, die wenigen noch vorhandenen Fördertürme in Neusiedl/Zaya oder in Gaiselberg. Veränderungen in der Bohr- und Fördertechnologie haben sie entbehrlich gemacht. Die Förderung bewerkstelligt man mit Gestängetiefpumpen und einem dicht verzweigten Netz von unterirdischen Rohrleitungen, in welchem das gehobene Gemisch aus Rohöl und Brackwasser den Gewinnungsstationen zugeführt wird. Charakteristisch für die Erdölbergbaulandschaft sind die zahllosen Pumpenböcke, die mit ihren behäbig nickenden Pferdekopfschwengeln und den leise surrenden Antriebsmotoren das Schwarze Gold aus Tausenden Metern Tiefe heben. Die im Sonnenlicht weithin sichtbar glänzenden Stahltanks und von Wartungsstegen eingeschlossenen Großbehälter, zu welchen gebündelte Rohrleitungen über Leitungsbrücken herangeführt werden, markieren die moderne Gewinnungsstation in Matzen.

with the aid of Western technology. But after a change in Soviet petroleum policy, extensive repairs were carried out, so that the oil fields were gradually overhauled and new explorations led to the discovery of the largest oil field in Central Europe. However, the dizzying amounts of oil that began to flow again served mainly to fund the war reparations Austria had promised to pay the Soviet Union. The petroleum companies that were grouped under the control of the Soviet administration did not come into the possession of the Republic until after the Austrian Independence Treaty was signed.

The rapid growth of the oil industry brought social transformation to the region, catalyzed by the mechanization of agriculture. The first to defect to the drilling fields were the farmhands, then the farmers' sons, and eventually even the farmers themselves, all of them expecting higher wages from drilling oil. Farming, once the focus of their lives, became a mere sideline. As major changes loomed in the employment structure of the population as a result of the thriving mining industry, extraction companies reshaped the countryside. Thousands of oilrigs dominated the landscape of Austria's breadbasket for decades. Cable towers rose up twenty meters and higher in the midst of fields of wheat and barley, rising between the grapevines and above the sunflowers of the Weinviertel's sea of fertility. Today, it doesn't take long to count the handful of towers still remaining in Neusiedl an der Zaya or Gaiselberg. Advances in drilling and extraction technology have made them obsolete. Extraction is now done using deep-well oil pumps, and a dense network of underground pipes channels the mixture of crude oil and brackish water to the refinery stations. The petroleum landscape is now characterized by countless derricks that suck up the black gold from thousands of meters below the earth's surface with their ponderous nodding horseheads and softly whirring motors. Stainless steel cisterns gleaming in the sunlight and cargo tanks with coiling service catwalks are fed by the bundled pipelines across cable bridges that mark the modern extraction station in Matzen.

Gerhard A. Stadler

Ältere Anlagen wie etwa die nördlich von Neusiedl/Zaya gelegene Rohöl-
destillation oder die in Drösing an der Nordbahn einst für die Verarbeitung
von galizischem Erdöl und Erdwachs errichtete Petroleumraffinerie sind
verschwunden.

Drehkreuze in den Feldern markieren unterirdische Leitungsstränge, Pump-
stationen gleichen dem Herzen eines riesigen Organismus, ohne deren tagein
tagaus getätigte Leistungen Förderung und Gewinnung zum Stillstand
verurteilt wären. Während die Kanzlei- und Bürogebäude, die Steuerwarten,
Remisen, Magazine und Werkstätten in Gänserndorf, in Neusiedl/Zaya,
in Reyersdorf oder in Matzen in ihrem äußeren Erscheinungsbild keine
nennenswerten Besonderheiten aufweisen, sind es die produktionstechnischen
Werksanlagen, die den Transformationsprozess des Weinviertels sichtbar
machen. Die großen Absetzbecken und weitläufigen Kläranlagen der Wasser-
aufbereitung in Gänserndorf erinnern an die enormen Wassermassen, die
im Zuge der Ölgewinnung bewältigt werden müssen. Die bizarren Gebilde
der Sauergasstation in Auersthal oder die Obertageanlagen der Gasspeicher
in Schönkirchen-Reyersdorf verweisen auf das zunehmend wertvollere, wenn
auch unsichtbare Produkt des Bergbaus im Weinviertel: das Erdgas. In den
ersten Jahrzehnten der Erdölförderung wurde das Nebenprodukt mangels
Verwertbarkeit einfach ungenutzt in die Atmosphäre abgeblasen oder
abgefackelt, ehe es als Brennstoff in Europas erstem Erdgaskraftwerk
in Neusiedl/Zaya für die Erzeugung von elektrischem Strom Verwendung
fand. Heute werden Millionen von Kubikmetern Erdgas in den entölten
Lagerstätten im geologischen Untergrund des Weinviertels eingelagert.

Auch die Wohnquartiere der Bohrmannschaften haben ihre Spuren im Weich-
bild der Ortschaften hinterlassen. Zwar wurden die hölzernen Baracken für
die Unterbringung von Kriegsgefangenen und Zwangsarbeitern in Hauskirchen
bei Kriegsende niedergebrannt, die aus Ziegeln gemauerten Gebäude

*The older facilities have vanished, such as the crude
oil distillery located north of Neusiedl an der Zaya,
or the petroleum refinery in Drösing that was built on
the Nordbahn rail line to process Galician crude oil
and paraffin.*

*Turrets in the fields mark underground pipelines;
pumping stations resemble the heart of a giant organism:
without their services, performed day after day, drilling
and refining would cease. Little is given away by the
exteriors of the corporate centers and office buildings,
control stations, sheds, warehouses, and workshops
in Gänserndorf, Neusiedl an der Zaya, Reyersdorf, or
Matzen – it is the Weinviertel's technical facilities that
make the process of transformation legible. The large
sedimentation tanks and the sprawling wastewater
purification facility in Gänserndorf are reminders of
the enormous amounts of water that are handled during
the oil extraction process. The bizarre shapes of
the acid gas station in Auersthal and the pitheads
of the gas stores in Schönkirchen-Reyersdorf point*

*to the increasingly valuable, albeit invisible product of
mining in the Weinviertel: natural gas. During the first
few decades of oil production, this by-product was
simply released into the atmosphere or burned off due
to lack of demand, until it was used to fuel electricity
generation at Europe's first natural gas power plant in
Neusiedl an der Zaya. Today, millions of cubic meters
of gas are deposited in the oil depleted geological
formations of the Weinviertel.*

*The living quarters of the drill crews also left their
mark on the towns and villages. In Hauskirchen, the
wooden barracks that had housed prisoners of war
and forced laborers were burned down by the end of
the war, but the brick buildings are still standing.
Elsewhere, permanent family homes grew up on the
sites of hastily built worker barracks; and old work
camps were transformed into permanent settlements.
The infrastructure paid a similar price of change.
Grocery and department stores gave way to supermarkets and big-box discount stores. Factory kitchens*

hingegen sind erhalten geblieben. Anderswo entstanden aus den einst
rasch errichteten Wohnbaracken der Bohrleute feste Familienwohnsitze,
wurden aus den früheren Arbeiterkolonien dauerhafte Siedlungen. Ebenso
zollten die Einrichtungen der Infrastruktur dem Wandel Tribut. Greißler und
Konsum-Kaufläden mussten Supermärkten und Diskontern Platz machen.
Zertifizierte Werksküchen und helle Kantinen in den Betriebszentralen
verköstigen heute die Belegschaften, während historische Speisesäle
dem Verfall preisgegeben sind und die alteingesessenen Gasthäuser ihre
Niederlage im Wettstreit um die angestammte Klientel längst hingenommen
haben.

*and brightly lit cafeterias in service centers provide
meals for today's workforce, while the area's historical
restaurants are left to decay, and its old established inns
have accepted defeat in the race for a steady clientele.*

Was mich, Tolkien und das Weinviertel verbindet
Michael Stavarič

Ich kann mich noch gut daran erinnern, als ich zum ersten Mal das Wort »Laa« aussprach; ich war sieben Jahre alt, und der Name dieser Stadt schien einer anderen, fremden Welt zuzugehören. Das Wort hätte auch aus Tolkiens Roman »Herr der Ringe« stammen können ... Laa, ein Ort, der ein Feen- oder Hobbitreich benennt, so seltsam klang es in meinen damals noch ausschließlich tschechischen Ohren. Nach einer abenteuerlichen Flucht aus dem kommunistischen Brünn fand ich damals im Weinviertel tatsächlich (m)ein neues Zuhause.

Und wenn ich an die Besuche in diversen Kellergassen des Weinviertels denke, fällt mir selbst heute noch auf, dass ich ihre Bauweise mit Tolkien in Verbindung bringe. Als wären die zahlreichen Weinbauern (in Unterstinkenbrunn etwa) den Hobbits nicht unähnlich, die sich bekanntlich ihre Behausungen und Lager in die Erde graben, die von und mit der Erde leben und es dort beschaulich und gemütlich haben. Es ist demnach kein Wunder, dass ich heute passionierter Weintrinker bin, den Kellergassen des Weinviertels sei Dank!

Und – ich nutze die Gelegenheit – ein Dankeschön an Margaret Carroux, die deutsche Übersetzerin des »Herrn der Ringe«, die mir, wie viele andere AutorInnen und ÜbersetzerInnen, zu einem doch recht passablen Deutsch verhalf. Ich lernte meine erste Fremdsprache damals nämlich vor allem durchs Lesen. Und Zuhören.

In meiner Muttersprache, dem Tschechischen (das wiederum für die Deutschsprachigen wie eine Fabelsprache klingen mag), heißt Österreich übrigens »Rakousko«. Die Tschechen sprachen ursprünglich von einem Land hinter irgendeiner »ragusa«, einer Burg, die heute noch Raabs heißt und deren tschechische Namensform »rakousy«, »rakos« oder »rak« assoziiert – irgendein »Schilffels« oder »Krebsenstein«. Die ÖsterreicherInnen (also auch

What Tolkien, the Weinviertel, and I Have in Common
Michael Stavarič

I still remember the first time I ever said the word Laa. I was seven years old and the name of the town seemed to belong to a different, foreign world. The word could have been taken straight from Tolkien's novel The Lord of the Rings... Laa, a name for a fairy realm or a hobbit world, that's how strange it sounded to my still purely Czech ears. As it turned out, our adventurous flight from the communist town of Brno actually did bring us to a (my) new home in the Weinviertel region.

And when I think about visiting the various lanes of wine cellars in the Weinviertel, I notice that even today, I still associate their building structure with those told of in the tales of Tolkien. As if the scores of wine farmers around there weren't so different from the hobbits (those in the village of Unterstinkenbrunn for example, the name of

which means something like "Lower Stink Well"). It is well known that the hobbits buried their houses and storage rooms underground, living from and with the earth, comfortably and peacefully. It's no wonder that I have become a passionate drinker of wine thanks to the cellar lanes of the Weinviertel region!

I will take this occasion to express my thanks to Margaret Carroux, the German translator of The Lord of the Rings, who, along with many other authors and translators, helped me on the way to attaining tolerable fluency in German. For I learned my first foreign language mostly by reading. And listening.

In my mother tongue of Czech (which must sound like a fairy tale language for German speakers), Austria is

die WeinviertlerInnen) sind demnach bis heute die »SumpfbewohnerInnen«, irgendwo da unten. Und – by the way – die ÖsterreicherInnen sprachen von einem »Heim der Bojer« (also eigentlich Bayern) = Böhmen! Laa soll ebenfalls etymologisch mit Wasser zu tun haben, einem trüben und sumpfigen, was ich mir geografisch durchaus vorstellen kann. Und Mistelbach? Nun ja, Sie ahnen es …

Ich erinnere mich jedenfalls daran, dass wir recht bald nach unserer Ankunft im Weinviertel in besagte Bezirkshauptstadt mussten (irgendwelche Behörden- wege) und wie sehr ich davon fasziniert war, was die Stadt so zu bieten hatte. Es gab – unter anderem – Automaten, die Kaugummis ausspuckten, wenn man sie mit etwas Kleingeld fütterte, ich war völlig hin und weg. Und abgesehen davon gab es tatsächlich keine Schlangen vor Lebensmittelläden, es gab reichlich Schokolade und Bananen und allerlei andere nützliche Dinge, die ich nicht kannte: Hygieneartikel, Radler, alle nur denkbaren »Lotions« (Deutsch war wirklich eine seltsame Sprache), Polituren und Kondome.

Ich schlenderte mit den Eltern über den Mistelbacher Hauptplatz und staunte über die Geschäfte und Schaufenster, überall war es sauber, und es glitzerte und funkelte. Ich hatte große Hemmungen, meinen längst durchgekauten Kaugummi einfach auf den Boden zu spucken. Ich nahm ihn also – etwas unbeholfen – aus dem Mund und trug ihn zu einem der »Mistkübel«, wo ich diesen entsorgte. Einer älteren Dame war mein Verhalten aufgefallen, sie beugte sich zu mir herab und raspelte: »Braver Bub!« Ich verstand damals ungefähr so etwas wie »brrahwapup«, und nicht einmal die Eltern konnten mir sagen, was besagte Dame gemeint hatte. Ich erinnere mich jedoch, dass sie dabei lächeln musste … so gesehen war »brrahwapup« bestimmt etwas Wunderbares, ein Zauberspruch, wie aus dem »Herrn der Ringe«.

33

called "Rakousko". The Czechs first spoke of a country behind an old "ragusa", a castle that is still called Raabs today and whose Czech name, "rakousy", "rakos", or "rak", creates associations with a "reed rock" or "crab stone". Following this, the Austrians (and the Weinviertlers, too) are still "swamp dwellers" from somewhere down below, even today. And, by the way, Austrians in return spoke of a "home of the Bojer" (actually Bayern) = Bohemia! The etymological roots of Laa supposedly also lie with water, cloudy and swampy water, something I can easily imagine considering the geography. And Mistelbach (Mistletoe Brook)? Well, you're starting to get the picture...

Anyway, I remember that we had to go to the above-mentioned district capital soon after arriving in Wein- viertel (taking care of red tape), and how fascinated I was about what the town had to offer. There were – among other things – machines that spit out chewing gum when you fed them a bit of change. I was blown away! And then there weren't really any lines in front

of the supermarkets. There was plenty of chocolate and bananas and all kinds of useful things that I had never even seen before: hygiene products, shandy, all sorts of "lotions", polishes, and condoms.

I strolled across the Mistelbach town square with my parents and gazed in at the stores and shop windows in awe. Everything was clean, and gleamed and sparkled. I couldn't just spit my long overchewed gum out on the ground. So it took it out of my mouth and carried it – a bit awkwardly – over to the nearest garbage can to dispose of it. An old woman noticed my behavior, leaned down to me and rasped out, "Braver Bub!" (German for good boy). At the time, I understood nothing more than a garbled "brrahwapup", and not even my parents could tell me what she meant. I remember, however, that she smiled when she said it... therefore "brrahwapup" must have been something wonderful, a magical spell, like in The Lord of the Rings.

Michael Stavarič

In Laa sollte ich übrigens später höchstpersönlich dem damaligen Bundes-
präsidenten begegnen, einem gewissen Herrn Kirchschläger, den ich –
aufgrund einer akustischen Fehleinschätzung – falsch ansprach: Herr
»Kirschjäger«. Ich habe mir tatsächlich lange Zeit vorgestellt, dass dies
ein Mann sein müsse, dem Kirschen ein besonderes Anliegen seien und
dass Österreich wohl insgesamt reich an Kirschbäumen sein müsse, wenn
sich sogar der Präsident mit ihnen verbunden zeigte.

Das tschechische Wort für »Kirsche« lautet »třešně« (lautmalerisch etwa
»trscheschnje«), was sich auf das altkirchenslawische Wort »čeršbňa«
bezieht, welches wiederum auf die lateinischen und altgriechischen Worte
»cerasus« und »kerasos« (also Kirsch- und Weichselbäume) zurückgeht
etc. Aber eigentlich will ich damit nur sagen, dass sich »Kirsche« und
»trscheschnje« praktisch kaum voneinander unterscheiden. Falls mal wieder
jemand meint, dass das Tschechische völlig unverständlich und unlogisch sei.

Ich erinnere mich auch daran, wie ich an meinem ersten Schultag (die Schule
war leider architektonisch kein sonderlich interessantes Gebäude) in Laa eine
mir fremde Klasse betrat und mich über diese seltsame, sich ewig in die Länge
ziehende Sprache (tatsächlich werden Bücher, die aus dem Tschechischen
ins Deutsche übersetzt werden, um mindestens ein Viertel länger) wunderte.
Plötzlich betrat ein Geistlicher das Klassenzimmer und sagte etwas zu mir.
Ich verstand zwar kein Wort, doch trug dieser Mann einen tschechischen
Namen … er hieß »Zbiral«, was sich von »sbirat« (einsammeln) ableitet –
demnach ein Ein- oder Aufsammler. Ein Mann Gottes jedenfalls, der seine
Schäfchen findet und ins Trockene bringt.

Als dieser allerdings erfuhr, dass ich in der Tschechoslowakei nicht getauft
worden war, verwies er mich der Klasse. Ich hatte fortan – im Fach
»Religion« – eine Freistunde und verbrachte diese mit einem evangelischen

Kind (das, Zbirals Meinung nach, ebenfalls nichts im Religionsunterricht verloren hatte). Nachträglich betrachtet war dieser Geistliche nicht unbedingt ein »Pontifex maximus« – also »Brückenbauer«, wenn ich dies mal aus architektonischer Sicht betrachten darf.

Wir Buben bauten uns jedenfalls Steinschleudern oder blätterten Tierlexika durch. Und meine ersten deutschen Worte waren nachweislich »Tierlaute« – oder, um es zu präzisieren: Eine meiner ersten Schulaufgaben war es, ein tschechisches »haf haf« (so bellt nämlich der tschechische Hund) ins Deutsche zu übertragen. Mithilfe des evangelischen Jungen gelang mir dies auch: »wau wau« oder »wuff wuff«.

Bald schon sangen wir auch die österreichische Bundeshymne: »Land der Berge, Land am Strome«. Ich erinnere mich noch, dass mir die Melodie gefiel und mich der Text beschäftigte – Berge und Strome sah ich im Weinviertel nämlich keine. In der tschechischen Hymne stellt man sich wiederum die Frage: Wo liegt meine Heimat? Und die malerische Antwort: »Dort wo das Wasser durch die Wiesen murmelt, wo die Wälder auf den Felsen rauschen, wo im Garten die Frühlingsblume leuchtet, das Paradies auf einen Blick …«, mein Weinviertel also.

Was ich an beiden Hymnen stets mochte, war eine gewisse »romantische Verklärung«. Sie unterscheiden sich von ähnlich konzipierten Werken durch ihre musikalische Friedfertigkeit, verglichen mit den Pauk- und Marschrhythmen anderer Nationen. Und selbst wenn ich so manche Zeile in beiden Hymnen sogleich ironisieren möchte, gefällt mir doch die Tatsache, dass sich eine ähnlich gelagerte Verbundenheit verorten lässt.

Unsere Geschichte (und ich sehe es jetzt auch aus meiner Perspektive, also aus einer mährischen und niederösterreichischen Betrachtungsweise) ist

Anyway, us two boys built slingshots or leafed through animal encyclopedias. And my first certifiable German words were animal noises – or, to be more precise – one of my first school assignments was to transfer the Czech "haf haf" (that's how a Czech dog barks) into German. With the help of the Protestant boy, I was successful: "wau wau" or "wuff wuff".

We soon began singing the Austrian national anthem as well: Land der Berge, Land am Strome (Land of mountains, land by the stream). I still remember that I was fond of the melody and wondered about the text – I didn't see any mountains or streams in the Weinviertel region. In the Czech anthem, on the other hand, one asks the question, "Where is my home?" The quaint answer is, "Water roars across the meadows, pinewoods rustle among crags; the garden is glorious with spring blossom, paradise on earth it is to see." So, my Weinviertel, actually.

What I liked about both songs was the touch of idealistic romanticism they contained. Their musical peacefulness is different from similarly composed works, compared to the drum and march rhythms of many other nations anyway. And even if I would like to wax ironic at times at some of the lines in both anthems, I still like the fact that a similar sense of solidarity can be found in both.

Our history (and I see this now from my own perspective, a Moravian and Lower Austrian point of view) is influenced in many ways by various political notions of homeland, primitive dualistic values. Here is God. Here is Satan. Here is the homeland. There are foreigners. Here is good. There is bad. This is of course much too narrow, for the truth (and I knew this at an early age) is something very complex.

vielfach von politischen Heimatbegriffen geprägt, primitiven Zweiwertigkeiten. Hier Gott. Dort Satan. Hier Heimat. Dort Fremde. Hier das Gute. Dort das Böse. Natürlich greift das zu kurz, denn Wahrheit (und das wusste ich schon recht früh) ist etwas überaus Komplexes.

Im Deutschen gibt es neben dem Begriff »Heimat« auch den zivileren Begriff »Vaterland« (patria), dessen inhaltliche Entsprechung im Tschechischen »otčina« erhabener klingt als »vlast« (Heimat) oder »domov« (Zuhause). Im Englischen wird in diesem Kontext das Wort »homeland« verwendet, ansonsten eher »native country« oder »my country«. Das Russische etwa hat das Wort »rodina« für Heimat verwendet, dessen Korrespondenz mit dem gleich lautenden tschechischen Wort, das »Familie« bedeutet, deutlich macht, wie gut der emotionale Faktor funktioniert, den jede Vaterlandsliebe entwickelt. Und auch im Tschechischen erhält der verhältnismäßig neutrale Begriff »domov-Heimat« sofort andere Ausmaße, wenn wir uns die indogermanischen Wurzeln des Wortes ansehen. Der alttschechische Begriff »dom« entspricht dem lateinischen »domus«, und von diesem Begriff (Wohnung, Obdach, Wohnstätte) entwickelt sich eine ganze Reihe von Machtbedeutungen, die in alle europäischen Sprachen eingegangen sind. Wer ein »dům« (ein Haus) hat, ist der »dominus« (der Herr), und ihm gehören die »servi« (Leibeigene und Sklaven). Zu den weiteren Ableitungen des Wortes gehören Ausdrücke wie das Dominat (unbegrenzte Herrschaft), Dominanz, Dominum, Dominator usw. Der mit großem D geschriebene »Dominus« ist schließlich der Herr des ganzen Universums, der Menschen und des Schicksals, der auf der Welt verschiedene Dome bewohnt. In nomine Domini – im Namen des Herrn – ist eine Formulierung, mit der sich die Handelnden immer geschützt haben. Wenn man also über Heimat und Identität nachzudenken beginnt, dann denkt man nicht zuletzt unweigerlich an »Herrschende« und »Beherrschte«.

In German there is the word Heimat (homeland) as well as the more civil word Vaterland (patria; fatherland). The Czech word "otčina" has an equivalent meaning, sounding a bit loftier than "vlast" (homeland) or "domov" (at home). In English, the word homeland is used in the same context, or otherwise native country or motherland. The Russian language has the word "rodina" for homeland, which corresponds with the very similar sounding Czech word for family, making clear how well the emotional factors arising from love for the motherland function. In Czech as well, the comparatively neutral terms "domov", Heimat, and homeland immediately take on another dimension if we take a look at the Indo-Germanic roots of the word. The Old Czech word "dom" is the equivalent of the Latin word "domus", and from this word (meaning dwelling, home, or shelter) sprang a whole series of definitions of power that were incorporated into all European languages. If you have a "dům" (a house), then you are a dominus (the master), and the owner of the "servi" (servants and slaves). Other variations include expressions like the "Dominat" (unlimited command), dominance, dominion, dominator, etc. The Dominus, written with a capital "D", is the lord of the whole universe, of humanity, and of the fate that inhabits the dwellings of the world. In nomine Domini – in the name of the Lord – is a turn of phrase with which people have protected themselves throughout the ages. So when you think about homeland and identity, you inescapably start to think of the "rulers" and the "ruled".

Als ich vor einigen Jahren einen Lehrauftrag an einer amerikanischen Universität annahm und eine ganze Weile nicht in Österreich war, bekam ich in Übersee immer wieder die Frage gestellt: Michael, woher stammst du genau? Wo liegt deine Heimat? Und ich muss gestehen, ich habe verschiedene Möglichkeiten einer Antwort gefunden (zwei davon seien hier notiert):

1. Ich bin in der Tschechoslowakei geboren. Und die Amerikaner fragten, wo liegt das? Im Herzen Europas, antwortete ich. Aha, really? Ja, in der Tat. Ich bin in Brno geboren, der Hauptstadt von Mähren. Aha, in BRUNO?, sprach mir ein Amerikaner nach. Und im Übrigen: Auch in einer deutschen Zeitung stand einmal anlässlich eines Porträts geschrieben: Bla bla, geboren in BRUNO. Ich musste schon sehr schmunzeln.

2. Ich bin Österreicher, meine Kindheit und Jugend habe im Weinviertel verbracht. Aha, WINE, nickte der Amerikaner. Und ich erklärte weiter … Yes, the home of the Veltliner. Lower Austria. Aha!, sagte der Amerikaner. Ja, meine Heimatstadt heißt LAA. L.A.?, fragte der Amerikaner etwas verwirrt… Los Angeles? No, LAA/Thaya. A very small town!

Nun, es mag zwar sein, dass es in meinem Weinviertel nicht allzu viele hohe Häuser und große Städte gibt, doch weiß ich noch, dass ich (bei aller Faszination) froh war, die Wolkenkratzer des urbanen Amerika wieder gegen die beschaulichen Gegenden des Weinviertels einzutauschen. Oder, um es mit Tolkien zu sagen – weg von den zwei Türmen (den Palästen Sarumans und Saurons), zurück ins ›Auenland‹, mein Weinviertel.

A few years ago, when I took on a teaching position at an American university and wasn't in Austria for a while, I was repeatedly asked the question, "Michael, where exactly do you come from? What country are you from?" And I must admit, I found several different ways to answer (two of them noted here):

1. I was born in Czechoslovakia. And the Americans asked, "Where's that?" "In the middle of Europe," I answered. "Aha, really?" "Yes. In fact, I was born in Brno, the capital of Moravia." "Aha, in BRUNO?" they repeated after me. And by the way, once a German newspaper wrote in a feature about me: Bla, bla, bla, born in BRUNO. I must admit, it did make me smile.

2. I am Austrian. I spent my childhood and youth in the Weinviertel. "Aha, WINE," nodded the Americans. And I went on to explain… "Yes, the home of the Veltliner. Lower Austria." "Aha!" said the Americans. "Yes, my hometown is named LAA." "L.A.?" asked the Americans in puzzlement. "…Los Angeles?" "No, LAA an der Thaya. A very small town!"

Now, it might be true that my Weinviertel doesn't have many high buildings and big cities, but I still know that I was quite happy (despite my fascination with it all) to trade in the skyscrapers of urban America for the placid landscapes of the Weinviertel region. Or, to say it like Tolkien – away from the two towers (the palaces of Saruman and Sauron) and back to the Shire, my Weinviertel.

H

Obergänserndorf

Harmannsdorf

Donauufer Autobahn

Korneuburg

S1

Elbesbrunn

Klein-Engersdorf

B

E
G
D
F
C
Bisamberg

A

Langenzersdorf

Wien

Standard Solar IV
Langenzersdorf, Kellergasse 213

Gerhard Steixner

1999

BAUEN MIT DER SONNE // Seit Jahren beschäftigt sich Architekt Gerhard
Steixner mit der Entwicklung seiner Standard-Solar-Häuser. Das Standard
Solar IV versteht er als weiteren Prototyp dieser Serie: »Entwurfsziel war es,
Raum zu gewinnen, die Grenzen zwischen Innen- und Außenraum aufzulösen
und somit das Grundstück in seiner ganzen Tiefe und vollen Breite wohnbar
zu machen.« Die Lage des Hauses ist eine besondere, mitten in Weingärten
mit einem außergewöhnlichen Blick über Wien. Um den Bauplatz optimal
zu nutzen, wurde die Hanglage in den Entwurf mit höhenmäßig versetzten
Terrassen miteinbezogen. Nach Süden ausgerichtet ist das »Herzstück« des
Solar-Konzeptes: ein raumhoher »Solarabsorber«, eine Wand aus Stahlbeton,
die nordseitig als markantes raum- und gestaltprägendes Element eine bis zu
8 m hohe, multifunktionale Halle begrenzt. Großflächige Verglasungen an der
Süd- und Ostseite sowie ein Oberlichtband über der Absorberwand
öffnen den Raum zur Sonne, aber nicht nur das, sie stellen einen direkten
Sichtbezug zur Stadt her. Die Konstruktion in Mischbauweise verbindet,
so Steixner, »die Vorteile des Massivbaus (Speicherfähigkeit) mit denen
der Leichtbauweise (maximales Volumen bei minimalem Materialaufwand,
rasche Montage und somit eine kurze Bauzeit)«. Die verwendeten
Materialien, Sichtbeton, Holz, Metall, Naturstein und Glas – alle von
hoher baubiologischer Qualität –, sind sichtbar und ehrlich eingesetzt. *an*

LATITUDE
48° 18' 07"
LONGITUDE
16° 22' 53"

*BUILDING WITH THE SUN //
Architect Gerhard Steixner has
been developing his Standard Solar
buildings for years now. He sees
the Standard Solar IV model as yet
another prototype in the series,
"The design goal was to gain space,
to dissolve the borders between
the interior and the exterior, and to
thus make the entire depth and full
breadth of the property livable."
The house's location is a very special
one, right in the middle of a vineyard
with an exceptional view across*

*Vienna. In order to optimally utilize
the building site, the slope was
assimilated into the design with
terraces staggered at different
heights. The "heart piece" of the
solar concept faces south: the floor-
to-ceiling solar absorber, a wall of
reinforced concrete bordering the
north side and a multipurpose hall
that rises as high as eight meters, is
a striking spatial and design element.
Expansive glazing on the southern
and eastern sides, and a skylight
band above the absorber wall open*

*the room to the sunshine and create
a direct connection to the town. The
mix of construction methods, says
Steixner, "joins the advantages of
massive buildings (retention capacity) with those of light constructions
(maximum volume with minimum
material use, rapid assembly, and
thus an overall short construction
duration)." The materials used –
exposed concrete, wood, metal,
natural stone, and glass – are all
of the highest ecological quality,
employed honestly and aesthetically.*

Allgemeine Baugesellschaft
A. Porr AG

Kalorisches Kraftwerk Korneuburg
Langenzersdorf, zw. Autobahnzufahrt u. Wiener Straße

1958–1962
in Folge
Umbauten

SCHLOT IN DER LANDSCHAFT // Die Wirkung von infrastrukturellen
Bauwerken wie Dämmen oder Kraftwerken ist konstitutiv für die Formation
einer Region. Infrastrukturmaßnahmen erzeugen auch in hohem Ausmaß
die Spezifik einer Landschaft. // Das in der Ebene situierte Kraftwerk
Korneuburg wirkt mit seinem hoch aufragenden Schlot von 160 m als weithin
sichtbares Zeichen in die Landschaft. In den weißen Quader, der die Basis
für den Schlot bildet, sind sowohl Richtung Westen als auch Osten große
quadratische Fensteröffnungen eingeschnitten. Der Korneuburger Kraft-
werksbau war Teil des Wiederaufbaus nach dem Zweiten Weltkrieg und
der Wirtschaftswunderjahre und Ausdruck für die damals vorherrschende
Logik der Verbindung zwischen Energieversorgung und Nationalstaatlichkeit.
1957 wurde von der Niederösterreichischen Elektrizitätswerke AG (NEWAG)
und der Verbundgesellschaft die Studiengesellschaft Erdgaskraftwerk
gegründet, die Korneuburg aus drei Gründen als Standort wählte: Verkehrs-
infrastruktur, die Donau als Kühlwasser und die bestehende Erdgasleitung.
1975 kam zu den zwei bestehenden Kraftwerksblöcken ein weiterer Block
mit dem Schlot hinzu, womit das größte kalorische Kraftwerk Österreichs
in Betrieb genommen wurde. Neben den drei Kraftwerksblöcken, von denen
einer 1986 in Reserve gestellt wurde, und dem Schornstein zählt ein Tank-
lager, das 200.000 l Öl fasst, zum Ensemble der Kraftwerksanlage. *ek*

LATITUDE
48° 19' 46"
LONGITUDE
16° 20' 28"

SMOKESTACK IN THE LANDSCAPE // The effect of infrastructure projects such as dams and power plants is constitutive in the formation of a region. To a large extent, infrastructure projects also influence the particular character of a landscape. // Built on a level plain, the 160-meter-high tower of the Korneuburg power station is a landmark visible for miles around. Large square windows are cut from the east and west walls of the white cube that forms the base of the stack. The caloric power plant at Korneuburg was part of the reconstruction era and economic miracle that followed World War II, and is an expression of the prevailing reasoning of the time concerning the connection between energy supply and national sovereignty. In 1957, the Lower Austrian electricity company NEWAG and the Verbundgesellschaft founded the Studiengesellschaft Erdgaskraftwerk (Natural Gas Power Research Company). It selected the location of Korneuburg for three reasons: the available transportation infrastructure, the ready supply of cooling water from the Danube, and the existing natural gas pipeline. In 1975, a new block with the vent stack joined the two original block units, thereby putting into operation the largest thermal power plant in Austria. In addition to the stack and the three power units, one of which was put in reserve in 1986, the power plant complex includes an oil tank with a capacity of 200,000 liters.

Villa
Bisamberg, Parkring 55

Verena Poppen

2011

FEINE VILLENARCHITEKTUR // Man könnte meinen, die beiden Häuser Parkring 55 und 55a sind verwandt, aus ein und derselben ArchitektInnen-Hand. Doch sie sind es nicht, obwohl ihre Ähnlichkeit im Erscheinungsbild, vor allem in der Dachform, nicht von der Hand zu weisen ist. Das mag zum einen daran liegen, dass beide PlanerInnen einerseits auf die Topografie reagiert haben, andererseits den klassischen (und oft auch in der Bauordnung gewünschten) Forderungen nach einem »richtigen Dach« (sprich Satteldach) nachgekommen sind. Modern wirken sie trotzdem, da keine überstehenden Dachbalken zu sehen sind und sich die Form des Dachs völlig in den Bau integriert. // Verena Poppen, die Architektin von Parkring 55, entschied sich für einen weißen Verputz (der Nachbarbau von ah3 architekten für ein dunkles Faserzementkleid), was zweifelsohne (gewollt?) einen spannenden Kontrast ergibt. // Von der Straße lassen sich die Dimensionen dieses Einfamilienhauses nur ahnen, es entwickelt sich geschoßweise zum Hang und trägt alle Züge einer zeitgemäßen Villenarchitektur der luxuriösen Wohnklasse. Carport, Natursteinmauern neben Beton, der alte Baumbestand und der dahinter liegende Wohnbau treten in eine gelungene Symbiose. *an*

42

LATITUDE
48° 19' 44"
LONGITUDE
16" 21' 53"

FINE VILLA ARCHITECTURE // One might think that the two houses at Parkring 55 and 55a are related, that they came from the hand of one and the same architect. However, they are not, although the similarities of their outward appearance, especially in the roof shape, cannot be denied. This might be due to the fact that both planners acted on the one hand in reaction to the topography, and on the other also fulfilled the demand (often regulated by building code) for a "real roof" (a gable roof).

Both buildings nonetheless have a very modern feel, since no roof beams can be seen and the shape of the roof is fully integrated into the building. // Verena Poppen, the architect of Parkring 55, chose white plastering (the neighboring building, by ah3, has dark fiber cement cladding), which (intentionally?) creates a clearly exciting contrast. // The true size of the single-family house can only be guessed at from the street, as it develops in levels along the slope, bearing all the

signs of contemporary, luxury-class villa architecture. The carport, natural stone walls next to concrete, the old trees, and the back residential building exist in a successful symbiosis.

ah3 architekten

Haus G.
Bisamberg, Parkring 55a

2009

DUNKEL GEKLEIDET // Die Topografie des Bauplatzes mit der scharfen Geländekante verlangte den Architekten einiges ab. Aber wer geschickt darauf reagiert, erkennt die Vorteile: »Das Haus ist möglichst nahe zur Straße situiert, um die für Außenräume nicht nutzbaren Böschungsflächen zu verbauen und die ebeneren, sonnigeren und von der Straße nicht einsehbaren Flächen im oberen Bereich als Garten zu belassen«, erklären ah3 architekten. // Die Nutzfläche ist auf drei Geschoße verteilt, das untere auf Straßenniveau nimmt eine Doppelgarage auf, ebenso Lagerflächen, Technik und den Zugang zum hauseigenen Lift. Die mittlere Etage gehört mit drei Schlafräumen samt Nassbereichen und Spielflur sowie einer eingeschnittenen Terrasse den Kindern. Der Schwerpunkt des familiären Wohnens liegt im obersten, loftartigen Geschoß mit offenem Wohn- und Küchenbereich bzw. dem Elternschlafzimmer. Der Raum öffnet sich zum Satteldach, und die so gewonnene Raumhöhe lässt das Einziehen einer Galerie zu. Großzügige Glasfronten nach Westen und der verglaste Giebel bringen die Abendsonne ins Haus. Von hier gelangt man in den Garten und auf eine weitere Terrasse. Ein parallel stehendes Nebengebäude dient als Wellnesszone, sein Flachdach ist als weitere Terrasse mit anschließendem Swimmingpool ausgeführt. Das relativ große Volumen des Baus ist in eine Hülle aus anthrazitfarbenen Faserzementplatten verpackt, was den eleganten Ton der Villa unterstreicht. *an*

LATITUDE
48° 19′ 44″
LONGITUDE
16° 21′ 53″

DARKLY DRESSED // The topography of the building site, with a sharply rising terrain, posed quite a challenge to the architects. Their reaction was clever and the advantages of the situation well recognized. "The house is positioned as close to the street as possible, in order to build on the sloped areas unsuitable to outdoor activities, and thus leave the more level, sunnier, and private area in the upper part of the property open for use as a garden," explains ah3. // The floor plan spreads across three levels, the lowest of which is plane with the street and holds a two-car garage, storage areas, utility space, and the entrance to the house's elevator. The middle story, with three bedrooms, washrooms, a play hall, and a terrace, is entirely the realm of the children. The highpoint of family life can be found on the upper floor, which is loft-like with an open living room-kitchen area and a master bedroom. The space opens upward to the saddle roof, with a gallery nestled into the space thus won. Generous expanses of glass facing west and a glazed roof gable draw ample amounts of evening sun into the house. From this point, one can exit into the garden and another terrace. A parallel outbuilding serves as a wellness area, its flat roof with adjacent swimming pool used as another deck. The relatively large massing of the building is encased in a hull of anthracite-colored fiber cement panels, highlighting the elegant tenor of the villa.

Wohnhausanlage am Schlosspark

Walter Dürschmid

Bisamberg, Josef-Dabsch-Straße 10

1981

BAUEN AM SCHLOSSPARK // Die Nähe zu Wien mit dem gleichzeitigen Wunsch nach einem Wohnen im Grünen macht die Ortschaft Bisamberg zu einem begehrten Ort. Auf den Gründen des ehemaligen Schlossparks mit seinem alten Baumbestand entstand Anfang der 1980er Jahre diese Wohnhausanlage. Geplant wurde sie vom Wiener Architekten Walter Dürschmid in der Zeit von 1975 bis 1978, die Fertigstellung erfolgte 1981. // Die weißen Baukörper mit Flachdach, die gemauerten Loggien und großzügigen Terrassenwohnungen im obersten Geschoß zeigen deutliche Züge eines den Kriterien der Moderne verpflichteten Wohnens. Die Anordnung zwischen den teils 100-jährigen Bäumen und der bedachte Umgang mit den Geschoßhöhen (die Anzahl der Geschoße nimmt mit dem Anstieg des Geländes ab) verdeutlichen, dass hier der qualitative Umgang mit der Topografie im Vordergrund des Bauens stand und nicht wie leider sonst oft der Profit maximaler Raumausnutzung. Die Wohnungen weisen mittlere Größen auf und sind bei den AnrainerInnen sehr beliebt. Eine ebenfalls mitgeplante Tiefgarage löst das Problem einer Unzahl von parkenden Autos. // 2011 wurde die Wohnanlage bestehend aus fünf Bauten mit Wohnungen im Eigentum thermisch generalsaniert. // Walter Dürschmid verstarb 2012, das Architekturbüro führt sein Sohn Michael Dürschmid weiter. *an*

44

LATITUDE
48° 19' 56"
LONGITUDE
16° 21' 49"

BUILDING ON THE PALACE GROUNDS // Its proximity to Vienna combined with desires to live in a green area make the town of Bisamberg a highly sought-after location. This residential complex was built in the early 1980s on the site of the former Schlosspark, or palace grounds, replete with large, old trees. It was planned by Viennese architect Walter Dürschmid between 1975 and 1978, and completed in 1981. // The white, flat-roofed structures with masonry loggias and generous terraced flats on the top floor exhibit the clear characteristics of residential solutions dedicated to the modern era. The placement between up to 100-year-old trees and the conscious play with building height (the number of stories descends as the terrain ascends) make it evident that topographical interaction was at the forefront of the building project, and not merely profit from the maximization of space, as is so often the case. The apartments are medium-sized and much loved by their inhabitants. The underground parking garage built along with the rest solves the problem of parking for countless cars. // The complex, which consists of five buildings with privately owned residential units, was renovated and thermally upgraded in 2011. // Walter Dürschmid passed away in 2012; his son Michael Dürschmid now runs the architectural agency.

Reinhard Haslwanter
mit Peter Fellner

2000

NEUINTERPRETATION // Die Gegend um den Bisamberg mit seinen Weingärten ist ein bekanntes Ziel für Tagesausflüge, die gerne bei einem Heurigen
ihren Abschluss finden. Meist sind es traditionelle Buschenschanken, aber
auch die brauchen manchmal ein Facelift, besonders wenn sie gut und
gern besucht sind und erweitert werden sollen. // Die architektonischen
Interventionen von Reinhard Haslwanter zusammen mit Peter Fellner richteten
sich auf den Innenhof. Hier wurde ein Neubau errichtet, dessen Dachform,
Dachneigung und Traufenhöhe vom ehemaligen Geräteschuppen an der
Grundstücksgrenze übernommen und bis zum straßenseitigen Hauptgebäude
durchgezogen wurden. Der natürliche Geländeverlauf wird im Bereich des
Hofes aufgenommen und bildet die Basis der Zonierung in Heurigenhof,
Schankterrasse, Gastgarten und Weingarten. // Belichtet wird das Innere
des neuen Schankraumes einerseits durch ein durchgehendes Oberlichtband
direkt unter dem Pultdach, dieses lässt die westliche Abendsonne in den
Gastraum fallen. Nach Osten hin bringt die Verglasung zum Terrassenbereich
viel Licht und den Bezug zum Innenhof. Raumhohe Glasschiebe-Elemente
sorgen für einen fast nahtlosen Übergang von Innen und Außen. Die hohe
Decke aus Holz, die abgehängten Lichter, die schlichten Holzbänke und
Tische und die funktionellen Einbauten bilden ein harmonisches Ganzes. *an*

45

LATITUDE
48° 19' 42"
LONGITUDE
16° 21' 29"

REINTERPRETATION // The area around Bisamberg, and its vineyards, is a well-known destination for daytrips, which often come to a close at a wine tavern, or Heuriger. These usually just consist of a traditional, simple tap room, but even these sometimes need a facelift, especially if they are good and heavily frequented, and thus need to expand. // The architectural intervention done by Reinhard Haslwanter and Peter Fellner focuses on the courtyard, where a new

building takes up the roof contour, slope, and eaves height of the old tool shed at the property line and carries it over to the main building facing the street. The courtyard follows the natural slope of the property, which helps zone off the Heuriger's courtyard, patio bar, outdoor dining area, and vineyards. // The interior of the new tap room is lit partly by a continuous row of skylights directly under the shed roof, bringing the evening sun from the west into the dining area.

Toward the east, the windows over-looking the terrace admit plenty of light and connect the room to the courtyard. The floor to ceiling sliding glass doors produce a nearly seamless transition between inside and outside. The high wooden ceiling, the suspended lights, the simple wood benches and tables, and built-in fittings and fixtures form a very harmonious whole.

Haus H.

Klein-Engersdorf, Bründlgasse 5

2008

SATTELDACH NEU // Das Architekturbüro t-hoch-n wurde 2002 von Gerhard Binder, Peter Wiesinger und Andreas Pichler gegründet. Seither haben sie vor allem in Wien und Niederösterreich zahlreiche Einfamilienhäuser und teils spektakuläre Dachausbauten realisiert. // Das Satteldach ist in der zeitgenössischen Architektur oft kein Thema und wird von vielen PlanerInnen nicht gerade gerne eingesetzt. Bei diesem Haus in Klein-Engersdorf mussten die Architekten allerdings mit dieser Dachform arbeiten, nicht ganz freiwillig, denn sie war zwingend vorgeschrieben. // Ihr Lösungsansatz sieht dabei Folgendes vor: Das Satteldach sitzt nicht einfach auf dem Haus, es wird von einer außen liegenden Holzleimbinder-Konstruktion getragen. Aber dem ist nicht genug, denn auch dem vorgelagerten Carport samt Nebenzonen wurde ein Satteldach gegeben, allerdings ausgeführt in »Negativform«, also als verkehrt liegendes Satteldach mit Giebel nach unten. Wie schon das »richtige« Satteldach wird auch das »verkehrte« von außen liegenden Holzleimbindern getragen. Konstruktiv wurde das Wohngebäude aus vorgefertigten Elementen in Holzriegelbauweise mit Massivholzdecken errichtet. Der Giebel, der sich aus der Form des Dachs ergibt, wird im Wohnzimmerbereich zur Galerie mit einem Erkervorbau, der auf der Terrasse einen geschützten Bereich bildet. *an*

LATITUDE
48° 20' 09"
LONGITUDE
16° 23' 00"

A NEW GABLE ROOF // The t-hoch-n architecture office was founded in 2002 by Gerhard Binder, Peter Wiesinger, and Andreas Pichler. They have since built numerous single-family homes and some spectacular loft extensions, mainly in Vienna and Lower Austria. // Gable roofs are not really a hot topic in contemporary architecture, and many planners don't particularly like to use them. For this house in Klein-Engersdorf, however, the architects had to work with this roof shape, not entirely of their own free will but because it was a mandatory regulation. // Their solution was as follows: the saddle roof doesn't just sit atop the house; it is instead borne by an exterior glulam beam construction. And this wasn't enough, the carport and side areas in front of the house were also capped by a gable roof, but one built in its "negative form", in other words turned on its head with the peak facing downward. This "upsidedown" roof is also supported by exterior glulam beams, just like the "real" roof. The residential building is a prefabricated wooden frame construction with massive wood floors. The dormer created by the roof shape is transformed into a gallery with a projecting front bay window that forms a protected area on the terrace.

Gerhard Kohlbauer

Rad-Skulptur
Harmannsdorf, an der B6

URFORM // Felder und Wiesen im hügeligen Weinviertel, eine Bundesstraße
für den Durchzugsverkehr und auf einem Acker plötzlich ein Rad mit einem
Durchmesser von 5 m und 1 m Breite. Eine große Geste, ein weit sichtbares
Zeichen, ein Kunstwerk. Geschaffen hat es Gerhard Kohlbauer, der in Wien
an der Akademie der bildenden Künste studierte und unter anderem auch
durch Bühnenbilder bekannt wurde. // Das Rad ist wohl die archaischste
aller Formen und präsentiert sich als spröde wirkende Installation, unbe-
weglich und ruhig in seiner Materialität und Haptik verhaftet und symbolisch
aufgeladen. Das Rad als Metapher für den Fortschritt, die Weiterentwicklung,
die Dynamik, das Rad im Räderwerk als Zeichen der Zeitmaschine – all das
lässt sich in dieses Symbol hineininterpretieren, und trotz allem vermittelt
diese Skulptur inmitten der Landschaft eine starke Ruhe und widersetzt
sich dem vorbeiziehenden Verkehr. // »Kunst als Gedankenanregung für
die vorbeikommenden Autofahrer«, diese Art der Interpretation schlagen
die InitiatorInnen von Kunst im öffentlichen Raum Niederösterreich, die
auch dieses Kunstprojekt beauftragt haben, vor. *an*

LATITUDE
48° 26' 20"
LONGITUDE
16° 23' 25"

ARCHETYPE // Fields and meadows in the hilly wine district, a main road for through traffic and, suddenly, a wheel appears in a field, five meters in diameter and one meter thick. A grand gesture, a symbol clearly visible from afar, a work of art. It was created by Gerhard Kohlbauer, who studied at the Vienna Academy of Fine Arts and became well-known for his stage set designs, among other things. // The wheel is perhaps the most archaic of all shapes. Here, it presents itself as a delicate-looking installation, arrested in motion, quiet in its materiality and feel, and symbolically charged. The wheel as a metaphor for progress, advancement, dynamics, and the wheel in the gear train as a symbol of the time machine – all of this can be read into this image. In spite of it all, this sculpture set in the middle of the landscape conveys a strong sense of peace and contradicts the traffic passing by. // The initiators of Public Art in Lower Austria, who also launched this project, suggest an interpretation of art "as an inspiration for passing motorists".

49

Rollfähre Korneuburg

Korneuburg, Tuttendörfl 10

Paul Wobornik

1935/1949

FAHRWASSER // Die beiden Städte Klosterneuburg und Korneuburg haben einen gemeinsamen Ursprung: die Siedlung »Niwenburg«, über eine Donaufurt verbunden. Herzog Albrecht I. trennte 1298 das Gebiet und verlieh beiden Orten das Stadtrecht. Der Wunsch nach einer permanenten Verbindung ist geblieben. Das Projekt Donaubrücke zwischen den beiden Städten wurde zwar immer wieder diskutiert, 2011 erfolgte eine mittelfristige Absage, und die »Presse« schrieb: »Laut dem obersten Verkehrsplaner des Landes, Friedrich Zibuschka, hätten Erhebungen [...] gezeigt, dass die Wirksamkeit der Brücke zu gering wäre.« // Von Mitte März bis Anfang November verkehrt eine Rollfähre. Zwischen den Ufern wird diese Fähre entlang eines Stahlseils mittels Seilrolle geführt. Antrieb ist die Strömung der Donau selbst. Nicht weit vom berühmten Fischrestaurant »Tuttendörfl« findet man den Seilturm in Form eines Gittermastes sowie die Landebrücke. Das Schiff selbst, von der Werft Korneuburg gefertigt, hat eine Rumpflänge von 22 m. Als Nachfolge der »Fliegenden Brücke«, die 1893 in Betrieb ging, übernahm die Fähre in der Zwischenkriegszeit beim Transport von Personen, Fuhrwerken, später Autos, aber auch Fahrrädern eine tragende Rolle. Die Eröffnung eines Konkursverfahrens 2012 könnte die Zukunft dieser beliebten Institution gefährden. *th*

LATITUDE
48° 19′ 46″
LONGITUDE
16° 19′ 58″

WATERWAY // The cities of Klosterneuburg and Korneuburg share a common origin: the Niwenburg settlement, which once spanned a ford of the Danube. Duke Albrecht I divided the territory in 1298 and issued a town charter to each side. The desire to establish a permanent link endured, however, and a bridge over the Danube joining the two cities was a recurring topic of discussion. When a project for a connector was cancelled in 2011, the Presse wrote: "According to the province's head traffic planner, Friedrich Zibuschka, surveys [...] have shown that a bridge would be of insufficient value." // A cable ferry operates between the two cities from mid-March to early November. The ferry is guided from one shore to the other by a steel cable on a pulley while being propelled by the flow of the Danube itself. The lattice mast of the cable tower and the ferry's pier are located near a famous fish restaurant named "Tuttendörfl". The ship itself was built by the Korneuburg shipyard and has a hull length of 22 meters. As the successor to the "flying bridge", which had been in operation since 1893, the ferry took the lead in transporting people, carriages, and bicycles, and then later on of course cars during the interwar period. The initiation of bankruptcy proceedings in 2012 may jeopardize the future of this popular institution.

Josef Molzer & Sohn

Getreidespeicher
Korneuburg, Donaulände 18

SAMMELZENTRUM // Wer auf der A22 zwischen Wien und Stockerau fährt, sieht schon von weitem den mächtigen grauen Gebäudekomplex. Die gute Straßenanbindung ist Teil des wirtschaftlichen Erfolges von Agrar-Speicher, der als privater Silo-Lagerhalter in Wien, Graz und Korneuburg Niederlassungen besitzt. Als Hafenstandorte sind Wien-Albern und Korneuburg zudem auf dem Wasserweg erschlossen. Die Frachtschiffe werden über einen Pneumatikturm be- und entladen. // In zwei Bauetappen wurden die Speicherbauten errichtet. Der ältere Bereich besteht aus 14 Rundsilozellen, über die ein Vollgeschoß eingezogen wurde, in dem der Transport und die Beschickung vonstattengehen. Ein turmartiger Kopfbau sitzt als Stirnfront mit 10 Geschoßen im Südwesten der Anlage. Entgegen romantisierender Anlehnungen, wie sie im niederösterreichischen Silobau immer wieder zu beobachten sind, kam ein Flachdach zum Einsatz. Bereits 1961 wurden Sanierungsarbeiten notwendig, als eine Silozelle barst. Im neueren Speicher aus den 1970er Jahren dagegen bilden sich das Innenleben und seine Funktionen nicht mehr nach außen hin ab. // Zur hochtechnisierten Ausstattung gehört heute u. a. ein moderner Laborraum. Insgesamt finden vor Ort 40.000 t Getreide Platz. Von den 100.000 t, die jährlich in Korneuburg umgeschlagen werden, sind es allein 30.000 t, die verschifft werden. *th*

COLLECTION CENTER // This huge gray building complex can be seen from afar by anybody traveling on the A22 motorway between Vienna and Stockerau. Excellent road access is key to the success of Agrar-Speicher, a private company that owns silos and maintains offices in Vienna, Graz, and Korneuburg. Waterways also connect the facility to the ports of Vienna-Albern and Korneuburg. The cargo ships are loaded and unloaded by means of a pneumatic lift. // The storage buildings were *built in two phases. The earlier section consists of 14 cylindrical silos topped by a full story that accommodates shipping and receiving. A 10-story, tower-like building fronts the southwest of the plant. The complex makes use of the flat roof, in contrast to the romantic style more common to silo structures in Lower Austria. Renovations were necessary as early as 1961 after one of the silo units collapsed. The newer silos of the 1970s no longer reveal their* *inner workings and functions on the outside. // A modern laboratory is a standard component of today's high-tech facilities. This branch can store up to 40,000 tons of grain. Of the 100,000 tons handled annually in Korneuburg, 30,000 tons are transported by ship.*

Schiffswerft Korneuburg

Korneuburg, Am Hafen 6

Alexander Popp

ab 1938

STAPELLAUF // Die »Kulturwerkstätte am Hafen« bemüht sich, die Mitte der 1990er Jahre liquidierte Schiffswerft dauerhaft für Veranstaltungen zu etablieren: Schon das Donaufestival hatte den spröden Charme der historischen Werkhallen für sich entdeckt. // Die Werft erlebte nach ihrer Gründung Mitte des 19. Jhdt. über Jahrzehnte permanente Erweiterungen. 1938 wurde der Betrieb in die Reichswerke »Hermann Göring« eingegliedert. Betreut durch Architekt Alexander Popp, der u. a. in Linz die Tabakwerke plante, wurde das Gelände ausgebaut. Die Vergrößerung des Werfthafens, die Schaffung neuer Hellinge (meist abgeschrägter Platz zur Errichtung eines Schiffes) und Stapelplätze, die Errichtung eines Werkstättengebäudes, die Einrichtung einer Lehrlingswerkstätte sowie der Ausbau technischer Anlagen und Materiallagerplätze waren Teil des Programms in Folge der Ernennung zum »kriegswichtigen Betrieb«. 1941 entstand ein Barackenlager für Arbeitskräfte: Deutsche, Holländer und Kriegsgefangene unterschiedlicher Herkunft (14 Nationen) wurden hier untergebracht, wie man bei Stefan Wunderl nachlesen kann. // Die Bombardierung Korneuburgs zu Kriegsende hinterließ an der Werft keine namhaften Schäden. Bis zum Staatsvertrag der sowjetischen USIA-Verwaltung unterstellt, übernahm 1955 die DDSG wieder die Leitung. Heute Industrieruine, erinnert die Werft an die einstige Bedeutung der Donauschifffahrt. *th*

52

LATITUDE
48° 20′ 33″
LONGITUDE
16° 19′ 13″

LAUNCHING // The "Cultural Workshop at the Harbor" aims to re-establish the shipyard that was shut down in the mid-1990s as a permanent venue for events: now, even the Donaufestival has discovered the rough charm of the historic factory buildings. // After the shipyard was founded in the mid-19th century, various additions were continuously made to the facility over the decades. In 1938, the company was absorbed into the Reichswerke Hermann Göring.

The complex was expanded by architect Alexander Popp, whose projects included the tobacco factory in Linz. As part of the program following its designation as an enterprise of "essential military importance", the shipyard harbor was enlarged with new slips (sloped for shipbuilding), dry docks, workshops, and a training shop for apprentices, as well as enhanced technical equipment and supply warehouses. In 1941, it became a work camp for German and Dutch

prisoners, as well as for prisoners of war from 14 different nations, as one can read about in the work of Stefan Wunderl. // The bombing of Korneuburg toward the end of the war did not significantly damage the shipyard. Under the treaty with the Soviet USIA Administration until the signing of the state treaty, DDSG resumed management in 1955. Now an industrial ruin, the shipyard serves as a reminder of the former significance of shipping on the Danube.

Dieter Mathoi Architekten mit
Architekturwerkstatt din-a4

Justizzentrum Korneuburg
Korneuburg, Brückenstraße/Am Landesgerichtsplatz

2012

HINTER WEISSEN MAUERN // Das ehemalige Landesgericht mitten im
Ortsgebiet von Korneuburg entsprach nicht mehr den notwendigen Standards.
Durch die Erweiterung des Gerichtsbezirkes wurde schließlich der Neubau
eines Justizzentrums unumgänglich. Den EU-weiten Wettbewerb dazu
entschieden Dieter Mathoi Architekten mit Architekturwerkstatt din-a4 für
sich. Dieter Mathoi Architekten hatten zuvor bereits die Justizanstalt Innsbruck realisiert und die Justizanstalt Feldkirch geplant und konnten daher
mit einer nicht unerheblichen Expertise in Sachen Bauen für den Strafvollzug
an dieses Projekt herangehen. // Das neue Justizzentrum besteht aus zwei
voneinander getrennten Baukörpern, einer dient dem Gericht und der Staatsanwaltschaft (12.300 m²), der andere dem Strafvollzug (13.200 m²). Die
beiden sind nur durch einen unterirdischen Gang verbunden. Zusammen
bilden sie rund um einen neu geschaffenen Platz ein Ensemble. // Im hellen,
lichtdurchlässigen Neubau werden das Landes- und Bezirksgericht sowie
die Staatsanwaltschaft untergebracht. Die Strafvollzugsanstalt gibt sich
funktionsgemäß etwas verschlossener nach außen. Nur Fensterschlitze
durchbrechen die geschlossenen hellen Mauern an der straßenseitigen
Fassade. Die Öffnungen orientieren sich zum Innenhof, der den Insassen
als Spazierhof zur Verfügung steht. »Kunst am Bau«-Projekte wurden von
den Künstlern Hans Schabus und Nikolaus Gansterer beigesteuert. *an*

LATITUDE
48° 20' 39"
LONGITUDE
16° 19' 27"

*BEHIND WHITE WALLS // The old
regional court building in the center
of downtown Korneuburg had long
ceased to fulfill the standard
requirements. The construction of
a new justice center eventually
became unavoidable after the
court's jurisdiction was expanded.
Dieter Mathoi Architekten and
Architekturwerkstatt din-a4 emerged
as the winners of the EU-wide
design competition. Dieter Mathoi
Architekten had already built the
Innsbruck prison and planned the*

*Feldkirch prison, and thus were
able to approach this project with
considerable expertise in prison
construction. // The new Justice
Center consists of two separate
buildings, one serving the court and
the department of public prosecution
(12,300 m²), the other functioning
as a prison (13,200 m²). The two are
connected only by an underground
passage. Together, they form an
ensemble around a newly created
plaza. // The provincial court, the
district court, and the department*

*of public prosecution are accommo-
dated in a light-filled, translucent,
new building. The prison itself
appears slightly more closed off
to the outside, in accordance with
its function. The light-toned walls
facing the street are punctuated
only by the slits of narrow windows.
The openings are oriented toward
the courtyard, which provides an
exercise yard for the inmates. The
artists Hans Schabus and Nikolaus
Gansterer contributed works of
public art.*

Hochhaus   Prader, Fehringer, Ott
Korneuburg, Brückenstraße 6

1971

AUFBRUCH IN EINE NEUE ZEIT // Mit einer Höhe von rund 45 m
und 11 Stockwerken überragt das Hochhaus alles in seiner unmittelbaren
Umgebung, ein Solitär in der sonst niedriggeschoßigen Bebauung. Entworfen
wurde es vom Büro der Architekten Herbert Prader, Franz Fehringer und
Erich Ott, die nicht nur zahlreiche Wohnbauten realisierten, sondern vor
allem auch als Planer des Pier East und Pier West am Flughafen Schwechat
bekannt wurden (Herbert Prader ist mittlerweile verstorben). // In der
Aufbruchsstimmung der 1960er Jahre und ihren städtebaulichen Architektur-
utopien entwickelten sie als Atelier P+F lineare Stadteinheiten mit hexa-
gonalen Wohneinheiten, doch auch der Gedanke einer vertikalen Stadt mit
Megastrukturen war ihnen nicht fremd. Eine »Überwolkenstadt« ist das
Hochhaus in der Brückenstraße zwar kaum, allerdings lässt sich auch bei
dieser Auftragsarbeit für die Alpenland AG Wohnbaugenossenschaft der
Glaube an den Fortschritt ablesen. Heute ist das Hochhaus deutlich in die
Jahre gekommen, strahlt allerdings noch immer den besonderen Charme
der frühen 1970er Jahre aus. Nicht als einfaches Punkthochhaus ausgeführt,
zeigt es sich deutlich detaillierter, besonders am in den Himmel ragenden
Abschluss und den hervorspringenden, abgestuften Balkonen/Loggien,
die seitlich von einer vorspringenden Wandscheibe geschlossen werden.
Typisch für die Zeit wurde die Fassade mit weißen und ockerfarbenen
Faserzementplatten verkleidet. *an*

LATITUDE
48° 20′ 31″
LONGITUDE
16° 19′ 40″

*THE START OF A NEW ERA // About
45 meters high and with 11 stories,
this high-rise towers above everything in its immediate vicinity,
a solitary beacon in an otherwise
single-story environment. It was
designed by the office of architects
Herbert Prader, Franz Fehringer,
and Erich Ott, who made their name
above all for the planning of the
East and West Piers at Schwechat
Airport, in addition to having realized
numerous residential buildings.
Herbert Prader has since passed*

*away. // Under the name of Atelier
P+F, they developed hexagonal
urban residential units during the
pioneering era of the 1960s and
in the spirit of urban architectural
utopias of the time, but the idea
of a vertical city of megastructures
was not a foreign one. The tower
on Brückenstraße might not exactly
be a "city above the clouds",
but nonetheless the dedication to
progress is clearly legible within this
project contracted by the Alpenland
AG Residential Housing Cooperative.*

*Today, the tower is definitely
showing its years, although it still
radiates the special charm of the
early 1970s. Not just a simple tower
block, the building is much more
detailed, especially at the top, where
it stretches toward the sky, and the
stepped balcony/loggias, which are
closed on one side by a projecting
shear wall. Typical of the times,
the façade is clad in white and ochre
fiber cement panels.*

Alfred Bastl

Dreieinigkeitskirche
Korneuburg, Kielmannseggasse 8

1963

MACH WAS, ALFRED! // Im letzten Studienjahr an der Akademie bei
Lois Welzenbacher arbeitete ein angehender Architekt für die Baufirma
Scharinger. Involviert in das Projekt, ein neues Pfarrhaus für die evangelische
Gemeinde zu errichten, machte sich der junge Korneuburger seine eigenen
Gedanken. Dem »romantischen« Ursprungsentwurf konnte er nicht so viel
abgewinnen. Pfarrer Schindler, der 1945 bei einem Bombentreffer auf
Pfarrhaus und Kirche seine Familie verloren hatte, machte ihm Mut, und
so entstand 1955 jenes moderne Gegenstück, das sich letztlich durchsetzen
konnte und in den Folgejahren mit einer bescheidenen Bausumme realisiert
wurde. // Einerseits wollte Alfred Bastl das Eckgrundstück betonen,
andererseits war ihm wichtig, dass sich der puristische Bau gut in den
Häuserbestand entlang der Bisambergerstraße einfügte. Nach einem
Pfarrerwechsel wurde gewünscht, die Auskragung etwas deutlicher auszu-
führen, um für die Empore mehr Raum zu schaffen. Den Turm mit einem
bunten Glaskreuz auszustatten war technisch eine Herausforderung, die
jedoch gut gelang. Dass man dem »kahlen« Turm eine Zwiebel aufsetzte,
wie es Stimmen im Presbyterium gefordert hatten, konnte verhindert werden.
Bis hin zur Inneneinrichtung – in längsprofilierten Holzbauteilen – trug die
Kirche fortschrittliches Bauen nach Korneuburg. Bei der Renovierung 2011,
bei der im Raum stand, die Fassade bunt zu machen, wurde der Architekt
zu Rate gezogen. Weiß blieb. *th*

55

LATITUDE
48° 20' 30"
LONGITUDE
16° 20' 20"

*DO SOMETHING, ALFRED! // In his
final year of studying under Lois
Welzenbacher at the Academy, the
budding architect also worked for the
Scharinger construction company.
While working on a project for
a new rectory for the evangelical
community, the young man from
Korneuburg developed his own
ideas. The original "romantic" design
proposal did nothing for him, and
Pastor Schindler, who had lost his
family in 1945 when the rectory
was bombed, encouraged him to
develop his own ideas. This ultimately resulted in a modern object
designed in 1955, and built on a
modest construction budget during
the following years. // On the
one hand, Alfred Bastl wanted to
emphasize the corner site, on the
other hand, he felt it was important
for the purist architecture to be
well integrated into the built fabric
along Bisamberger Straße. When a
new minister arrived, it was asked
that the projection be made more
pronounced in order to create
more space for the choir loft. Fitting
the tower with a stained glass cross
was a technical challenge, but it was
quite successful. The clergy's call
for an onion dome on the "bald"
tower was successfully resisted.
The church's architecture, with its
the long timber beams, brought
progressive design to Korneuburg.
During the 2011 renovation, the
architect was consulted on whether
the exterior should be painted in
bright colors. White won out.*

Villa

Walter Prinz

Korneuburg, Bisambergerstraße 61

1923/
Umbau
1983

DIE GOLDENEN ZWANZIGER TREFFEN DIE ACHTZIGER JAHRE // Die 1920er Jahre waren die des Aufbruchs, gesellschaftlich, politisch, aber auch baukünstlerisch. Doch der Fortschrittsglaube, das Mondäne in Kunst und Architektur wurden schon bald von der Weltwirtschaftskrise eingeholt, die einen dunklen Schatten über Europa und die Welt warf. Gebaut wurde in den 1920er Jahren noch sehr unterschiedlich, die Moderne begann sich erst langsam durchzusetzen. So entstand dieses Wohnhaus nach den Plänen des Baumeisters Walter Prinz. Auch für Kenner ist es schwer, den Stil dieses Bauhybriden auf den ersten Blick richtig einzuschätzen. Der Eingangsbereich ist nach dem Umbau eingeschnitten und wird über eine kleine Treppe erreicht. Ein Mauervorsprung bildet eine Art Vordach. Generell wirkt der Bau durch das lang gestreckte Dach in die Länge gezogen. Dunkel lasiertes Holz steht im Kontrast zum strahlenden Weiß der glatten Fassade. Ein spannendes Aufeinandertreffen der Stile und Jahrzehnte. Die Verjüngung, die nun auch schon wieder einige Jahrzehnte zurückliegt, hat wesentlich zum makellosen Erscheinungsbild des Wohnhauses beigetragen. *an*

56

LATITUDE
48° 20′ 24″
LONGITUDE
16° 20′ 35″

THE GOLDEN TWENTIES MEET THE EIGHTIES // The 1920s were years of change – socially, politically, and architecturally as well. Yet the belief in progress and the sophistication of art and architecture were soon eclipsed by the global economic crisis that cast its dark shadow over Europe and the rest of the world. // Construction was still highly varied during the 1920s; the Modern era had just slowly begun to emerge and establish itself. This residential building designed by master builder Walter Prinz sprung from these many influences. Even for connoisseurs, it is difficult to judge the style of this constructive hybrid at first glance. The entrance area was carved out in the renovation and is accessed by a small set of stairs. A wall projection creates a sort of canopy. The elongated roof makes the building seem like it has been stretched lengthwise. Dark-stained wood contrasts with the bright white of the smooth façade, making for a very exciting collision of styles and decades. The revitalization that was carried out several decades ago contributed considerably to the unblemished appearance of the apartment building.

Friedrich Kuchler

Reihenhaussiedlung
Korneuburg, Unterer Mühlweg/Pestalozzigasse

ab 1976

ABSOLUT MODERN // Die Bauaufgabe bestand darin, eine moderne Eigenheimsiedlung auf einem ca. 18.000 m² großen Grundstück in ruhiger Lage am Ortsrand zu errichten: 48 Wohneinheiten in verdichteter Bauweise. Friedrich Kuchler entwickelte zwei Reihenhaustypen mit je 128 m² Wohnfläche (ein Typus unterkellert, der andere nicht) und drei Atriumshaustypen mit 92 m² bis 128 m² Wohnfläche (ein Typus davon teilunterkellert), allesamt mit einem individuellen Gartenbereich. Durch die Verdichtung ergibt sich ein urbaner Charakter, der dem Modell der Gartenstadt entspricht. // Den neuen NutzerInnen wurde – so wie es das fortschrittliche Bauen damals vorsah – eine Mitsprache eingeräumt: Installationskern und die Lage des Stiegenhauses waren fix, alle anderen Zwischenwände konnten frei gewählt werden. Die Anlage ist verkehrsfrei konzipiert und nur über Wohnwege erschlossen. Autos werden in zentralen Garagen abgestellt, die aus Stahlbetonfertigteilen errichtet wurden. // Die erste und zweite Bauetappe der Häuser wurden in Beton ausgeführt, die Etappen 3 und 4 in Ziegelbauweise. Die weiße Fassaden, die Flachdächer und eine funktionelle Architektur, die ihren BewohnerInnen Freiraum gibt, verleihen der Siedlung einen der klassischen Moderne verpflichteten Charakter. »Klein-Tunesien nannte man sie – und das war nicht freundlich gemeint«, erinnert sich Friedrich Kuchler noch heute. Dennoch, das Resümee aus heutiger Sicht muss lauten: eine Wohnanlage mit Vorbildcharakter. *an*

LATITUDE
48° 20' 41"
LONGITUDE
16° 20' 33"

ABSOLUTELY MODERN // The building program called for a modern settlement of family homes on a piece of property totaling 18,000 m² in a quiet location on the outskirts of town: a compact layout of 48 units. Friedrich Kuchler designed two types of row houses, each with a living area of 128 m² (one with basement, the other without), and three types of atrium houses (one with basement), ranging from 92 m² to 128 m², each with their own garden. The density yields an urban character that ties into the Garden City model. // As called for by the progressive architecture of the time, new users were given a say in design: the location of the service cores and the stairwells were fixed, all other partition walls could be freely placed. The project was designed to be free of vehicles, accessed only by pedestrian walkways. Cars were housed in central garages built using prefabricated concrete elements. // The first and second construction phases were done in concrete, phases three and four in cinderblock. The development takes on a classic modernist character with its white walls, flat roofs, and functional architecture that gives its inhabitants ample open space. "They called it Little Tunisia – which was not meant kindly," as Friedrich Kuchler recalls. From today's perspective the final word on the project is nevertheless: a truly exemplary housing project.

2001

EIN SCHAURAUM // Markant behauptet sich der lang gestreckte, kontinuierlich ansteigende Baukörper des BüroIdeenZentrums aluminiumsilbern
glänzend als singuläres Objekt. // Im Jahr 1999 schrieb die Franz Blaha
Sitz- und Büromöbelindustrie GmbH einen geladenen Architekturwettbewerb
aus, zu dem neben eichinger oder knechtl unter anderem auch propeller z
eingeladen gewesen waren. Das Gebäude sollte mehrere Funktionen erfüllen:
zum einen als signifikantes gebautes Zeichen repräsentativ für Innovation
und Kommunikation, die Werte der Unternehmensphilosophie, einstehen,
zum anderen auf insgesamt 3.500 m² Gesamtfläche großzügige räumliche
Möglichkeiten bieten für die Präsentation und die Erfahrbarkeit von Büro-
und Arbeitsplatzlösungen, für deren Vermittlung sowie Beratung und Planung.
Konstruktiv handelt es sich um Ortbeton in Kombination mit Holzleimbindern
und Isobox-Dachelementen. Die Wände und das Dach sind mit einer
Aluminium-Wellfassade eingekleidet, für die ein Spezial-Wärmedämmglas
verwendet wurde. Alle Geschoße der auf Stützen aufruhenden Halle sind
um einen Zentralbereich angeordnet, die Verglasung der Schale über diesem
setzt auf natürliches Licht, die Ausstellungsflächen auf Kunstlicht. Empfangen
werden die KundInnen von einer Besucherbar, von der aus man sich frei
durch die Konstruktion der Halle bewegt. Die Innenraumgestaltung stammt
von Gabriele Blaha, Hans Schürmann, René Chavanne, die Dramaturgie-
beratung von Christian Mikunda. *ek*

58

LATITUDE
48° 20′ 36″
LONGITUDE
16° 20′ 57″

A SHOWROOM // A unique shiny object in silver aluminum, the elongated, steadily sloping shape of the office design center makes a strong statement. // In 1999, the Franz Blaha Company, which makes seating and office furniture, held an invited architectural competition, in which the offices of eichinger oder knechtl and propeller z, among others, took part. The building had a number of functions to perform: on one hand, it needed to represent the company philosophy of innovation and communication, and on the other hand, it had to provide multiple spaces to display, test, sell, and perform consulting and design services for office and workplace solutions. The structure, with an area totaling 3,500 square meters, combines in-situ concrete, glue-lam wood beams, and Isobox roof modules. The walls and roof are clad in corrugated aluminum, using custom-designed insulating glass. Columns support the building, and all floors are arranged around a central area topped by a shell above that provides glazing for natural lighting, while the exhibition spaces rely on artificial light. A hospitality bar welcomes visiting customers, who are free to wander through the rest of the hall. Gabriele Blaha, Hans Schürmann, and René Chavanne were the interior designers, and Christian Mikunda was the set design consultant.

Ernst Maurer

GESCHÜTZT // Der Hauptplatz von Korneuburg ist ein in sich geschlossenes Ensemble aus Altbestand. Das Stadthaus mit der Nummer 4 mit seinem mittelalterlichen Kern steht unter Denkmalschutz. Die Aufgabe bestand darin, dieses Haus in Abstimmung und unter den strengen Auflagen des Denkmalamtes zu sanieren und für eine gewerbliche Nutzung (Geschäftslokal und Büroeinheiten) bzw. zum Wohnen zu adaptieren. Die beiden Apartments im Obergeschoß sind als Maisonette-Wohnungen mit Terrassen zum Hof konzipiert. // Zusätzlich entstand im Hof als Erweiterung ein nicht unterkellerter Neubau für Wohnzwecke. Das neue dreigeschoßige Gebäude bietet Platz für vier Wohneinheiten. Eine davon befindet sich im Erdgeschoß, zwei im Obergeschoß und eine größere im Dachgeschoß. Da der Neubau das Grundstück schließt, bildet sich in Verbindung mit dem Altbau ein schöner Innenhof, eine begrünte Oase in der Stadt. Mit Recht ist das Architekturbüro Maurer stolz darauf, trotz zentraler Stadtlage jeder Einheit einen großzügigen Freibereich zugeordnet zu haben, denn alle Apartments des Neubaus haben geräumige Loggien und Terrassen. Begrünte Rankgerüste an der Feuerwand und Gründächer erhöhen die Wohnqualität. Wegen der doch relativen Dichte des Wohnens wurden durch verschiebbare Holzlamellen-Paneele uneinsehbare Bereiche geschaffen, die nicht nur vor Sonne schützen, sondern auch maßgeblich gestaltungsprägend sind. *an*

LATITUDE
48° 20′ 42″
LONGITUDE
16° 20′ 01″

PROTECTED // The main square of Korneuburg is a self-enclosed ensemble of historic buildings. The townhouse at No. 4 and its medieval core are protected heritage landmarks. The task at hand was to renovate the building in full accordance with the stringent regulations of the monuments office, while also adapting it for residential and commercial (shops and office units) use. The two upstairs apartments are designed as maisonettes with terraces facing toward the courtyard. // An addition was also built in the courtyard, a new, cellarless building used for residential purposes. This new three-story building provides enough space for four living units. One of them is on the ground floor, two upstairs, and a larger one in the loft. Since this new building ends off the property, it creates a lovely interior courtyard together with the old building – an oasis of green in the city. The new apartments all have spacious loggias and terraces, and the Maurer architecture office is justifiably proud of having successfully allocated each dwelling its own generous outdoor area despite the property's central location. Trellises for vines on the firewall and greened roofs further raise the quality of life. Due to the relatively dense residential situation, sliding wooden slat panels have been inserted to create hidden areas, also protecting from the sun and characterizing the overall design.

Arbeitsamt
Korneuburg, Laaer Straße 11

Gottfried Fick

1984

ZWECKMÄSSIG IN DEN ACHTZIGERN // »Nichts Aufregendes, ein reiner Zweckbau, typisch für seine Zeit«, so beschreibt der Tullner Architekt Gottfried Fick nach fast 30 Jahren das Gebäude des Arbeitsamtes in Korneuburg. Konzipiert wurde das Haus als neue Heimstätte für das Vermessungs- und das Arbeitsamt und war zum Zeitpunkt seines Entstehens neben dem Finanzamt angesiedelt, eine Art kleines Amtsviertel. Heute haben sich die Zeiten geändert, und das Haus wird ausschließlich zur Verwaltung der Arbeit Suchenden genutzt. // Mit einem Erd- und einem Obergeschoß ist es etwas abgerückt von der Straße situiert. Ein leicht gewölbtes Glasvordach über dem Eingang definiert den Erschließungsbereich. An seiner Formensprache kann man dem Gebäude sein Entstehungsjahrzehnt deutlich ablesen, es zeigt sich – obwohl dem Zweck verpflichtet – nicht mehr so geradlinig funktionell, wie noch in den 1960ern oder 1970ern gebaut wurde. In den Details lässt sich bereits der Wunsch einer Gegenbewegung zu einem reinen Funktionalismus erkennen, auch das gewölbte Vordach ist eindeutig den 1980ern zuordenbar. Das Budget, so Gottfried Fick, wäre auch für die damalige Zeit sehr klein gewesen. Und ein Überziehen der Bausumme kam nicht in Frage. Typisch für die Zeit sind auch die Fassadenplatten aus Keramik. *an*

LATITUDE
48° 20′ 47″
LONGITUDE
16° 19′ 59″

EIGHTIES FUNCTIONALISM // Nearly 30 years on, Tulln architect Gottfried Fick describes the employment center building in Korneuburg as, "Nothing exciting, a purely functional building, typical of the time." The building was intended to be a new home for the land surveyor and the unemployment office and, when first built, was located next door to the tax and revenue office, forming a kind of government office quarter. Times have changed, and today the building is used exclusively to manage job seekers. // It is slightly set back from the road, with a ground floor and one upper floor. A gently curving glass portico above the doorway articulates the main entrance. Its design decade is easily detected from its formal language, which – though functional – is not quite as rectilinear as that of the 1960s or 1970s. The details betray an early desire for a counter-movement to pure functionalism, and the curved canopy certainly belongs to the 1980s. According to Gottfried Fick, the construction budget was also very low for the time, and a cost overrun was out of the question. The ceramic façade paneling is also typical for the time.

Gebietsbauamt Korneuburg

Korneuburg, Laaer Straße 23

2011

MONOLITHISCHE SKULPTUR // Öffentliche Bauten haben spezielle baukulturelle Verantwortung. Sie funktionieren als gebaute Zeichen der Kommunikation, wie die öffentliche Hand und das öffentliche Interesse die Bedeutung zeitgenössischer Architektur bewerten. // In besonderer Weise gilt das Gesagte für ein Gebietsbauamt. Das Wiener Büro CAP Chalabi architects & partners entschied den Wettbewerb für das neue Bürogebäude des Gebietsbauamtes Korneuburg für sich, indem man auf die starke Geste eines monolithischen Baukörpers setzte, der sich dezidiert von seiner Umgebung absetzt. Mit der zeichenhaften Dachformation, den Winkeln, Knicken und Schrägen sowie den markant geschnittenen, quer orientierten Fensterbändern, die die Fassade strukturieren, besetzt dieser skulpturale Baukörper ein an einer viel befahrenen Schnellstraße liegendes Grundstück. Dieses Bürogebäude mit knapp über 900 m² Nutzfläche ist als Erweiterung zu den bestehenden dreigeschoßigen, im Cluster angeordneten Bürogebäuden aus den 1970er Jahren gedacht. Die Erschließung des Massivbaus, der auch in die österreichische Passivhausdatenbank aufgenommen wurde, erfolgt zentral über das innen liegende Atrium. Die Arbeitsplätze sind als Zellenbüros im ersten und als Gruppenbüros im zweiten Obergeschoß angeordnet. Beide Geschoße sind während des Parteienverkehrs zugänglich und gehen somit über die skulpturale Zeichenhaftigkeit in ihrer öffentlichen Wirksamkeit hinaus. *ek*

61

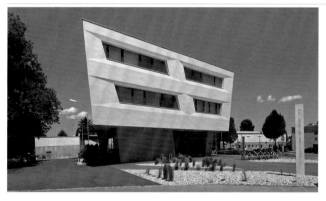

LATITUDE
48° 20' 52"
LONGITUDE
16° 20' 06"

MONOLITHIC SCULPTURE // Public buildings have a special duty to the culture of architecture, in which they function as built statements that symbolize the level of importance attached to contemporary architecture by the public sector and the public interest. // The above applies in a special way to local construction departments. The Vienna office of CAP Chalabi architects & partners won the competition for a new office building for the Korneuburg Building Authority with a design for a strongly gesturing monolithic building that stands apart assertively from its surroundings. This sculpted structure occupies a site adjacent to a very busy highway with an emblematic roof, angles, bends, bevels, and sharply incised horizontal ribbon windows patterning the façade. With just over 900 square meters of usable space, the office building was designed as an extension to the cluster of existing three-story office buildings dating from the 1970s. The central inner atrium forms the entrance to the massive building, which has been included in Austria's passive energy building database. Inside, the workstations are organized in separate office cells on the first floor, and in group offices on the second floor. Both floors are open to the public during office hours, thus extending their impact well beyond the level of sculptural symbolism.

Bundeshandelsakademie
Korneuburg, Bankmannring 1

Nehrer + Medek und Partner

2004

ARCHITEKTUR AM LEHRPLAN // Die Auseinandersetzung mit der Baukunst ist ja in Österreichs Schulen und deren Lehrplänen noch nicht fest verankert, geschweige denn ein eigenes Unterrichtsfach. Die SchülerInnen der Bundeshandelsakademie in Korneuburg haben das Glück, eine empfehlenswerte Architektur tagtäglich und hautnah im Unterricht zu erleben. // Das bestehende Schulgebäude wurde sensibel erweitert und straßenseitig mit einem neuen, abgesetzten Eingangsbereich samt Klassentrakt versehen. Die Erschließung der Etagen führt über eine sehr prägnante Kaskadentreppe. Der hohe Luftraum lässt Licht von oben in diesen Bereich fallen, öffnet ihn atmosphärisch und dient als Kommunikationszone. Auch der Sportbereich wurde außergewöhnlich großzügig gestaltet: Der neue Turnsaal dockt sich nach hinten an den Bestand an und grenzt den Sportplatz zur Seitenstraße ab. Nach außen gibt er sich sehr funktionell, gibt nichts vom Inneren preis. Obwohl dieses sich durchaus sehen lassen könnte, sogar eine schuleigene Kletterwand findet man hier. // Mit all diesen Features ist es den ArchitektInnen von Nehrer + Medek und Partner gelungen, eine funktionelle, effiziente, vor allem aber ästhetisch sehr anmutige Erweiterung zu realisieren. Erfahrung und Expertise im Schulbau hat das Büro, dessen Mitbegründer Reinhard Medek 2003 unerwartet verstarb, mit zahlreichen Realisierungen in diesem Bereich allemal. *an*

LATITUDE
48° 20′ 51″
LONGITUDE
16° 19′ 59″

ARCHITECTURE IN THE CURRICULUM // The study of architecture is not yet strongly anchored in Austria's schools and curricula, let alone taught alone as a subject. The students of the Federal Business Academy in Korneuburg are lucky enough to experience architecture up close every day during classes. // The addition of a new receded entrance area and entire class wing on the street side created a sensitive expansion to the existing school building.

The access between the levels follows a very striking cascading stairway. The high ceilings in this area let light stream in from above, creating an open atmosphere and a communicative zone. The athletics area was also designed with uncommon generosity. The new gymnasium attaches to the old building, bordering the playing field along the side street. Its outward appearance is very functional, giving nothing about its interior away, although it has absolutely

nothing to hide – the school's very own climbing wall can even be found here. // With all these features, the architects of Nehrer + Medek and Partner really succeeded in creating a functional, efficient, and above all aesthetically pleasing expansion. The agency, whose co-founder Reinhard Medek passed away unexpectedly in 2003, has ample experience and expertise in school buildings, having completed numerous projects in the field.

Stadtplatz Korneuburg

NÖN-Gebäude

Robert Weinlich

Korneuburg, Stockerauerstraße 28

1976

DER CHARME DER SIEBZIGER JAHRE // Das Gebäude, in dem heute die
Niederösterreichischen Nachrichten untergebracht sind, war einst Sitz der
Gendarmerie Korneuburg. Mit seiner einfachen Form, dem Flachdach und
den Waschbetonplatten trägt es die typischen Züge der Zweckarchitektur
der 1970er Jahre. Symbolisch steht es für eine Epoche, die heute als verpönt
gilt, und auch die Waschbetonplatten als Dekorationselement verschwinden
Schritt für Schritt aus dem Stadtbild. Denn was einst als modern galt, wird
heute als Bausünde abgetan. Und dennoch lässt sich der Charme dieses
Hauses nicht ganz von der Hand weisen. Die beiden Geschoße wurden
bandartig mit Waschbeton eingefasst. Das Sockelgeschoß wurde zusätzlich
mit Vormauerziegeln »dekoriert«. Geplant wurde der Bau vom heute nicht
mehr bekannten Architekten Robert Weinlich, der einige Zeit Dekan der
Baufakultät in Innsbruck war und sogar als Rektor der Universität Innsbruck
fungierte. In Wien realisierte er Gemeindebauten im funktionalen Stil. Zu
seinem Hauptwerk zählt gemeinsam mit Erich Boltenstern, dem Architekten
des Wiederaufbaus, die Dekorationswerkstätte der Bundestheater im Wiener
Arsenal, ein charakteristischer Bau der Spätmoderne. Robert Weinlich
verstarb 2007. *an*

LATITUDE
48° 20' 50"
LONGITUDE
16° 19' 45"

*SEVENTIES CHARM // The building
that now houses the Niederösterreichische Nachrichten newspaper
was once the Korneuburg police
headquarters. Its simple shape,
flat roof, and exposed concrete
slabs are characteristic of functional
1970s architecture. Symbolically,
it stands for an era that is frowned
upon today, and decorative elements
such as aggregate concrete slabs
are successively disappearing from
present-day cityscapes. What was
once considered to be modern is
now looked down upon as an
architectural sin. Nonetheless,
the charm of this building cannot
be denied. Both stories are encircled
by ribbon-like bands of exposed
aggregate concrete. The bottom floor
was also "decorated" with facing
brick. The building was designed
by architect Robert Weinlich, no
longer very well-known, but who
was Dean of the Building Department
in Innsbruck and even served as
Head of the University of Innsbruck
for some time. Several of his
functional designs for public housing
were realized in Vienna. His main
body of work includes a structure
designed with reconstruction
architect Erich Boltenstern – the set
workshop of the Federal Theater in
the Vienna Arsenal – a characteristic
Late Modern building. Robert
Weinlich passed away in 2007.*

CIVITAS SOLIS // Die mehrflügelige Anlage liegt außerhalb des Zentrums von Korneuburg in Sichtweite zur Donau-Bundesstraße und bildet einen eigenständigen städtischen Raum mit Wegen, Straßen und Plätzen. Die weißen Baukörper, deren Farbgestaltung im Sommer vor Überhitzung schützt, sind in Niedrigstenergiebauweise ausgeführt und werden durch Sonne und Grundwasser als thermische Energiequelle versorgt. // Der großzügige, differenziert zonierte Schulhof ist teilweise überdacht. Die Eingangshalle fungiert als Gelenk zwischen Turnsaaltrakt und Klassenbereich. Beim Wettbewerb überzeugte die Schaffung von »Marktplätzen«. Entlang einer »Mall« (so die Eigendefinition von Hübner Architekten) teilen sich je drei Klassen einen vorgelagerten Arbeitsbereich, der Kleingruppenunterricht ermöglicht, in der Pause Bewegungsraum bietet und zugleich mit einer Garderobe ausgestattet ist. // Die Versorgung der Klassenräume mit Tageslicht erfolgt über weitläufige Fensterfronten und war den Architekten sichtlich ein Anliegen. Schlitzfenster an der markanten Sichtbetonwand, die sich über alle drei Geschoße zieht, arrangieren abwechslungsreiche Sonnenspiele. Unverkleidet können die eingesetzten Materialien Beton, Stahl und Holz ihre authentische Wirkung entfalten. *th*

LATITUDE
48° 21′ 15″
LONGITUDE
16° 19′ 22″

CIVITAS SOLIS // This multi-winged complex is located outside the Korneuburg town center, visible from the Danube Highway. Its sidewalks, streets, and plazas unite to create an autonomous urban space. The structures, white on the outside to protect from overheating in the summer, are built using low-energy construction methods, with the room temperature regulated by solar and groundwater power. // The generous schoolyard is partially covered. The entrance hall functions as a connecting joint between the gymnasium tract and the classroom area. The creation of differently zoned "marketplaces" was the deciding factor for the competition. Three classrooms along a "mall" (the term used by Hübner Architekten) share a front work space, which can be used for teaching small groups, as a recreation space during breaks, and also serves as a cloakroom. Expansive glazing supplies the classrooms with daylight, clearly an important aspect for the architects. Window slits in the imposing face concrete wall that stretches across all three stories create a changing play of light within. Left unclad, the building materials concrete, steel, and wood create a very authentic flair.

2003

DIE FARBE WEISS // Weiß ist die Farbe der Moderne, und dieser
Moderne ist auch dieses Haus verpflichtet. Die Form ist simpel: zwei
ineinander geschobene Quader, die sich über große Glasfassaden zum
Garten und dem Pool öffnen, ansonsten aber nur punktuelle Ausblicke
bieten. // Gewohnt wird auf einer Ebene: Dort liegen der großzügige
Wohn-Essraum und die Schlafräume, alle mit Blick ins Grün. Der Pool
wurde direkt vor dem etwas zurückversetzten Wohn-Quader angesetzt,
das bietet den Vorteil, dass er an der windgeschützten Terrasse liegt
und – darum ging es synn architekten auch – das Element Wasser in das
Raum- und Wohnerleben einbezieht. // Das Thema des Hauses aber bleibt
die Farbe Weiß. Weiße Fassadenplatten umhüllen den Holzbau, weiße
Böden geben dem Innenraum einen neutralen, kühlen Charakter. Weiß
lackiert sind auch die Einbaumöbel aus MDF, die Küche oder das Bad,
die mit Glas kombiniert wurden. Minimalismus pur, der mit der Eleganz
der Modernität spielt. Die Farbe bringen die BewohnerInnen ganz von
alleine in dieses Haus, das sich klassisch zeitlos gibt. *an*

66

THE COLOR WHITE // White is the color of modernity, and modernism is what this house is dedicated to. The shape is simple: two boxes slipped within one another, with large glass façades opening to the garden and the pool, and otherwise only occasional glimpses of the outdoors. // Everything happens on a single level that holds a generous living/dining room and the bedrooms, all of which have a view of the greenery outside. The pool was set slightly in front of the receded living
cube, which creates the advantage of being right on the wind-protected patio and – this was important to synn architekten – brings the element of water into the spatial living experience. // The color white remains the theme throughout the house. White façade panels sheath the wooden building, and white floors give the interior a cool, neutral character. The built-in MDF furnishings in both the kitchen and the bathroom are painted white and combined with glass. Pure
minimalism that plays with modern elegance. Only the inhabitants bring color into this classically timeless house.

Haus Isolde
Korneuburg, Stettnerweg 10

2000

SPIEL DER KONTRASTE // Für das Haus Isolde spielt das Architekturteam Caramel konzeptuell mit der Kontrastierung und Verbindung unterschiedlicher architektonischer Aussagen, die auch durch den Einsatz der gewählten Materialien konsequent zum Ausdruck gebracht werden. // Das Ensemble besteht zum einen aus einem quaderförmigen Holzhaus, für das mit industriell vorgefertigten Elementen gearbeitet wurde, zum anderen aus einem Autoabstellplatz, der durch ein Netz aus gebogenen Rippentorstahlelementen gebildet wird, die miteinander in ebenso simpler wie informeller Anmutung durch Kabelbinder verbunden wurden. Das gesamte Gebilde für das Auto ist von einer Lastwagenplane überdeckt. Die unbehandelten Dreischichtplatten des Holzskelettbaus lassen die Materialität durch die Witterungseinflüsse vom Alterungsprozess des Hauses sprechen. Die Orientierung am Lauf der Sonne und der gleichzeitige Schutz vor ihr sind zentral für dieses Haus, dessen flaches Pultdach südseitig weit auskragt und daher auch als Sonnenschutz dient, genauso wie die außen liegenden Rollos. Der Grundriss des Hauses ist ausgehend von einem in der Mitte liegenden Küchen- und Sanitärbereich organisiert. Essen und Wohnen sind zum Garten orientiert und großzügig verglast. Holzterrasse und Pool strukturieren den Garten. Das massive Treppenhaus aus Beton führt ins Obergeschoß, wo sich der durch OSB-Platten abgeschottete Schlafbereich befindet. *ek*

67

LATITUDE
48° 20' 58"
LONGITUDE
16° 20' 26"

PLAY OF CONTRASTS // For the Isolde house, the Caramel architecture team played a conceptual game of contrasting and connecting different architectural statements that are systematically expressed through the selection of materials. // The ensemble consists of a rectangular wooden structure made from industrial prefab elements, and a parking enclosure formed by a network of curved elements of ribbed steel, bound together with cable ties in a simple and informal manner.

A truck tarp covers the entire car park. The untreated triple-plywood panels of the wood frame structure allow their materiality to be drawn out by the effects of weathering as the house ages. Aligning to the sun's movement while also providing protection from it are both central tasks of this house, whose shallow roof juts out on the south side, thus shielding it from solar exposure along with the exterior roller blinds. The plan of the house revolves around the central core containing

the kitchen and bathroom. Dining and living spaces are positioned toward the garden with expansive windows. A wooden deck and pool provide shape in the garden area. A massive concrete staircase leads to the upper floor, where a sleeping area sheltered by OSB panels can be found.

Stockerau

Franz Blabolil Pensionistenclubheim
Stockerau, In der Au 1a

Friedrich Kuchler

1979

STIMULUS // An einem stadtnahen Augrundstück wurde unter größtmöglicher Rücksichtnahme auf den Baumbestand ein Freizeit- und Veranstaltungsraum angesiedelt. Obwohl der pavillonartige Bau im Grünen gelegen ist, kann man das Rathaus im Stadtzentrum in nur fünf Minuten erreichen. // Benannt nach dem Stockerauer Bürgermeister Franz Blabolil (1970–1979), der es als Metallarbeiter bis zum Landtagsabgeordneten brachte, wird das Pensionistenclubheim u. a. auch für Vorträge und Schulungen genutzt. // Der Zugang erfolgt über einen Vorplatz, der auch zum Parken dient. Über eine Eingangshalle erschließen sich zuerst die Nebenräume und in Folge die variablen Raumfigurationen rund um einen achteckigen Saal. Hinter klappbaren Trennwänden liegen sieben Mehrzweckräume. Die 454,75 m² Nutzfläche sind für RollstuhlfahrerInnen barrierefrei angelegt. Friedrich Kuchler entschied sich mit einer Niedertemperaturfußbodenheizung für eine Wärme, »die von den älteren Menschen als sehr angenehm empfunden wird«. Für die Errichtungszeit eher ungewöhnlich – und aus heutiger Sicht vorausschauend – stattete der Architekt das Gebäude mit einer sehr guten Dämmung aus. // Mit dunklem Holz und Klinker verstärkt die Materialwahl die warme Atmosphäre. Horizontale Fensterbänder öffnen den Blick in die Natur. *th*

LATITUDE
48° 22' 57"
LONGITUDE
16° 12' 27"

STIMULUS // Great care was given in handling the old trees on the suburban meadow site of this recreation and events facility. Although the pavilion-style building is surrounded by greenery, the city hall in the center of town is only five minutes away. // Named after former Stockerau Mayor Franz Blabolil (1970–1979), a metal worker who succeeded in becoming a parliamentary representative, the Pensioners' Club is used for lectures and training seminars, among many other things. // The building is entered from a forecourt that also serves as a parking lot. The lobby leads first to service rooms and then to a series of flexible spaces grouped around an octagonal hall. Seven multi-purpose rooms lie behind folding partition walls. The net area of 454.75 square meters is fully barrier-free to accommodate wheelchairs. Friedrich Kuchler chose to heat the space with a low temperature underfloor radiant heating system, "which the older folks find quite delightful." Also rather unusual for construction of the time – and very farsighted – the architect insulated the building very well. // The choice of materials, with dark wood and brick, enhances the warm atmosphere. Horizontal ribbon windows open up a view of the countryside.

Bahnhof
Stockerau, Bahnhofplatz 4

1981

UMSTEIGEN BITTE // Die ÖBB-Bahnhofsoffensive erneuert auch in
Niederösterreich Standorte. 2012 wurden die Arbeiten in Stockerau abge-
schlossen. Nun ist die Anlage barrierefrei. Das Aufnahmegebäude aus den
1980er Jahren wurde dabei jedoch nicht um seine Authentizität gebracht.
Schon im Jahr 1841 wurde die Stadt an die Nordwestbahn angeschlossen.
Die Strecke von Wien-Floridsdorf wurde im Lauf des 19. Jhdt. bis nach Znaim
erweitert. // Als Ende der 1970er Jahre die Pläne für den Neubau des
Stockerauer Bahnhofs entstanden, war gerade erst die Kirche von Fritz
Wotruba in Wien-Mauer (1976) fertig gestellt worden. Die Kraft der Geometrie
in Beton zu bannen war offensichtlich auch das Anliegen des Entwurfs der
Bundesbahndirektion für das Verkehrsgebäude. Die Konstruktion bleibt
sichtbar: »An allen Gebäudeseiten beherrschen die vor die Fassadenflucht
gelegten Stützen mit ihrem eigenartigen Rhythmus das Erscheinungsbild«,
schreibt Mihály Kubinszky in seinem Buch über Bahnhöfe in Österreich.
Die Fassade des Stahlbetonskelettbaus ist reliefartig im Hochformat
gerastert. Orange-rot leuchten die Fenstereinfassungen und Stiegengeländer.
Die mittlerweile abgetragenen Wartehäuschen am Bahnsteig erinnerten
mit ihren abgerundeten Fenstern an die ersten U-Bahn-Garnituren. Für die
PendlerInnen der Wien-nahen Gemeinde wurde bereits 2010 ein großes
Parkdeck realisiert. *th*

LATITUDE
48° 22' 59"
LONGITUDE
16° 12' 40"

TRANSFER TIME // The ÖBB's
program of renovating its railway
stations included ones in Lower
Austria. Work was completed in
Stockerau in 2012 and the facility
is now barrier-free. However, the
authenticity of the 1980s station
building was by no means spoiled.
The town was connected to the
northwest railway line as early as
1841, and over the course of the
19th century, the train route from
Vienna to Floridsdorf was extended
all the way up to Znaim. // At the
time that plans for a new Stockerau
train station were completed in the
late 1970s, Fritz Wotruba's church
in Vienna-Mauer had just been
finished (1976). The power to
capture geometry in concrete was
evidently also important for the
Federal Railway Agency's design
for the transportation center. Its
structure is clearly visible: "The
columns that project from the plane
of the exterior wall in a unique
rhythm dominate the look of the
building on all sides," writes
Mihály Kubinszky in his book
on Austrian train stations. The
reinforced concrete building's façade
is a vertical grid in high relief. The
window frames and stair handrails
glow in red-orange. The rounded
windows of the now demolished
platform shelters were reminiscent
of the first subway trains. In 2010,
a large parking structure was built
for the village's commuters to nearby
Vienna.

Haus Krehan
Stockerau, Am Neubau 2

Karl Krehan

1932

VERMÄCHTNIS // Das aparte Eckhaus mit Flachdach repräsentiert zeitlos jene Moderne, die unter dem Begriff »Neue Sachlichkeit« für klare Geometrie steht. Architekt Karl Krehan, 1900 geboren, entwarf das Haus für seine Eltern Franziska und Karl, Betreiber einer Handelsagentur in Stockerau. Mit Anfang 30 verstarb der junge Architekt an Tuberkulose. Die Umsetzung erfolgte durch den Stockerauer Baumeister Wenzel Tiersch. // Über einem Fundament aus Beton wurde der mehrgeschoßige Bau in Ziegel errichtet. Zwischen den Fenstern kam Klinker als gestaltendes Element zum Einsatz. Der Anstrich der Fassade in zwei Grüntönen entspricht dem Original. Farbe war Programm: Das Stiegenhaus war ursprünglich in Rot-Grün gehalten. Der Eingang liegt im Westen. // Der aktuelle Besitzer und Neffe des Architekten führte seine Anwaltskanzlei im Haus. Heute wird es rein zu Wohnzwecken genutzt. Interessantes Detail: Nach dem Krieg wurde nolens volens ein Stockwerk vermietet, da aufgrund des großen Mangels an Wohnungen Maßnahmen zur Schaffung von Unterbringungen verordnet worden waren. Doch zumindest konnte die Familie in ihr Haus zurückkehren. 1945–1947 war darin die Kommandatur der sowjetischen Besatzung untergebracht. // Geschichtsträchtig ist auch die Platane im südseitigen Garten: Sie wurde als einer von drei Bäumen anlässlich der Errichtung des nahen Bahnhofs im Jahr 1841 gesetzt. *th*

72

LATITUDE
48° 23' 00"
LONGITUDE
16° 12' 48"

LEGACY // This distinctive corner building with a flat roof is a timeless example of the clear geometry of the modernism of Neue Sachlichkeit (New Objectivity). Born in 1900, architect Karl Krehan designed the house for his parents, Franziska and Karl Krehan, who ran a trading company in Stockerau. After the young architect died from tuberculosis in his early thirties, Stockerau master builder Wenzel Tiersch completed the project. // The multi-story building was built in brick masonry on a concrete base. Brick is also used as a design element between the windows. The two shades of green used on the façade resemble the original paint color. The theme of color is pronounced: the stairwell was originally rendered in red and green. The building's entrance is in the west. // The current owner, the architect's nephew, once had his law practice in the house. However, today it is a purely residential building. An interesting note: due to the housing shortage after the war, local regulations required one floor of the house to be rented out. The family was at least able to move back into their home, however. From 1945–1947 the commandant's offices of the occupying Soviet forces were also housed here. // The plane tree in the garden on the south side of the house is similarly steeped in history; it is one of three trees planted in 1841 when the nearby railroad station was built.

Wenzel Tiersch

1926

ANSÄSSIG // Als erster Wohnbau von Stockerau unter der Bauherrenschaft
der Stadtgemeinde errichtet, steht der Lenauhof für eine urbanere Lösung,
die Wohnungsnot jener Zeit zu lindern, als die frühen Siedlungsbauten nach
dem Ersten Weltkrieg. Im Vergleich zum später entstandenen Grafendorferhof
wurde mit 807 m² für die Schaffung von 51 Wohnungen verhältnismäßig viel
Grundfläche verbaut. Das Ergebnis zeigt sich in einer deutlich zierlicheren
Kubatur. Pawlatschengänge verbinden die Wohneinheiten in Dimensionen bis
zu 48 m², von denen mehr als die Hälfte weniger als 30 m² Wohnfläche bietet.
Die ursprüngliche Ausstattung der dreigeschoßigen Anlage kann nicht gerade
als fortschrittlich bezeichnet werden. Erst bei der Generalinstandsetzung von
1981/82 wurde überall Wasser eingeleitet. Zwischenzeitlich ist die aktuell
anstehende Sanierung ein Politikum. Wie behutsam man thermische Fragen
zu lösen gedenkt und ob danach die vertikal gegliederten Fassaden noch
wiederzuerkennen sein werden, scheint in der Diskussion jedoch nicht an
erster Stelle zu stehen. // Baumeister Wenzel Tiersch, von dem der Entwurf
stammt, hat vor Ort zahlreiche Bauten realisiert. Benannt ist der Hof nach
dem Dichter Nikolaus Lenau, dessen Aufenthalte in jungen Jahren 1818–1821
Stockerau als »Lenau-Stadt« prägten. Sein Großvater, Oberst Niembsch von
Strehlenau, diente an der Ulanen-Kaserne, die Ende der 1950er Jahre nach
deren Stilllegung als Niembschhof für Wohnzwecke adaptiert wurde. *th*

73

LATITUDE
48° 23' 02"
LONGITUDE
16° 13' 04"

IN RESIDENCE // The first housing project to be built by the Stockerau municipality, the Lenauhof represents a more urban solution to the housing shortage of the time than the previous residential developments built after World War I. Taking up an area of 807 square meters with 51 apartments, it has a relatively large footprint compared to that of the later built Grafendorferhof. The result is reflected in the much more delicate massing. Wooden arcades connect the units, which vary in size up to 48 square meters, and more than half of which have living space of less than 30 square meters. The three-story building's original amenities cannot exactly be described as progressive. No running water was installed until the renovations carried out from 1981 to 1982. In the meantime, pending rehab work is currently a political matter. However, the degree to which thermal issues will be addressed and whether the vertically oriented façades will still be recognizable are questions that do not appear to come first in the discussion. // Master builder Wenzel Tiersch, who designed the project, also did many buildings in the area. Lenauhof is named after the poet Nikolaus Lenau, whose stays as a young man in Stockerau from 1818–1821 made it famous as the "Lenau City". His grandfather, Colonel Niembsch of Strehlenau, served at the Lancer Barracks, which was converted to residential use after its closure at the end of the 1950s and renamed Niembschhof.

Landespensionistenheim
Stockerau, Roter Hof 5

Johannes Zieser

2009

HERBERGE // Wie ein Schiff liegt das rote Gebäude vor Anker. Johannes Zieser versteht das Seniorenheim mit Pflegestation als Arche. Die Realisierung als Holzbau stützt die Metapher. Niveauunterschiede des Grundstücks wurden für Zugang und Anlieferung geschickt genutzt. Betritt man das Haus, kommt man, nachdem man am Büro vorbeigeschleust wurde, in einen hohen, südorientierten, zweigeschoßigen Raum mit halböffentlichem Charakter. Ein Café sorgt für Belebung. Die Steinverkleidung an den Wänden erzeugt eine behagliche Atmosphäre, ebenso der offene Kamin wie auch das Pflanz- und Wasserbecken. Doppelgeschoßig zum Park hin verglast, wird diese zentrale Zone, die in den dahinter liegenden Essbereich übergeht, üppig mit Tageslicht gespeist. Eine vorgesetzte Terrasse lockt ins Freie: ein wichtiges Angebot für die BewohnerInnen mit oftmals eingeschränktem Bewegungsradius. // Die Anordnung der Abteilungen folgt dem Prinzip, die Wege möglichst kurz zu halten. Die Zimmer wurden in direkter Nähe zur Station situiert. Der Pflegetrakt ist Ost-West-orientiert. Rundbögen fassen im Norden und Süden als weitläufige Freiterrassen (zugleich Fluchtbalkone) über alle drei Geschoße den Pflegetrakt ein. Erkerartige Fensterräume mit Verglasung bis zum Boden belegen die große Sensibilität des Architekten, hermetische (Lebens-)Situationen aufzubrechen. Eine Kooperation mit dem Kindergarten im benachbarten Vorgängerbau des Altersheims sorgt für sozialen Austausch. *th*

LATITUDE
48° 23' 06"
LONGITUDE
16° 13' 15"

HOSPICE // The red building sits at anchor like a ship. Johannes Zieser sees the nursing home with medical care unit as an ark, a metaphor backed up by the use of wood as a construction material. The building site's level changes are cleverly implemented for the entryway and deliveries area. Entering the building, one is funneled past the office to arrive at a high, south-facing, two-story room with a semi-public atmosphere. A café adds a lively touch. Stone-clad walls create a cozy atmosphere together with the open fireplace and plant-filled water basin. With two-story-high glazing overlooking the park, this central area, which extends into the rear dining area, has a generous supply of daylight. The adjoining terrace invites one to go outside: an important aspect for the residents, who often have limited mobility. // The departments are arranged so as to keep all trajectories as short as possible. The bedrooms are situated right next to the care station. The medical wing stretches from east to west. Round arches clasp the north and south of this wing, with extended terraces across all three stories also serving as emergency exits. Bay-like window niches with floor-to-ceiling glazing are evidence of the architect's sensitivity for breaking open hermetic living situations. A cooperation with the neighboring kindergarten located in the retirement home's old building ensures social interaction.

Karl Stepanek

VORSPRUNG // Unter Bürgermeister Eduard Rösch (1870–1937) entstand
ein mächtiger Wohnbau an einer Kreuzung. Der sozialdemokratische
Politiker, nach dem die Straße benannt ist, war auch Landtagsabgeordneter
und gehörte von 1927 bis zum Februaraufstand 1934 dem österreichischen
Nationalrat an. // Auf einer verbauten Fläche von knapp 500 m² wurden
64 Wohnungen untergebracht. Davon besitzen über 40 eine Wohnfläche
von 30 m², die übrigen variieren in der Größe bis zu 45 m². Die Bausumme
betrug 258.162,31 Schilling. Die dreiflügelige Anlage ist an den beiden
Seitenflanken mit vier Geschoßen ausgestattet. Der mittlere Teil, der
durch turmartige Vorbauten hervorgehoben wird, ist um ein weiteres
Niveau erhöht, das als Fassung über den darunter liegenden, erkerartig
aufgefalteten Geschoßen thront. Schachbrettartig sind die Fenster in
unterschiedliche Größen gesetzt. Die Beschriftung des Hauses erfolgte
in Versalien, das Baujahr ist über der zentralen Eingangssituation angeführt. // Der Entwurf kam von Karl Stepanek (1878–1955), der aus
einer böhmischen Baumeisterfamilie stammte. In Wien baute er Miethäuser.
Die schwierige Wirtschaftslage scheint 1925 der Grund für die Verlagerung
seines Arbeitssitzes von Wien nach Niederösterreich gewesen zu sein.
Das Architektenlexikon des Az W charakterisiert seine Bauten durch
»harmonische Proportionierung«. Seine Tochter Lilly war als Schauspielerin
Mitglied des Ensembles am Burgtheater. *th*

LATITUDE
48° 23' 10"
LONGITUDE
16° 13' 01"

PROJECTION // When Mayor Eduard Rösch (1870–1937) was in office, an enormous residential building was built at an intersection. Rösch, the social democratic politician after whom the street is named, also served in the regional legislature and was a member of the Austrian parliament from 1927 up to the February uprising of 1934. // A total of 64 dwelling units were built on the approximately 500-square-meter lot, over 40 of which have a floor area of 30 square meters, with the rest varying in size up to 45 square meters. The project, which cost 258,162.31 Austrian schillings, is made up of three wings; the two side wings are four stories high. The central wing is one floor taller, with an upper story that sets off the crenelated planes of the floors below, flanked by tower-like corner massing. Windows of various sizes are set in a chessboard-like pattern. The building's name is inscribed in capital letters, with the date of construction above the main entrance. // The project was designed by Karl Stepanek (1878–1955), who came from a Bohemian family of architects and built apartment buildings in Vienna. The poor economy appears to have been the reason for his office's relocation from Vienna to Lower Austria in 1925. The Az W architectural lexicon describes his buildings as being characterized by "harmonic proportions". His daughter Lilly, an actress, was a member of the ensemble at the Burgtheater.

Feuerwehrzentrale

Stockerau, Johann-Schidla-Gasse 6

Bernd Neubauer

1978

HOT-ORANGE // Die freiwillige Feuerwehr Stockerau betreut ein großes Gebiet. Ursprünglich auf vier Standorte aufgeteilt, war es schwierig, die drei Züge zu koordinieren. Aus der Notwendigkeit einer Umstrukturierung schrieb die Stadtgemeinde in den 1970er Jahren einen Wettbewerb aus. Bernd Neubauer setzte sich mit einem Projekt durch, das in der Ausführung mit 19 Mio Schilling verhältnismäßig günstig ausfiel. Jahrelang war das Gebäude die modernste Feuerwehr Österreichs. // Kubisch gestaffelt, wird der plastischen Durchformung der Baukörper durch Vor- und Rücksprünge Nachdruck verliehen. Der dezidierte Einsatz von Sichtbeton macht den Auftritt besonders lebendig. Signalhaft wurden die Fenster, Tore und die horizontalen Streifen am unterkellerten Schlauchturm in Verkehrsorange akzentuiert. Einzig die Falttore der Fuhrparkhalle wurden erneuert: Früher war der Steyr 680 das größte Fahrzeug, die heutigen Wägen sind deutlich größer. // Im dreigeschoßigen Verwaltungstrakt wurden nicht nur Büros und Schulungs-räume untergebracht, sondern auch im zweiten Obergeschoß auch drei Wohnungen angelegt. Eine wird als solche noch genutzt, die anderen dienen mittlerweile u. a. als Jugendraum oder Bekleidungsmagazin. Die Konstruktion als Säulenbau mit Trennwänden aus Rigips macht eine flexible Nutzung mit neuen Adaptierungen möglich. Hinter den großen Fenstern im ersten Stock befindet sich nach wie vor das Büro des Kommandanten. *th*

HOT ORANGE // The Stockerau Volunteer Fire Department is responsible for a very large area. Originally separated into four stations, coordinating the three fleets of emergency vehicles proved difficult. The need for restructuring led the municipality to announce a competition in the 1970s. A project by Bernd Neubauer, with the relatively inexpensive construction costs of 19 million Austrian schillings, prevailed. The building was considered the most modern fire department in Austria for many years. // Alternately projecting and receding, cubic stacking reinforces the sculptural refinement of the massing. The decisive use of fair-faced concrete makes the exterior expression quite lively. The windows, doors, and horizontal stripes on the hose tower (with basement) are emblematically accentuated in the bright orange of traffic cones. Only the folding gates of the garage have been modernized: The biggest fire truck used to be the Steyr 680, but today's vehicles are considerably larger. The three-story administrative wing houses not only offices and a training facility; there are also three apartments on the second upper floor. One is still a residence, and the other ones are meanwhile used as a youth room and for uniform storage. The way the pillared building is constructed with partitioning sheetrock walls makes a flexible use through adaptations easily possible. The fire chief's office is still located behind the large windows on the first floor.

Peter Sandbichler

Brunnen und Platzgestaltung (Kolomanibrunnen)
Stockerau, Kleiner Marktplatz

2012

WIDERSTAND LEISTEN // Ausgangspunkt dieser künstlerischen Auseinandersetzung war der Wunsch der Gemeinde Stockerau nach einem Brunnen für den Heiligen Koloman, der der Legende nach auf seiner Pilgerreise in der Nähe Stockeraus aufgrund seines fremden Aussehens gefangen genommen und hingerichtet wurde. Peter Sandbichler nahm das Martyrium des Wanderpredigers auf und entwarf eine Ansammlung von Betonquadern (eine Referenz auf das Straßenpflaster im Stadtkern). »Schwarze Schafe« nennt er sie, weil sie stellvertretend für jene stehen, die in der Gesellschaft durch Andersartigkeit »auffallen«. Seine Position ist dabei durchaus auch politisch zu verstehen. // »Die unterschiedlichen Höhen der grauen Elemente, die sich auf den ersten Blick fast unsichtbar in das Gesamtbild des Platzes einschreiben, bilden ein Sammelbecken für frisches Wasser. Der leicht abschüssige Boden wird dazu verwendet, das gesammelte Wasser als nivellierendes Element im Brunnen einzusetzen. Was Höhe ist, wird zur Niederung, und was Niederung ist, wird zur Höhe«, so beschreibt der Künstler seine räumliche Intervention und will mit den 140 Betonkuben dem Gefälle des Geländes entgegenwirken und Widerstand leisten. Sandbichler hat in Wien bei Wander Bertoni und Bruno Gironcoli und danach in Frankfurt bei Peter Weibel studiert. Und ja, die Brunnenskulptur ist dazu da, betreten und als Sitzgelegenheit benutzt zu werden. *an*

LATITUDE
48° 23' 06"
LONGITUDE
16° 12' 39"

RESISTING // The starting point of this artistic statement was the community of Stockerau's wish for a fountain commemorating Saint Coloman who, according to legend, was on pilgrimage near Stockerau when he was captured and subsequently executed due to his foreign appearance. Peter Sandbichler portrayed the wandering preacher's martyrdom by designing a collection of concrete cubes (referencing the cobblestone streets in the town center). He calls them

"black sheep", since they are representative of the members of society who "stand out" because of their differences. The artist's statement can indeed be understood as a political one. // "The differing heights of the grey elements, which at first glance are almost invisible within the overall scenario of the square, join together to form a collecting pool of fresh water. The ground of the slightly sloping site is used to pour the amassed water into the fountain, thus leveling

the playing field. High places are lowered and low ones raised," says the artist in description of his artistic intervention. A total of 140 concrete cubes are set together to resist and counteract the slope of the ground. Sandbichler studied in Vienna under Wander Bertoni and Bruno Gironcoli before going on to study in Frankfurt under Peter Weibel. And yes, the fountain sculpture can be interacted with, walked upon, and used as place to sit.

1978/
2012

MIXED MEDIA // Das Zusammentreffen verschiedener Bauepochen kenn-
zeichnet den Schulbau, der am Stadtrand von Stockerau liegt. Das altehr-
würdige Haus von Max Kropf aus dem Jahr 1908 wurde in den 1970er
Jahren um ein helles Gebäude plus Turnsäle durch Karl Stransky großzügig
erweitert. Die heutige Direktorin der Schule Claudia Reinsperger war damals
selbst noch Schülerin und berichtet von den Highlights: eine moderne
Ausstattung mit eigenem Sprachlabor für den Fremdsprachenunterricht
sowie ein speziell möblierter Saal für audio-visuelle Medien. // Dieser
kubische, viergeschoßige Zubau erhielt durch das Relief mit geometrischer
Ornamentik von Kurt Ingerl an den Seitenfronten ein markantes Profil.
Seit der Erweiterung aus dem Jahr 2012 verschwindet das Kunstwerk auf
einer Seite weitestgehend hinter einer neuen Mauer. Ein fokussierter Ausblick auf das Relief wird jedoch gewährt. // Ein gläserner, dreigeschoßiger
Verbindungstrakt fungiert als Gelenk zwischen den Gebäudeteilen. Der
neue Klassentrakt, dessen pulverbeschichtete Aluminiumfassade mit dem
Altbestand harmoniert, wurde von Robert Ruderstaller auf Stelzen gesetzt.
Hier ist die Oberstufe untergebracht: Die Tische wurden für die Nutzung
von Notebooks adaptiert. // Der historische Arkadengang wurde zur Bibliothek umfunktioniert. Die 1.200 m² große Dreifachturnhalle wurde geschickt
in das Ensemble integriert, ohne die Freisportflächen anzutasten. *th*

*MIXED MEDIA // This school
building on the outskirts of Stockerau
is characterized by the converging of
different architectural periods. This
venerable building by Max Kropf,
built in 1908, was expanded by Karl
Stransky in the 1970s with a large
bright new addition as well as a
gymnasium. Claudia Reinsperger,
the school's current director, was
a pupil at the time, and recalls
the special highlights: modern
furnishings with a built-in language
lab for foreign language classes
and a specially equipped room for
audio-visual media. // The geometric
contours of Kurt Ingerl's relief
mural give the side walls of this
cubic, four-story addition a striking
expression. On one side, of the mural
was concealed behind a new wall
during the 2012 expansions, but
a framed view of the sculpture is
preserved. // A three-story glass
connecting wing acts as a hinge
between the building sections.
The new classroom wing designed
by Robert Ruderstaller is raised up
on supports, and its powder-coated
aluminum façade harmonizes with
the existing building. The senior
classes are located here, with desks
specially adapted for using laptop
computers. // The historic arcaded
corridor was converted into a
library. The 1,200-square-meter,
triple-function gymnasium was
cleverly integrated into the ensemble
without infringing upon the space
of the athletic fields.*

Anonym

Metallwarenfabrik
Stockerau, Schießstattgasse 47

ab 1938

FRUCHTFOLGE // Das Werksgelände ist durch den Schlot schon weithin als solches erkennbar. Am Terrain der alten Ceresinfabrik, in der zu k & k-Zeiten Kokos-Speisefett erzeugt wurde, siedelte sich 1938 das Unternehmen Jessernigg & Urban an, 1921 als Hammerwerk in Stockerau gegründet. Eine entsprechende bauliche Infrastruktur wurde für die Verarbeitung von Metall mit Hallen und einem Verwaltungsgebäude am neuen Standort geschaffen. Mit dem Zweiten Weltkrieg stellte man die Produktion von Geräten zur Schädlingsbekämpfung in der Landwirtschaft auf Güter der Rüstung um. Die Belegschaft stieg kurzfristig von 30 auf 150 an. // Die Fabrik wurde 1945 vom Bombardement der Alliierten getroffen. Ab 1947 erfolgte die Wiedererrichtung als Gießerei. Eine Modelltischlerei kam hinzu. Geräte für Feld- und Weinbau sowie Schnapsbrennerei wurden in Stockerau hergestellt, bis Jessernigg & Urban 1995 nach Marchtrenk übersiedelte. Das Areal wird zwischenzeitlich vom Transportunternehmen Moser bewirtschaftet. Die zumeist zweigeschoßigen Werkhallen, die mit Sprossenfenstern natürlich belichtet werden, bilden eine Hofsituation. Die Ziegelbauten sind durch Gesimse und Mauerblenden optisch strukturiert. Der industrielle Charme soll bei den aktuellen Plänen zur Revitalisierung des Ensembles erhalten bleiben: Inwiefern das Vorhaben gelingen wird, am Standort sensibel ein Einkaufszentrum zu etablieren, wird sich zeigen. *th*

79

LATITUDE
48° 23' 27"
LONGITUDE
16° 12' 29"

CROP ROTATION // This factory site is easily recognized for what it is from a distance. In 1938, Jessernigg & Urban, a hammer mill company founded in Stockerau in 1921, moved to a new location on the property of the old Ceresin factory, where coconut cooking oil had been produced during the Austro-Hungarian empire. New facilities were built to accommodate the needs of metal processing, along with warehouses and an office building. During the Second World War, production was converted from crop-dusting equipment into weapons manufacturing, and the workforce temporarily increased from 30 to 150. // The factory was hit by the bombs of the Allied Forces in 1945. After 1947, it was retooled as a foundry, and a model-making shop was added. Equipment for farming, winemaking, and distilling was produced in Stockerau until 1995, when Jessernigg & Urban relocated to Marchtrenk. The Moser shipping company has since taken over the management of the site. The factory buildings, mostly two stories high and naturally illuminated by transom windows, enclose a courtyard. Cornices and brick trim give the masonry buildings a visual order. Current plans for revitalizing the complex call for the industrial charm to be maintained; time will tell whether the conversion of the site into a shopping center will be successful.

Trinkwasserbehälter des Städtischen Wasserwerks

Stockerau, Senninger Straße

Fritz Weigl

1928

SPEICHERORT // Die Versorgung der Haushalte mit Wasser erfolgte in Stockerau bis Ende der 1920er Jahre über Hausbrunnen, doch die Qualität des Sickerwassers der Donau ließ zu wünschen übrig. Im Februar 1927 fiel der Beschluss zum Bau einer Wasserleitung. Nach einjähriger Bauzeit unter der Aufsicht von Oberbaurat Weigl von der Kulturtechnischen Abteilung des Landes ging das Netz mit einer Wasserleitung von 30 km in Betrieb. Damals gab es bei etwa 6.000 EinwohnerInnen knapp unter 800 Wasseranschlüsse. Heute sind es mehr als 4.200 für ca. 25.000 StockerauerInnen bei einem Verbrauch von etwa 4,5 Mio l Trinkwasser täglich! Bis zur Errichtung eines neuen Wasserwerks in den 1970er Jahren war der Behälter an der Senningerstraße in Betrieb. // Das technische Bauwerk ist rückwärtig – ähnlich einem Weinkeller – mit Erde bedeckt. Zur Straße hin zeigt sich der Behälter mit 253 m³ von seiner repräsentativen Seite: mit vier Säulen, jedoch im industriellen Werkstoff Beton gefertigt. Geschwungene Flügelmauern aus Naturstein, die sich, wie Gerhard A. Stadler schreibt, dem Gelände anpassen. Im Giebelfeld sitzt eine Inschrifttafel. Leicht erhöht erfolgt der Zugang über mehrere Stufen. Der Eindruck eines Denkmals entsteht. // Nicht unweit davon befindet sich das Senninger (Militär-)Lager, das 1945 bombardiert worden war. Ein Mahnmal erinnert an die Toten. *th*

80

LATITUDE
48° 24' 01"
LONGITUDE
16° 12' 03"

STORAGE SITE // Up into the late 1920s, homes in Stockerau were supplied with water from household wells, however, the quality of the Danube River seepage water left much to be desired. In February of 1927, the decision was made to install a water pipeline. After a one-year construction period, supervised by Mr. Weigl, Head Officer of Construction of the Regional Department of Cultivation, the 30-kilometer pipeline went into operation. At the time, there were just fewer than 800 water connections for approximately 6,000 inhabitants. Today, there are over 4,200 tap connections for the around 25,000 citizens of Stockerau – and they use up to 4.5 million liters of drinking water per day! The water tank on the Senningerstraße was in use until a new waterworks facility was built in the 1970s. // The back of the utilitarian structure is covered in earth – similar to the architecture of local wine cellars. The 253-cubic-meter tank's more expressive side faces the street: four pillars constructed using industrial concrete. Curving wing walls of natural stone merge with the terrain, writes Gerhard A. Stadler about the building. A plaque is mounted on the pediment face and several steps lead to the slightly raised entrance, creating the overall impression of a monument. // Not far from here is the Senninger Military Depot, which was bombed in 1945. A memorial commemorates the casualties.

Wohnbau Spillern

Spillern, Stockerauerstraße

Ernst Linsberger

2010

KLEINTEILIGES WOHNEN // Wohnanlagen sind eine wichtige Strategie gegen die flächendeckende Zersiedelung. Der Wohnbau in Spillern von Ernst Linsberger, der eine Vielzahl intelligenter Lösungen im Siedlungsbau realisiert hat, stellt soziale Kompetenz unter Beweis. // Herausforderung im Siedlungsbau ist das auszutarierende Verhältnis zwischen Individuum und Kollektiv. Diese Kleinteiligkeit, durch die sich der Wohnbau in Spillern auszeichnet, wurde durch die Komposition von ausgewogenen Verhältnissen zwischen den Wohnungen, den Eigengärten, den öffentlichen Zonen und dem Wegenetz der Erschließung erzielt. Ein bestehender Siedlungsbau wurde einem Relaunch unterzogen. Dieses Bestandsgebäude blieb im Erdgeschoßbereich weitgehend erhalten und wurde um zwei neue Geschoße erweitert. Die Erschließung erfolgt über den Vorgarten in die Maisonetten im Erdgeschoß. Das zweite Obergeschoß ist durch einen Laubengang erschlossen, der mit einläufigen Treppen an das Wegenetz angebunden ist. Zwischen den Parkplätzen und den Eigengärten wurden Bäume gepflanzt, die das Prinzip der kleinteiligen Gliederung in den Außenraum fortsetzen und als Sichtschutz wie Schattenspender fungieren. Die Hofseite der Anlage ist von der viel befahrenen Bundesstraße, an der der Wohnbau liegt, abgewandt. Auf dem hier situierten Kinderspielplatz, der von fast allen Wohnungen aus zu sehen ist, wurden die bestehenden Bäume erhalten und in die überschaubaren Zonen miteingeplant. *ek*

LATITUDE
48° 22′ 54″
LONGITUDE
16° 15′ 01″

SMALL-SCALE LIVING // // Housing estates are an important strategy for counteracting the spread of urban sprawl. The Spillern residential project, designed by Ernst Linsberger, who has built numerous highly intelligent housing estates, puts its social competence to the test. // The challenge of designing settlement housing is to find the right balance between the individual and the collective. The compartmentalization that characterizes the Spillern project was achieved by a composition that balances relationships between the dwellings, the private garden plots, public areas, and the network of circulation. The project gave the existing housing a makeover, largely preserving the ground floor while adding on two new floors. The ground floor maisonettes are entered via the front garden. The second floor units are accessed from an upper gallery that connects to the lower walkways by a straight-run staircase. Trees were planted between the parking spaces and private gardens to carry on the principle of the small-scale structure into the exterior space and act as a visual screen that also provides shade. The estate's inner courtyard turns away from the busy main road on which the housing is located. The existing trees were preserved and incorporated into the design of the playground, which can be seen from nearly all of the apartments.

Otto Nobis

Pfarrkirche Zum Heiligen Geist
Spillern, Kirchenplatz 1

1965

DEUS NOBISCUM // Mit dem Namen des Architekten verbindet man den Wiederaufbau der Albertina nach 1945 und Bauten wie das Neue Instituts-gebäude (NIG) der Universität Wien (mit Alfred Dreier, 1962) oder die Pfarrkirche Maria Namen (1973) in Ottakring. Otto Nobis, der auch als Präsident der Architektensektion der Ingenieurkammer tätig war, findet man im Niederösterreichischen Denkmälerinventar Dehio jedoch nur in Spillern. // Um der katholischen Gemeinde, die stark angewachsen war, vor Ort ausreichend Platz zu bieten, wurde in den 1960er Jahren in direkter Nähe zur Volksschule ein Neubau errichtet. Die Filialkirche der Pfarre Stockerau aus dem Jahr 1831 war zu klein geworden und wurde von der evangelischen Gemeinde übernommen. Spillern wurde 1965 zur eigenen Pfarre erhoben. // Weithin sichtbar überragt der geometrische Glockenturm mit 32 m Höhe im Nordosten den Flachbau aus Beton. Sichtziegel struk-turieren die vertikale Achse. Der ovale Saalraum mit Holzdecke und hoch gestelltem Fensterband ist entsprechend der Liturgiereform von 1963 eingerichtet. Der Altar in weißem Marmor steht zentral in der Apsis. Clarisse Praun und Hermann Bauch statteten den Sakralbau mit Glas-malerei künstlerisch aus. Das Farbspiel im Sonnenlicht trägt zum Flair des Raumes bei. *th*

LATITUDE
48° 22' 38"
LONGITUDE
16° 15' 18"

DEUS NOBISCUM // The architect's name is tied to the post-1945 reconstruction of the Albertina as well as other buildings, including the University of Vienna's New Institute Building (also known as the NIG, designed together with Alfred Dreier, 1962), and the Church of the Holy Name of Mary (1973) in Ottakring. However, in Dehio's handbook of historic landmarks of Lower Austria, the only work listed for Otto Nobis, who also served as president of the architecture branch of the Society of Engineers, is this one in Spillern. // During the 1960s, in order to provide sufficient space for the catholic parish, which had grown considerably, a new building was built in close proximity to the elementary school. The sister church built in the parish of Stockerau in 1831 had become too small and was taken over by the evangelical community. Spillern became its own parish in 1965. // Visible from afar, the 32-meter-high geometric bell tower on the northeast side stands out against the low-rise concrete massing. Visible bricks pattern the vertical axis. The oval, wood-roofed nave is lit by clerestory windows and laid out according to the 1963 liturgical reforms. A white marble altar stands at the center of the apse. Clarisse Praun and Hermann Bauch designed the decorative stained glass, whose play of colors in the sunlight adds to the atmos-phere of the space.

Kurven-Bar

Leobendorf, Schliefbrückl 1

Johann Staber
Axel Hupfauer, sps-architekten

1960/
2011

MIT SCHWUNG // Die Wiederbelebung eines legendären Lokals, das in seinen wilden Jahren von 0–24 Uhr geöffnet war und zu dem die WienerInnen fuhren, wenn die Hauptstadt schon schlief, basiert auf einer Neuinterpretation der 1950er Jahre. Tankstelle und Espresso von 1959/60 sind ein Frühwerk des Architekten der Wiener UNO-City, Johann Staber, bestätigt die damalige Bauherrin (Familie Kos). // Von außen wurde das Lokal durch die ARGE der beiden Salzburger Architekten Hupfauer und Speigner nur geringfügig verändert. Noch immer gibt der Betonpfeiler mit Blendwerk aus Naturstein die Linie vor. Das Sockelmauerwerk wurde ergänzt, die alten Stahlrahmen-fenster mit Einfachverglasung wurden bei der thermischen Sanierung getauscht. Der zentrale Haupteingang mit automatischer Glasschiebetür ist neu. Die KundInnen werden direkt zur (Tankstellen-)Kasse geleitet und können entscheiden, ob sie noch einen Kaffee trinken und/oder im Shop einkaufen wollen. Eine Raumverengung trennt die Bereiche. Das Buffet greift die namensgebende geschwungene Form auf. Der Boden und die Fenster-bänke aus Terrazzo – beides Original – wurden restauriert. Die Möblierung erinnert an eine amerikanische Milchbar. Zu den ausgesuchten Details gehört etwa ein Sofa, dessen Kunstlederbezug in Schwarz-Beige gewoben ist. Das Farbkonzept stammt von Ernst Muthwill aus Hallein, für die Beleuchtung war Licht Art aus Hof bei Salzburg zuständig. Der Raucherbereich wurde mit einer modernen Glaswand abgetrennt. *th*

86

LATITUDE
48° 22' 24"
LONGITUDE
16° 17' 39"

WITH VERVE // The comeback of a legendary bar that stayed open 24 hours a day during its wild days, enticing the Viennese to drive there long after the capital was asleep, is based on a reinterpretation of 1950s design. The Kos family, the bar's original owners, confirms that the gas station/espresso bar was one of Johann Staber's early works, the architect who designed the UNO-city in Vienna. // Architects Hupfauer and Speigner, both from Salzburg, changed very little of the exterior.

The stone cladding of the concrete columns still sets the tone. The masonry walls of the base story were refurbished; the old single-paned, steel-framed windows were replaced by thermal glazing during the renovation. The automatic sliding glass door at the main entrance is new. Customers are guided directly to the gas station checkout, and can decide whether they'd like to have another cup of coffee or browse in the shop. A bottleneck divides the two spaces. The buffet takes up

on the curved shape expressed by the name. The terrazzo floor and windowsills – both original – were restored. The furnishings are reminiscent of an American dairy bar. The carefully chosen details include, for example, a sofa upholstered in black and beige imitation leather. Ernst Muthwill, from Hallein, developed the color scheme; Licht Art, from Hof bei Salzburg, designed the lighting. A modern glass partition walls off the smoking area.

Kirche

ERLEUCHTET // Der kleine, zentral gelegene Hügel entpuppt sich als
idealer Bauplatz der neuen Filialkirche, denn wer den Weg dorthin wählt,
der schreitet nicht nur hinauf, der begibt sich auf den Pfad einer spirituellen
Erhöhung. Ein steiler Kirchenweg führt von Westen zur Kirche, oder man
nimmt die gewundene Gasse von Osten bzw. kürzt die letzte Serpentine über
eine Freitreppe ab. // Ein Ensemble aus Glockenturm, Kirchenschiff und
Nebentrakt mit der Sakristei definiert den neuen Kirchenplatz. Der Hauptraum
der Kirche wird durch eine gekrümmte Wandschale aus Sichtbeton gebildet,
der in der braun-rötlichen Farbe des Lehms der umliegenden Weinberge
eingefärbt wurde. Dieser erdige Ton lässt die Betonfassade wärmer erscheinen und harmoniert mit den teils gelochten Sperrholzplatten im Innenraum.
// Großen Wert legte das Architektenduo Schermann & Stolfa auf das
natürliche Licht: Der Altarbereich wird durch eine vertikale Öffnung der
Wand und ein verglastes Dachfeld belichtet. Ein Lichtband am Dachrand bzw.
ein sehr tief sitzendes Fensterband beim Chorpodest bringen zusätzliches
natürliches Licht in den Kirchenraum. Auch die geschwungenen Bankreihen
für bis zu 140 Personen aus Buche wurden von den Architekten entworfen,
während die liturgische Ausgestaltung von den KünstlerInnen Otto Lorenz
(Altar, Ambo, Tabernakel, Kreuz und Sessio), Silvia Kropfreiter-Weihsbeck
(Taufbecken) und Tobias Kammerer (Fenster des Kreuzwegs) stammt. *an*

LATITUDE
48° 23' 43"
LONGITUDE
16° 17' 51"

*ENLIGHTENED // The small,
centrally situated hill turned out
to be an ideal building site for the
new church subsidiary. Those who
choose to go there don't just walk
up; they follow the path to spiritual
elevation. The steep church path
leads from the west to the church,
and visitors can take a winding lane
from the east as well, or choose
to shorten the last bend by climbing
a flight of steps. // The new church
plaza is defined by the ensemble,
which consists of the bell tower,*
*church nave, and a side wing that
holds the sacristy. The church's
main room is shaped by a bowed
dividing wall of fair concrete dyed
the same brownish-red of the clay
found in the surrounding hilly
vineyards. This earthy tone gives
the concrete façade a warm feeling
and harmonizes with the partially
perforated plywood panels of the
interior. // Architecture duo
Schermann & Stolfa paid extra
attention to natural light: the altar
area is lit by a vertical opening in*
*the wall and a glazed roof pane.
A skylight band along the edge of
the roof and a very low-set band
of windows near the choir platform
draw even more light into the church.
The architects also designed the
curving rows of beechwood benches
that seat up to 140 people. The
liturgical furnishings were made
by artists Otto Lorenz (altar, ambo,
tabernacle, cross, and chancel)
Silvia Kropfreiter-Weihsbeck
(baptismal font), and Tobias
Kammerer (Via Crucis window).*

Haus M.
Leitzersdorf, Wollmannsberg 76

Holzbauer & Partner Architekten

2006

BUTTERFLY EFFECT // Dem Bungalow haftet im Allgemeinen an, Lifestyle und Geisteshaltung der 1960er Jahre zu prolongieren. Im Fall des Einfamilienhauses am Ortsrand von Wollmannsberg wurde jedoch eine zeitgemäße, spannende Lösung gefunden. In den Hang eingebettet, zeigt sich von der Straße aus der quadratische Baukörper nur durch einen Parkbereich und einen gedeckten Stiegenabgang. Augenzwinkernd erzählt Wolfgang Vanek, dass Zaungäste der Baustelle wissen wollten: »Und wann kommt jetzt das Erdgeschoß und wann das Dach?« Und auch wenn weder Keller noch Obergeschoß folgten, ist das Haus sehr geräumig. Selbst eine Werkstatt sowie Gäste- bzw. Arbeitszimmer konnten untergebracht werden. Zugleich wurden durch den gut durchdachten Entwurf die Kosten minimiert. // Die Dimension des Volumens sieht man erst vom Feldweg, der unterhalb des Hauses in der Senke vorbeiführt. Aus dem weißen Kubus wurde ein Dreieck geschnitten. An diese Leerstelle wurde die Terrasse gesetzt. So entstand eine dynamische Form, die an den Flügelschlag eines Schmetterlings erinnert. Entlang der Kante wurden Wohn- und Schlafräume gruppiert. Die privaten Rückzugsräume sind diskret geschützt, das Wohnzimmer wurde an der Spitze verglast. Die Gebäudeflügel umarmen die Landschaft. Der Ausblick auf die fruchtbaren Weinviertler Felder ist überwältigend. *th*

LATITUDE
48° 25' 54"
LONGITUDE
16° 16' 07"

BUTTERFLY EFFECT // The bungalow house type is generally stuck with the image of the life-styles and attitudes of the 1960s. In the case of this family house on the outskirts of Wollmannsberg, however, it takes on a contemporary, exciting design. Embedded in the slope, from the street the squarish building only reveals its parking area and a covered stairway. Wolfgang Vanek explains with a wink how during construction, onlookers kept asking, "And when will the ground floor be done, when is the roof coming?" And even though it has no basement or second floor, the house is still very spacious. It could even accommodate a workshop, guest room or study. At the same time, costs were kept to a minimum thanks to the well thought-out design. // The full volume of the house can only be seen from the dirt road that passes through the valley below. A triangle is cut out of the white cube, creating an open space for the terrace. The result is a dynamic form that resembles the wings of a butterfly. The living and sleeping spaces are grouped along the edges of this. The private retreat areas are discreet and protected, and the point of the living room is glazed. The two wings embrace the landscape. The view of the fertile fields of the Weinviertel is overwhelming.

Franz Sam

2011

RAUM FÜR ÖFFENTLICHKEIT // Mit dem Neubau dieses Kindergartens, unweit von Kirche und Gemeindeamt, wurde in einer ländlichen Siedlung der regionale Zentrumscharakter gestärkt. // Anstelle eines Kaufhauses, das davor der Leshof des Stiftes Ardagger gewesen war, entstand der Kindergarten, der mit seinen Pultdächern in die Umgebung mit ihren geneigten Dächern mit camouflierender Affirmation eingepflegt wurde. Die subtil-respektvolle, aber auch radikal erneuernde Strategie zeigt sich in Bewahrung eines Wappens des Stiftes sowie eines efeubewachsenen Pulverhauses im 1000 m² großen Freigelände, zum anderen in der Erzeugung eines öffentlichen Fußwegs, der die gesamte Länge des Kindergartens nutzt und mit einer betonierten Bank neue Aufenthaltsqualitäten schafft. In den ebenerdigen Kindergarten, dessen Innenseite den öffentlichen Fußweg des Außenraums mit einem Asphaltweg mit weißen Sprenkeln spiegelt, wurden mit einer Spielgalerie zwei weitere Ebenen eingezogen, in der die drei Kindergartengruppen geometrisch voneinander getrennt, aber in visueller Kommunikationssituation miteinander verbunden sind. Die einzigen Farbakzente setzen die WC-Anlagen: blau, rot und gelb. Die Charakteristik der Dorflandschaft mit ihren unterschiedlichen Höhen wurde konzeptuell in den Entwurf des Innenraums übersetzt: Mehrfach genutzte Räume sind hoch, einfach genutzte wie Gang oder Sekretariat niedrig. Mit dem Kindergarten wurde ein Manifest eines neuen kritischen Regionalismus realisiert. *ek*

89

LATITUDE
48° 29' 53"
LONGITUDE
16° 13' 49"

ROOM FOR THE PUBLIC // The addition of this new kindergarten, not far from the church and village hall, strengthens the character of the regional center of a rural community. // The kindergarten, whose lean-to roofs are well camouflaged into the surrounding pattern of pitched roofs, is built on the site of a department store that once stood in front of the Leshof, part of the Ardagger Abbey. The strategy of subtle, respectful, but also radical renewal is reflected

in the preserved coat of arms of the abbey and the ivy-covered powder magazine. There is also a public walkway on the 1,000-square-meter site, running along the entire length of the kindergarten and, along with a concrete bench, creating pleasant new places for lingering. In the ground-floor nursery, whose interior has an asphalt path with white speckles that reflects the outdoor public walkway, two more levels and a play loft are inserted, in which the three kindergarten groups are

geometrically separated, but visually linked to one another. The restrooms provide the only color accents, in blue, red, and yellow. The characteristics of the village landscape with its varying building heights are translated into the interior design: spaces with multiple uses have high ceilings, while single-function spaces like the corridor and administration office are low. A manifesto for a new critical regionalism becomes a reality in this kindergarten.

Kunstobjekt beim Turnsaal der Volksschule Großmugl

sam ottreinisch

Großmugl, Kirchenplatz 135

1999

EINLADENDE HEITERKEIT // Aus gefärbtem Beton wurde im Zuge der
Renovierungsarbeiten und des Umbaus der Volksschule in Großmugl ein
Objekt geschaffen, das eine Skulptur ist und dennoch dezidiert auf Benutz-
barkeit setzt. // Diese gut alternde Betonplastik – Franz Sam und Irene
Ott-Reinisch erwiesen sich hier als Pioniere des Sichtbetons auf dem
Dorf – wurde im Zugangsbereich zwischen der Turnwiese und dem Turnsaal,
der nicht nur von der Schule, sondern am Abend auch von Sportvereinen
genutzt wird, positioniert und lädt zur körperlichen Erforschung genauso
ein wie zur visuellen Vertiefung. Zwischen der absichtsvollen Nutzbarkeit
und der betonten Funktionslosigkeit bewusst changierend, eröffnet dieses
Sitz- und Liegeobjekt aus rot eingefärbten Elementen aus Sichtbeton mit
seinen schalreinen Oberflächen – die Umsetzung erfolgte durch einen
Baumeister in Herzogenburg – nicht nur die Möglichkeiten des Spielens wie
des Kletterns, sondern auch die des probierend-experimentierenden Sitzens
und Liegens. Körpererfahrungen werden zu primären Architekturerfahrungen
für die Kinder der Volksschule. Helle Betonplatten erzeugen die Markierung
des Platzes und changieren wie das Objekt selbst zwischen Pragmatik und
Kunstpräsentationslogik. Auch auf diesen Platten kann gespielt werden,
zugleich heben sie das Objekt hervor und unterstreichen seine Spezifik.
Die integrierten Lichtquellen beleuchten den Zugang zum Turnsaal ebenso
wie das Objekt selbst. *ek*

LATITUDE
48° 29' 56"
LONGITUDE
16° 13' 53"

INVITINGLY MERRY // As part of the renovation and redesign of the elementary school in Großmugl, a piece of sculpture was created from colored concrete that is also decidedly functional. // This well-aging concrete sculpture – and here, Franz Sam and Irene Ott-Reinisch proved themselves as the village's pioneers of finish concrete – was placed in the entry zone between the playing field and the gymnasium, which is used by the elementary school during the day and sports clubs in the evening. It invites people to explore its bulk both physically and visually. Somewhere between intentional usability and pronounced lack of function, this seating and lounging object is made of red-tinted finish concrete shapes with a surface texture as smooth as an eggshell – cast by a master builder in Herzogenburg – and doesn't just provide opportunities to play and climb around, but also to experiment with different ways of sitting and lying down. For the children at the elementary school, such experiences with the body become primary architectural experiences. The pale concrete panels demarcate the site, and like the object itself, oscillate between pragmatics and the logic of artistic presentation. The panels can be used for playing, and at the same time, they also highlight the object itself and underscore its specificity. Built-in lighting illuminates the path to the school gym as well as the object.

Irene Ott-Reinisch

2005

GESTALTERISCHER MEHRWERT // Dass auch eine auf den ersten Blick unscheinbar wirkende Bauaufgabe ein weithin sichtbares Zeichen zu setzen vermag, stellt dieses Werkzeug-Lagergebäude des Friedhofs Herzogbirbaum unter Beweis. // Situiert an der Friedhofsmauer beim Eingang in den Friedhof, wirkt es völlig frei über die Weite des Feldes und setzt einen Akzent. Josef Kreitmayer, der damalige Bürgermeister der Großgemeinde Großmugl, zuständig auch für Herzogbirbaum, bewies hohes Engagement in Fragen der Gestaltung, das auch bei bescheidenen Bauaufgaben wie dieser, die von den örtlichen Gemeindearbeitern gebaut wurde, zum Tragen kam. Dieses nicht mehr als 16 m² große Gebäude erfüllt zum einen die Funktion, die Geräte für die Anlieferung der Särge unterzubringen, zum anderen galt es, eine öffentliche Toilettenanlage in das Minimalraumprogramm zu integrieren. Ein Wasserhahn für das Gießen der Friedhofspflanzen sowie eine Anzeigentafel sind die weiteren Funktionen. In diesem Gebäude konnte eine unbekleidete Kernplatte, eine nicht lackierte, nicht behandelte Kunststoffplatte von FunderMax getestet und einem Alterungsprozess ausgesetzt werden. Das Objekt arbeitet mit den Kontrasten von Schwarz und Weiß, die Irene Ott-Reinisch aus der Landschaftlichkeit ableitet, weiß wie der winterliche Schnee, schwarz wie die frisch geackerten Felder. Das umgebende Grün leuchtet durch die umlaufenden Glasbänder, eine widerstandsfähige Holzbank lädt zum Sitzen ein. *ek*

LATITUDE
48° 30′ 42″
LONGITUDE
16° 15′ 06″

ADDED DESIGN VALUE // The fact that this building, a tool storage shed for the cemetery in Großmugl, seems at first to be inconspicuous yet actually creates a symbol visible from afar really proves its value. // Situated along the wall near the entrance to the cemetery, the structure sets an accent that can be seen well across the openness of the field. Josef Kreitmayer, former mayor of Großmugl, was very committed to solving the various design questions posed by local municipal workers that arise even from such humble construction tasks as this one. Although this little, 16-square-meter building already fulfills the purpose of storing the equipment for casket delivery, it was also necessary to integrate public toilets into the minimal spatial layout. Additional installations are a water faucet for watering the cemetery greenery, and an announcements board. A naked core panel of unpainted, untreated plastic made by FunderMax was tested here, subjected to the effects of the aging process. The structure works with the contrast of black and white, a concept Irene Ott abstracts from the surrounding landscape: white like the winter snow and black like freshly plowed fields. The all-encompassing greenery shines through the wraparound glazing, and a durable wooden bench invites one to have a seat.

Kläranlage Senningbach

sam ottreinisch

Herzogbirbaum, Niederhollabrunn

2008

KLARE TYPOLOGIE // Die Kläranlage wurde, die Gunst des Gefälles sowie den Senningbach als Vorfluter nutzend, zwischen den zwei Dorfgemeinden Großmugl und Niederhollabrunn positioniert. // Der Anspruch, den Franz Sam und Irene Ott-Reinisch an dieses Bauwerk der Kläranlage stellten, dessen hohe technische Komplexität durch die Ingenieursplanung realisiert wurde, war die künstlerische Gestaltung, ein »formales Redesign« für eine zeitgenössische Typologie dieser Bauaufgabe. Die Kläranlage sollte nicht, wie in vielen anderen niederösterreichischen Ortschaften, hinter der Fassade eines einfamilienhausähnlichen Gebildes versteckt werden, sondern stolz als Form, die sich semantisch als Kläranlage im Dienste einer sauberen Umwelt zu verstehen gibt, gezeigt werden. In Zusammenarbeit mit dem Energieversorger EVN, der das Projekt übernahm, da die Finanzierung durch die beiden Gemeinden alleine nicht möglich war, wurde eine weniger radikale und weniger witzige Lösung als das ursprünglich geplante Haifischbecken realisiert. Die hellgrauen Gebäude liegen wie Wale in der durch landwirtschaftliche Nutzung geprägten Umgebung. Vom Rechenhaus über Belebungsbecken bis zu Trockenbereich und Nachklärung hätte in der ursprünglichen Planung auch ein Farb- sowie Lichtkonzept die Pumprichtung zwischen den runden und ovalen Sichtbetonbecken signalisieren sollen. Trotz der nur teilweisen Umsetzung der Konzeption wurde hier eine innovative und mutige Typologie entwickelt, die als Monument für die Botschaft der Kläranlage aus der Senke auftaucht. *ek*

92

LATITUDE
48° 27' 32"
LONGITUDE
16° 14' 17"

CLEAR TYPOLOGY // The treatment plant was situated between the two village communities of Großmugl and Niederhollabrunn, taking advantage of the slope and the water provided by the channel of the Senningbach. // The aspiration that Franz Sam and Irene Ott-Reinisch had for this wastewater treatment plant project, the complex technology of which was realized by engineering planners, was to create a "formal redesign" for a contemporary typology. The treatment plant was not to be hidden behind a façade resembling a single-family house, as is the case in so many other towns in Lower Austria, but instead proudly displayed as a form showing that the treatment facility works for a clean environment. In collaboration with the EVN power company, which took over the project when the two communities could not fund the project by themselves, a less radical scheme was implemented than the witty shark tank of the original design. The light gray buildings are laid out on the predominantly agricultural landscape like large whales. The original design concept called for the use of special colors and lighting to demarcate the direction of the effluent as it is pumped between round and oval concrete pools, from the screen house to the activation basin, drying area, and final purification. Although only part of the concept was implemented, the project developed a new typology that is innovative and bold, and which rises out of the drain to become a monument to the wastewater treatment plant's message.

Sophie Thorsen

2007

GESCHICHTE SCHREIBEN // In der Region um den Naturpark Leiser
Berge – Mistelbach wurde ausgehend von archäologischen Funden ein
touristisches Konzept entwickelt, das als Zeitreise die Fundstätten
miteinander verbinden sollte. // Um diese touristische Positionierung
visuell und räumlich zu verklammern, wurde von Kunst im öffentlichen Raum
Niederösterreich ein Wettbewerb ausgeschrieben, den die Künstlerin
Sophie Thorsen für sich entschied. Sie entwickelte unter dem Titel Landmark
ein Leitsystem, das auf Abwesendes hinweist und sich in die Oberfläche
der Region einschreibt, um an deren Tiefenschichten zu erinnern.
Archäologische Fundstücke wurden Teil musealer Sammlungen und Ausstellungen, auf die Fundorte selbst verwies nichts mehr. Genau an diesem
Punkt setzte Thorsen in ihrer Arbeit an und brachte Bodenmarkierungen
in der heutigen Nutzungsschicht der bereits existiert habenden oder neu
für diese Arbeit installierten Parkplätze an historischen Bodendenkmälern
in Asparn/Zaya, Ernstbrunn, Mistelbach, Niederleis, Ladendorf und Großmugl
an. Zu lesen bekommt man nun die Namen und Eckdaten der früheren
Nutzungen wie Awarengräber, Siedlungen oder Königssitz. Kommt man
mit seinem Auto hier an, so wird einem durch diese ebenso einfache wie
konzeptuelle Maßnahme zum Bewusstsein gebracht, dass sich unter
dem Asphalt physische Präsenz von Geschichte befindet. *ek*

93

LATITUDE
48° 32' 16"
LONGITUDE
16° 24' 14"

*WRITING HISTORY // Inspired
by the archaeological finds in the
region, the touristic concept for
the Leiser Berge Nature Park in
Mistelbach aims at using the idea
of time travel as a way to connect
the various excavations. // To
bracket the location visually and
spatially, the public art program of
Lower Austria held a competition in
which first prize went to the artist
Sophie Thorsen. Thorsen designed an
orientation system called Landmark
that hints at what is absent and is
inscribed on the surface of the region
in order to demarcate its hidden
deeper layers. The archaeological
fragments have become part of
museum collections and exhibitions,
leaving no traces behind at the sites
themselves. Thorsen's work takes
up this very point by marking the
surface of already existing and
specially installed parking lots at the
historic archaeological landmarks
of Asparn an der Zaya, Ernstbrunn,
Mistelbach, Niederleis, Ladendorf,
and Großmugl. The names and dates
of the ancient uses of the sites are
thus made legible, such as Avar
graves, settlements, and the royal
seat. By means of these at once
simple and conceptual interventions,
the people who arrive by car
immediately become aware of the
physical presence of history that lies
beneath the asphalt.*

Auditorium Grafenegg
Grafenegg, Grafenegg 10

schröder schulte-ladbeck,
Dieter Irresberger

2008

SCHATZKAMMER // Wie ein Schmuckstück aus Kupfer sitzt der Solitär des Auditoriums im Altbestand zwischen Reitschule und Taverne von Schloss Grafenegg. Glas macht die Grenze zum Park durchlässig. Als Ausweichquartier bei Schlechtwetter für die Wolkenturm-Freiluftkonzerte angedacht, hat sich der Festsaal weit darüber hinaus als Veranstaltungsort etabliert, so auch alljährlich zur offiziellen Feier des niederösterreichischen Landespatrons. // Die Notwendigkeit, den Raum variabel zu nutzen, bedingt, dass sich das Parkett erst in den letzten Reihen über sechs Stufen anhebt. Die mondäne Bestuhlung, extra für den Ort entwickelt, umfasst auf drei Ebenen – mit Galerie und Balkon – bis zu 1.370 Sitzplätze. Kontrastreich treten das Bordeaux-Rot der Sitze, die schwarz gehaltene, abgestufte Decke und der nach alter venezianischer Technik polierte Putz aus Kalkstein zueinander in Beziehung. Eiche gibt dem Raum eine elegante Note. Zur besseren Wahrnehmung des eigenen Spiels schweben Akustiksegel aus Holz für das Orchester über der Bühne. // Der Münchner Spezialist Karlheinz Müller wurde für die Akustik hinzugezogen: Eigene Jalousien passen sich dem jeweiligen Anlass an. Die Seitenwände sind aufgefaltet, keine Fläche des rechteckigen Saals läuft parallel. Der Wettbewerb zum Konzerthaus in Grafenegg wurde vom Büro der Dortmunder Architekten Matthias Schröder und Ralf Schulte-Ladbeck gewonnen. Die Umsetzung des Konzertsaals wurde mit Dieter Irresberger finalisiert. *th*

TREASURE CHAMBER // The solitary auditorium sits like a piece of copper jewelry amongst the old buildings between the riding school and the tavern of Grafenegg castle. Glass dissolves any barriers to the park. Originally planned as an alternate location for the open-air concerts of the Wolkenturm (Cloud Tower) in case of bad weather, the events hall has established itself as much more than that, and is used for the annual festivities honoring the patrons of Lower Austria, among other things.

The need for the room to fulfill a variety of different needs means that the parquet floor isn't raised up until the last three rows, and then only six steps. The stylish seating, designed specifically for the venue, accommodates up to 1,370 guests on three separate levels, including the gallery and balcony. The burgundy of the seats contrasts with the black gradated ceiling and the lime plaster of the walls, which are polished using an old Venetian technique. Oak imbues the room with an elegant note. To improve

acoustics for the orchestra during concerts, sound sails hover over the stage. Specialist Karlheinz Müller came in from Munich for acoustic consultation, developing special blinds that can be adjusted to each event. The side walls are folded; no two surfaces of the rectangular hall are parallel. The competition for the concert house in Grafenegg was won by the office of architects Matthias Schröder and Ralf Schulte-Ladbeck from Dortmund. Dieter Irresberger finalized the construction of the concert hall.

Wolkenturm
Grafenegg, Grafenegg 10

2007

KOMPLEXE FALTUNGEN // Im Landschaftspark von Grafenegg setzt der Wolkenturm einen skulpturalen Kontrapunkt zum romantischen Historismus der Garten- und Schlossgestaltung. Seit vielen Jahren wird der Landschafts-park mit den Mitteln zeitgenössischer Kunst neu interpretiert. Mit dem 23 m hohen, tektonisch expressionsstarken Gebilde des Wolkenturms wurde ein ikonisches Zeichen eines Freiluftpavillons geschaffen, der Grafenegg international medial als Kulturstandort positionierte. Die Annäherung durch den Park wurde als subtile Choreografie geplant, die Schritt für Schritt neue Blicke eröffnet. Schloss, Mauer, Bäume im Park und der Wolkenturm sind wohlüberlegt zueinander komponiert; die LandschaftsarchitektInnen waren LAND.IN.SICHT. // Mit dünnwandigen Betonteilen wurden die schrägen Wände und die vielzahligen Faltungen gebaut. Direkt auf den Betonsockel treffen die Stahlbleche, jedes der Stahlbleche ist Teil der Konstruktion, auf eine Unterkonstruktion mit Paneelen wurde verzichtet. Eine Freiluftbühne muss garantieren, dass die MusikerInnen einander in der Schallmuschel hören können, der Schall diese nicht sofort verlässt, aber auch gut zum Publikum hinausdringt. Dies ist vom Wolkenturm sowohl für die 1.730 Tribünenplätze als auch für die 300 Rasenplätze gewährleistet. »Was du siehst, das hörst du auch«, so definiert Marie-Therese Harnoncourt, gemeinsam Ernst J. Fuchs the next ENTERprise, die Grundregel für Freiluftbühnen. *ek*

97

LATITUDE
48° 25' 50"
LONGITUDE
15° 44' 51"

COMPLEX FOLDING // The Wolkenturm, or "cloud tower" in German, provides a sculptural counterpoint to the romantic historicism of the garden and castle of the Grafenegg landscape park. Contemporary art has been used as a means of reinterpreting the park for many years. The 23-meter-high, tectonically expressive, freestanding pavilion structure became the iconic symbol that positioned Grafenegg internationally as a cultural center. The approach from the park was designed as a subtly choreographed sequence of gradually opening views. The Wolkenturm was thoughtfully arranged by the landscape architects from LAND.IN.SICHT in composition with the castle, walls, and the trees in the park. // The sloping walls and multiple folds are made of thin concrete panels. The steel sheeting sits directly on the concrete slab base. Each of them is a structural component, as there is no paneled substructure. Any outdoor stage must guarantee that the musicians can hear each other in the acoustical shell and that the sound does not immediately dissipate, but also reaches beyond it into the audience. The Wolkenturm accomplishes this for both the 1,730 platform seats and the 300-person lawn seating area. As defined by Marie-Therese Harnoncourt, together with Ernst J. Fuchs in the next ENTERprise, the basic rule for an open-air stage is "What you see, you can also hear."

Degustation Kolkmann

Fels/Wagram, Flugplatzstraße 11 & 12

2011

WEIN LANDMARK // Eigentlich war der Neubau der Degustation schon fertig geplant, als der Winzer Horst Kolkmann den Architekten Christoph Haas kennen lernte. Und der brachte ihn bei einem Besuch des Weinguts in Fels/Wagram auf eine ganz andere Idee, die den Winzer aber so überzeugte, dass er den aus Enns stammenden Architekten auf der Stelle engagierte. // Haas setzte die neue Degustation parallel zur Straße, allerdings etwas höher, sodass man den Bau nicht nur gut sieht und schon von weitem zu einem Besuch eingeladen wird, sondern auch, damit die dahinter liegenden Betriebsgebäude mit einer tiefer gesetzten Durchfahrt noch leicht erreicht werden können. Kolkmann wirbt mit dem Slogan »Tor zum Wagram«, und dieser Bau mit angeschlossenem Bürobereich sollte das neue Aushängeschild des Weinguts sein, eine Visitenkarte des Betriebs und die Repräsentation nach außen, eine »landmark«-Architektur, wie Christoph Haas es beschreibt. // Errichtet wurde das Gebäude in Holzbauweise und die Fassade zur Straße mit weißen Alucobondplatten verkleidet. Innen eine lange Bar, Tische und ein Verkostungsbereich mit Pulten, die der Winzer zusammen mit dem Architekten eigens entwickelte. Selbstverständlich zeigt sich die Straßenfront mit viel Glas, schließlich soll man sehen, was dieser Bau alles bietet. Und wer sich bereits drinnen befindet, soll den Blick auf die hügelige und einzigartige Landschaft des Wagrams und die Weingärten genießen. *an*

98

LATITUDE
48° 26' 31"
LONGITUDE
15° 48' 36"

WINE LANDMARK // Actually, the Degustation was already designed by the time vintner Horst Kolkmann met architect Christoph Haas. But on a visit to the winery in Fels am Wagram, Haas got him interested in a whole new idea, one that convinced the vintner so much that he hired the Enns-born architect on the spot. // Haas situated the new tasting building parallel to and just a bit above the street, so that it not only can be easily seen and thus attract customers even from afar, but also so that the service buildings in the rear can still be reached via a sunken driveway. Kolkmann's advertising slogan is "Gateway to Wagram", and this building with an attached office area is intended to become the new billboard for the winery, a calling card of the company and a prominent outward symbol, or, as Christoph Hass puts it, "landmark architecture". // The new building is a wood construction, with white Alucobond cladding the street façade. Inside, there is a long bar, tables, and a tasting area with standing tables that were custom-designed by the vintner together with the architect. Of course, the elevation overlooking the street has lots of glass; after all, people are meant to see how much this building has to offer. And those already inside should be able to enjoy the view of the hilly and unique landscape of Wagram and the vineyards.

Wohnhausumbau »Parock«
Fels/Wagram, St. Urbanstraße 3

2010

ARBEITEN AM BESTAND // Das ursprüngliche Haus wurde in den 1970ern im »Salzburger Stil« errichtet, mit einem großen Balkon zur Straße. Die Frage lautete: umbauen oder gleich neu bauen irgendwo auf der grünen Wiese. Man entschied sich für einen Umbau, der, so der Wunsch des Bauherrn, durchwegs repräsentativ werden sollte. Aus der Aufgabe wurde mehr ein Arbeiten mit dem Bestand, denn die Neuinterpretation lässt nicht mehr ahnen, wie es vorher ausgesehen hat. // Für Eva Becker und Ludwig Starz von LOOPING architecture war klar, dass sich das Haus von dem angrenzenden, dazugehörenden niedrigen Gebäude isolieren muss. So wurde das Dach über dem großen Hoftor weggenommen. Der neu gewonnene Freiraum dient als Terrasse, die vom Obergeschoß begehbar ist. Der einst ungenutzte Balkon wurde geschlossen und dient als eines der Kinderzimmer im Obergeschoß. Alle teils bis zu einem ¾ m auskragenden Vordächer wurden weggenommen und aus dem ehemaligen Satteldach ein neues, asymmetrisch gestaltetes Dach. Nach dem Eingriff öffnet sich das Haus nun nach Osten und wird von dieser Seite auch belichtet. Oberlichter im Obergeschoß fangen auch das Westlicht ein. Eine ebenerdige Terrasse im Innenhof dient als neuer Rückzugsort. Die Fassadenoberfläche im Obergeschoß aus Alucobond zeigt eine klare, zeitgemäße Sprache, kein ganz günstiges Material, aber ein sehr edles mit schöner Haptik. *an*

99

LATITUDE
48° 26' 21"
LONGITUDE
15° 49' 03"

WORKING WITH THE EXISTING FABRIC // The original house was built in the 1970s in the "Salzburg style", with a sizable balcony overlooking the street. The question was: to remodel, or build a new house somewhere on the open green lawn? The clients opted for remodeling, expressing a wish for a rather imposing design. The job became more about working with the existing fabric, and the new interpretation makes it impossible to guess how the building once looked. // To Eva Becker and

Ludwig Starz of LOOPING architecture, it was clear that the house had to be separated from the adjacent lower building of the property. The roof covering the large gate leading to the inner courtyard was thus removed. The newly regained open space now serves as a terrace and can be accessed from the upper level. The formerly unused upper-level balcony was enclosed and now functions as one of the children's rooms. All of the roof canopies, some of which projected as much as three-quarters

of a meter, were taken down and the gable roof was turned into a new, asymmetrically-designed roof. As a result of the intervention, the house now opens toward the east and is lit from that side. The skylights on the top floor also catch the western light. A ground-level patio in the courtyard functions as a new place for retreat. The Alucobond cladding on the exterior of the upper level is done in a clear, contemporary language; not a particularly economical material, but very elegant and appealing.

Wohnhausumbau »Lihan«
Thürnthal, Kellergasse 11

2011

AUS ALT MACH NEU // Es muss nicht immer ein Neubau sein, es gibt genügend bestehende Bausubstanz. Das Problem dabei ist, dass die angebotenen Häuser oft nicht den Vorstellungen der künftigen NutzerInnen entsprechen oder auch sonst wenig ansprechend sind. Wenn man allerdings das richtige ArchitektInnen-Team an seiner Seite hat, dann ist dies alles kein Problem, wie das Büro LOOPING architecture bei diesem Projekt zeigte. Die Ausgangslage war ein Massivhaus aus den 1980er Jahren, traditionell mit Satteldach und Balkon, allerdings in bester Lage an der Schnittstelle von Natur- und Kulturraum. Was folgte, war eine »Operation« am Bestand, der völlig entkernt und dessen massive Mauern nach Bedarf geöffnet wurden. Der Rumpf aus Erd- und Mittelgeschoß bildet das Fundament zu einem neuen Obergeschoß, denn eine Erweiterung war nur nach oben möglich. Der Obergeschoß-Aufsatz wurde komplett in Holz gefertigt und mit Aluminium verkleidet, wodurch sich das Neue vom Altbestand auch optisch absetzt. Zur Straßenseite »tarnt« sich der Aufsatz in Form eines Satteldachs. Zum Garten und den Weinbergen zeigt sich ein markanter Ausschnitt über Eck, fokussiert durch ein Fensterband. Der leicht auskragende Teil dient als überdachte Terrassenfläche. Mit diesem sehr geschickten Eingriff wurde demonstriert, was zeitgemäße Architektur zu leisten vermag, um die neuen BewohnerInnen glücklich zu machen. *an*

100

LATITUDE
48° 26' 28"
LONGITUDE
15° 50' 42"

MAKING NEW FROM OLD // It doesn't always have to be a new building; there are enough existing buildings. The problem is, often the houses on the market do not fit the imaginations of future users or are not appealing enough in general. But with the right team of architects on your side, none of that is a problem, as the office of LOOPING architecture showed with this project. The starting point was a masonry building from the 1980s, built with the traditional saddle roof and balcony, with a prime location at the spatial threshold between nature and culture. The result was an "operation" on the existing fabric, which was completely gutted, and its solid walls opened where needed. The hulk of the ground floor and middle level forms the base for a new upper story, as an expansion was only possible vertically. The upper story addition was built entirely in wood and clad in aluminum, visually setting off the new from the old. The addition "disguises" itself from the street in the shape of a pitched roof. A distinctive cut over the corner looks out over the garden and the vineyards, focused by a strip of windows. The slightly protruding element serves as a covered patio area. This very clever intervention demonstrates what contemporary architecture is capable of when it comes to making its new inhabitants happy.

Thomas Tauber

Villa
Gösing/Wagram, Am Berg 15

2011

ZWISCHEN DEN WEINBERGEN // Gösing ist ein kleiner Ort (zur Gemeinde Fels gehörend) mit einer schönen Kellergasse mitten in der einzigartigen Weinkulturlandschaft des Wagrams. Ein sehr sensibler Landstrich und jeder bauliche Eingriff eine Herausforderung, will man doch dieses wertvolle, langsam gewachsene Kulturland nicht stören. Am Rande der Weinberge entstand dieses Wohnhaus bestehend aus zwei Volumina: ein lang gestrecktes, eingeschoßiges und daran im Winkel etwas versetzt ein höherer Bauteil, mit einem Sockel für die Garage und einem daraufgesetzten Wohngeschoß mit einer auskragenden und überdachten Terrasse, die sich gegen Süden orientiert, Richtung Donau und die Ausläufer der Alpen mit dem Ötscher. Durch die Zweiteilung der Volumina integriert sich der Komplex in die Hanglange und nimmt ihr auch die Masse, die ein Bau dieser Größenordnung zweifelsohne hätte, wäre er in einem hochgebaut. Auch der niedrigere Teil orientiert sich gegen Südwesten und wird dort von einer raumhohen Glasfassade eingefasst und mit Jalousien beschattet. Das Weiß der Fassaden nimmt dem Bau die Schwere, und mit dem Flachdach und der lang gestreckten Orientierung versucht er, sich in den Hang zu integrieren, um nicht zu sehr aufzufallen. *an*

LATITUDE
48° 27' 55"
LONGITUDE
15° 48' 59"

AMOGST THE VINEYARDS //
Gösing is a small village (part of the borough of Fels) with a beautiful cellar lane right in the middle of the unique winegrowing landscape of Wagram. It is a very sensitive swathe of land and each and every change through construction is a challenge; one wouldn't want to disturb this cherished, slow-growing cultural region. Built along the edge of the vineyards, this residential building is made up of two volumes: an elongated, single story one and

a higher structure set at an angle to it, with the garage for a base and a living area above it, with a projecting, covered terrace facing south towards the Danube River and the foothills of the Alps with Ötscher Mountain. This bisection of the volume allows the complex to be assimilated into the hillside and detracts from the massiveness that a building of this size certainly would have if it had been built vertically. The lower section also faces southwest, embraced by

a wall-to-ceiling glazed façade and shaded with blinds. The white façade relieves the structure of any remaining heaviness, and the flat roof and the stretched out plan meld successfully with the hillside to avoid attracting too much attention.

Gerhard Schmidt

2009

SO SCHMECKT DER WAGRAM // Die Weine des Wagrams sind nicht nur in
Österreich beliebt, sie können durchwegs mit der internationalen Konkurrenz
mithalten. Hinter diesen Spitzenprodukten stehen Winzer-Persönlichkeiten,
die sich voll und ganz dem Weinbau verpflichtet fühlen. Und wer seinen
Weinen viel abverlangt, der weiß auch, was ein qualitätsvolles Gebäude zu
leisten vermag. // »Geschmack der Heimat« nennt Georg Nimmervoll seinen
Wagramer Grünen Veltliner, produziert wird dieser in einem Neubau, der sich
nicht schreiend, sondern dezent, aber bestimmt in seine Umgebung integriert.
Die Materialien Holz und Beton wirken funktional und betonen den zeitgemäßen Charakter der Produktionsstätte und Degustation. Große Glasfronten
öffnen vorne den Verkostungsbereich und laden die BesucherInnen ein.
Ein kleiner Vorplatz definiert einen Ort, wo es sich im Sommer gemütlich
sitzen lässt und man den Blick in die umliegenden Weingärten genießen kann.
// Nur eine Region in Österreich trägt den Wein in ihrem Namen, und dennoch
hat der Boom der Weinarchitektur diesen Landstrich noch nicht voll und
ganz erreicht. Gut, dass Ausnahmen wie das Weingut Nimmervoll und einige
andere rund um den Wagram die Regel bestimmen: sanft und nachhaltig. *an*

103

LATITUDE
48° 26' 03"
LONGITUDE
15° 52' 12"

THE TASTE OF WAGRAM // Wagram wines can hold their own in inter-national competition, and behind these top-of-the-line products stand vintners who are fully and wholly dedicated to the making of wine. Now, a person who asks a lot from his wine also knows what kind of performance a quality building must deliver. // Georg Nimmervoll calls his Grüner Veltliner from Wagram "the taste of home". It is produced in a new building that doesn't scream out, instead integrating itself quietly into the surroundings. The materials, wood and concrete, are functional and emphasize the contemporary character of the production facility and tasting room. Large glass façades open to the tasting area at the front, inviting visitors to enter. A small forecourt demarcates a comfortable summertime seating area with an enjoyable view of the surrounding vineyards. // Although there is only one region in Austria that has the word wine in its name, the winery architecture boom still hasn't really reached this part of the world. A good thing then that the Nimmervoll Winery and a few others around Wagram are setting the pace: gentle and sustainable.

2006

NACHHALTIG GENUTZT // Es muss nicht immer ein Neubau sein.
Nachhaltigkeit in der Architektur bedeutet auch, dass man vorhandene
Strukturen intelligent nutzt, adaptiert und so einen Mehrwert für die
zukünftigen NutzerInnen schafft. So auch bei diesem klassischen Einfamilienhaus aus den 1960er Jahren, das deutlich in die Jahre gekommen war. Eine
thermische Sanierung war unumgänglich, das Dach stark reparaturbedürftig.
Doch die BauherrInnen entschieden sich nicht nur für eine simple Renovierung, das Konzept Generationen-Wohnen wurde überdacht: Aus dem
Einfamilienhaus wurde ein Mehrgenerationenhaus. Um drei Generationen
reibungslos unter einem Dach wohnen zu lassen, musste eine neue Aufteilung
her: Die Großeltern residieren ab sofort im Erdgeschoß, die Eltern im ersten
Obergeschoß, und die beiden Kinder bekamen ganz oben einen neuen
Dachaufbau, eine vorgefertigte Holzbox, die sich nach Süden orientiert.
// Sicher handelt es sich bei diesem Umbau um kein spektakuläres Projekt,
keine Architektur, die alle Blicke auf sich zieht. Dennoch ist es Franz
Schartner gelungen, mit einfachen Maßnahmen zu demonstrieren, dass
intelligentes Bauen auch die Ressourcen berücksichtigt. Und es beweist,
dass die heute gerne verwendeten Begriffe wie Refurbishing und Resource-
fulness auch im Einfamilienhaus sinnvoll einsetzbar sind. *an*

LATITUDE
48° 25' 48"
LONGITUDE
15° 53' 49"

SUSTAINABLE USE // It doesn't always have to be a new building. Sustainability in architecture is also about intelligently using and adapting existing structures to create added value for future users. This was the case with this single-family home from the 1960s, which was visibly getting on in years. A thorough thermal renovation was inexorable, and the roof was gravely in need of repairs. However, the clients decided to not just renovate, but instead to completely re-think the idea of generational living: their single-family home was turned into a multi-generational home. A new layout was needed in order to allow three generations to live under a single new roof without conflict. The grandparents now reside on the ground floor, the parents on the first upper level, and the two children have a new roof extension at the very top, a prefabricated wooden box facing south. // This overhaul may not be a spectacular project, and is not necessarily the kind of architecture that draws loads of attention to itself. Nonetheless, Franz Schartner successfully implemented simple measures demonstrating that intelligent building also takes resources into consideration. And it proves that those popular terms of the day, like refurbishing and resource-fulness, are indeed all quite relevant and applicable to single-family houses.

Weritas Gebietsvinothek
Kirchberg/Wagram, Marktplatz 44

2009

IN VINO VERITAS // »Weritas« nennen sich das Regionalzentrum und die Gebietsvinothek, mit einem W wie Wagram. Auf nach Süden hin abfallenden Lösslagen werden Weine wie Grüner Veltliner, Frühroter und Roter Veltliner angebaut. Im Zuge des Weinbooms suchten die lokalen Winzer einen repräsentativen Ort für ihre Produkte. Das Ergebnis präsentiert sich vom Marktplatz etwas abgerückt inmitten eines Parks mit altem Baumbestand. »Die Gegend rund um den Wagram ist landschaftlich und topografisch einzigartig. Für uns war von Anfang an klar, dass wir die prägende Gelände-kante in diesem Projekt aufgreifen möchten. Die kantige Glasbox, die auf dem porösen, sandigen Löss balanciert … das ist ein spannender Kontrast«, definieren gerner°gerner plus ihre Herangehensweise. // Die neue Vinothek zeigt sich als fast gläserne Box (drei Seiten sind verglast). Das sichtbare Volumen ist kleiner als das tatsächliche, denn viele Funktionen wie Seminar- oder Lagerräume wurden unterirdisch untergebracht. Insgesamt umfasst die Gesamtnutzfläche 550 m². Auch auf die Bauökologie wurde geachtet: Durch die Nutzung von Erdwärme erreicht das Haus Niedrigenergie-Standard. Über Rampen gelangt man in den schönsten Bereich der Vinothek: den Ver-kostungsraum mit großzügigem Blick in die Landschaft. Obwohl markant in der Form, lässt seine grünlich-graue Faserzement-Fassade den Stahlbetonbau nicht allzu sehr in Konkurrenz mit der Umgebung treten. *an*

LATITUDE
48° 26' 08''
LONGITUDE
15° 53' 47''

IN VINO VERITAS // Weritas is the name of the Vinotheque and Regional Center, spelled with a W for Wagram. Wines like Grüner Veltliner, Frühroter, and Roter Veltliner are made from grapes grown on the south-facing loam terraces. When the wine boom hit, local winemakers sought for a special place to display their products. They chose a site slightly removed from the market square, in the center of a park filled with lovely old trees. "The area around the Wagram has a unique landscape and topography. From the very start of the project, we knew we wanted to do something tying into the prominent ridge. This angular glass box balanced on the porous, sandy loam... It makes an exciting contrast," explain gerner°gerner plus about their approach. // The new wine bar looks almost like a glass box (three sides are glazed). The visible volume is smaller than the actual building, because many of its functions are housed under-ground, including the seminar and storage rooms. The net area totals 550 square meters. The design gives consideration to building ecology, with its use of geothermal energy ful-filling low-energy use specifications. Ramps lead to the most beautiful area of the wine cellar: the tasting room, with an expansive view of the landscape. Although it has a striking form, the greenish-gray fiber cement façade does not allow the reinforced concrete building to compete too much with the environment.

2009

WENIGER FÜR MEHR // Stetteldorf am Wagram ist eine kleine Marktgemeinde mit rund 1.000 EinwohnerInnen, einer langen Geschichte und
zwei Wahrzeichen: die barocke Pfarrkirche und das Schloss Juliusburg.
Mit der künstlerischen Neugestaltung des Kirchenplatzes sollte der Ort
ein ansprechendes Zentrum erhalten. // Beauftragt damit wurde Christian
Knechtl, der mit seinen Interventionen vor allem eines erreichen wollte:
mehr Einheitlichkeit, der Platz sollte sich wieder als Einheit zeigen.
Das »Mehr« führte über den Weg des »Weniger«: Die vorhandenen unterschiedlichen Niveaus und Oberflächen wurden reduziert, was dazu beiträgt,
dass die Kirche nun optisch wieder deutlicher in die Mitte des Platzes rückt.
Eine mit Granit-Kopfstein gepflasterte Fläche unterstreicht diese Intention.
Außerdem sollte mehr Grün in den Platz. Erreicht wurde dies durch die
Lindenallee, die nun um den Platz herum fortgeführt wird. Bodenscheinwerfer
und Stand-Lichtsäulen sorgen auch abends und nachts für zeitgemäße
Beleuchtung. // Christian Knechtl hatte mit seinem früheren Büropartner
Gregor Eichinger bereits 1997 den Hauptplatz in Wiener Neustadt und 2002
den Kirchenplatz in Herzogenburg gestaltet. *an*

106

LATITUDE
48°24'27"
LONGITUDE
16°00'59"

*LESS FOR MORE // Stetteldorf am
Wagram is a market town of about
1,000 inhabitants, a long history, and
two landmarks: the baroque parish
church and the Juliusburg Palace.
The new and artful redesign of the
church square was intended to give
the town the center it needed. // The
commission was given to Christian
Knechtl, who wanted to achieve one
thing above all else: more uniformity,
so the square could become a unified
space again. However, the idea of
"more" actually led to "less": the*

*existing differences in elevation and
surface materials were reduced,
which resulted in visually resituating
the church toward the center of
the square. Granite cobblestone
paving underscores this intention.
In addition, Knechtl called for the
square to have more greenery.
This was achieved by extending a
row of linden trees to wrap around
the square. Lights embedded in
the paving and freestanding
light columns provide modern
illumination in early evening and*

*night. // Together with his former
partner Gregor Eichinger, Christian
Knechtl also designed the main
square of Wiener Neustadt in 1997,
as well as the church square of
Herzogenburg in 2002.*

looped house
Großweikersdorf, Feldgasse 14

2001

HAUS ALS LANDSCHAFT // In der Geschichte der Architektur ist die Frage der Endlosschleife eine der großen intellektuellen räumlichen Herausforderungen. HOLODECK architects arbeiten mit der Idee der Schleife, des loops, als gleichermaßen praktisches wie konzeptuelles Werkzeug. // Die Annäherung an das Haus, die durch die lange Zufahrt betont wird, übersetzt die Bewegung des Pendelns der Bauherren, die zwischen der Arbeit in Wien und dem Leben in Großweikersdorf hin- und herfahren, in ein Aufnehmen dieser Distanz, die vom Öffentlichen in das Private überleitet. Die Topografie des geneigten Geländes wird als Gunst interpretiert und in einer differenzierten Raumkomposition mit halbge-schoßigen Versetzungen und bewusst gesetzten Blickbeziehungen in die Landschaft zum Ausdruck gebracht. Diese neue Interpretation des Atrium-Typus schafft auch innerhalb des Hauses subtile Abstufungen zwischen öffentlicheren, geselligeren und privateren, individuelleren Rückzugs-bereichen. Die Terrasse ist Richtung Süden und Westen orientiert und bietet einen geschützten Bereich, der das Gefühl eines Innenraums im Außenraum vermittelt. Auch das Pultdach des Low-cost-Hauses lässt sich begehen und nutzen. Das gesamte Gebäude folgt der Entfaltung der Schleife, aufgefasst als konsequente Linienführung des Raums, der dadurch selbst als Topografie einer Landschaft im Inneren erfahrbar wird. *ek*

107

LATITUDE
48° 28' 30"
LONGITUDE
15° 59' 09"

A HOUSE AS A LANDSCAPE // One of the biggest intellectual challenges in the history of architecture is the question of the infinite spatial loop. The HOLODECK architects team works with the idea of the loop as a tool that is both practical and conceptual. // The back and forth movement of the clients, who commute from their life in Groß-weikersdorf to jobs in Vienna, is inscribed in the approach to the house, emphasized by the long driveway as a distance spanning the public and the private spheres. The topography of the sloping terrain is interpreted as a benefit, and expressed in a differentiated spatial composition with half-level setbacks and strategically located visual connections to the landscape. This reinterpretation of the atrium house type also creates subtle gradations between areas within the house that are more public and social, and those that are more private, individualized zones of retreat. The patio is oriented towards the south and west, and provides a protected area that conveys a feeling of interior space outdoors. Even the shed roof of this low-cost house can be accessed and put to use. The entire building follows the unfolding of the loop, conceived as a consistent line of space which is itself thus ex-perienced as a topographic interior landscape within.

Heldenberg Museum
Klein-Wetzdorf, Wimpffen-Gasse 5

Peter Ebner, Franziska Ullmann

2005

TIEFENSCHICHT // Landesausstellungen sind oftmals Anlass, bestehende Strukturen in Niederösterreich zu revitalisieren. Heldenberg wurde 1848–1852 im Zeitalter der Restauration als Park angelegt, in dem inklusive Säulenhaus, Rondeau, Mausoleum und Alleen mit Siegessäule die Teilnehmer des Italienischen und Ungarischen Feldzuges, aber auch Habsburgische Kaiser mit Büsten geehrt wurden, bis hin zum Standbild von Franz Josef höchstselbst. Vor Ort zu besichtigen ist auch die letzte Ruhestätte von Feldmarschall Radetzky, der eine reaktionäre Politik vertrat und dessen militärische Erfolge die Loslösung Norditaliens und Ungarns letztlich nur auf Zeit hinauszögerten. // »Für diesen obskuren Garten toter Helden«, wie Roman Höllbacher – auf nextroom nachzulesen – schreibt, wurde ein Wettbewerb zur Errichtung eines Museums ausgeschrieben, bei dem das Duo Peter Ebner und Franziska Ullmann als Sieger hervorging. Um das historische Ensemble für sich stehen zu lassen, wurde der Neubau eingegraben – ein sehr schlüssiger Zugang, sich dem Hügel und seinem schweren Inhalt anzunähern. Nur das Eingangsgebäude, die Oberlichter und die Ausgangsöffnung ragen heraus. Unterirdisch entstanden Raumsequenzen, die durch Lichteinfall von oben, aber auch den Wechsel zwischen sich Öffnen und sich Verschließen charakterisiert sind. Das Kontinuum der Raumabfolge wird durch den Rundum-Einsatz weißer, glänzender Oberflächen verstärkt: von der Decke bis zum Boden. th

LATITUDE
48° 29' 43"
LONGITUDE
15° 56' 31"

DEEP LAYER // In Lower Austria, regional exhibitions are often used as an opportunity to revitalize existing buildings. Heldenberg was originally laid out as a park during the restoration period (1848–1852) to honor both the soldiers who fought the Italian and Hungarian wars and the Hapsburg emperors. It includes a pillared house, the Rondeau, a mausoleum, tree-lined avenues, the Victory Column, and busts of the emperors, as well as a statue of his Highness Franz Josef.

Also on view is the final resting place of the remains of Field Marshal Radetzky, a reactionary leader whose military achievements put off the secession of northern Italy and Hungary, though only temporarily. // Design partners Peter Ebner and Franziska Ullmann emerged as winners from the competition for the design of a new museum for, as Roman Höllbacher dubbed it, "this obscure garden of dead heroes" (cf. nextroom). In order to preserve the historical ensemble

intact, they situated the new building below grade – a very convincing approach to the hill and its somber contents. The only protrusions are the entrance, the skylights, and the exit. A subterranean sequence of spaces lit from above moves through it with alternating open and closed areas, reinforced throughout by the glossy white floors and ceilings.

Konzerthaus Weinviertel
Ziersdorf, Hornerstraße 7

2005

ART NOUVEAU // Aus einem Gasthof mit Ballsaal, 1910 nach Plänen von
Heinrich Blahosch errichtet, wurde nach einem Dornröschenschlaf und
einer Zwischennutzung als Lager knapp 100 Jahre später ein Konzerthaus.
Der Jugendbau mit secessionistischer Fassade beherbergte einen Festsaal,
für den die WienerInnen zu den weithin bekannten Bällen extra mit der
Kaiser-Franz-Josefs-Bahn anreisten. Die Wiederherstellung des vergoldeten
Stucks sowie der glatten Putzoberfläche im Innenraum durch einen Restau-
rator waren Teil der Revitalisierungsmaßnahmen des Badener Architekturbüros Lindner. // Im Auftrag der Gemeinde Ziersdorf, die das Haus 2001
kaufte und 2004 den Beschluss zum Umbau fasste, entstand die überaus
gelungene Erweiterung. Foyer mit Garderobe, Kassa, Café-Bar sowie das
Bühnenlager sind im kubischen, transparent gehaltenen Zubau untergebracht.
Weiters wurden zwei modern ausgestattete multifunktionale Seminarräume,
die zueinander über Durchblicke in Sichtbeziehung stehen, im Obergeschoß
integriert. // Der historische Saal, benannt nach dem Ziersdorfer Kontra-
bass-Solisten und Wiener Philharmoniker Ludwig Streicher, besitzt eine
Galerie. Zwei neue Stützen wurden aus Gründen der Statik elegant eingefügt.
Beim weitestgehend unsichtbaren Einbau der Haustechnik wurden sogar
alte Entlüftungsrohre reaktiviert. Die Möblierung erfolgte in Holz, das
Projekt gewann 2005 den Stadt- und Dorferneuerungspreis. *th*

109

LATITUDE
48°31'41"
LONGITUDE
15°55'34"

ART NOUVEAU // Originally a hotel with a ballroom designed by Heinrich Blahosch in 1910, after a long slumber and an interval as a warehouse, this building became a concert house almost a hundred years later. The Viennese once made special trips on the Kaiser-Franz-Josef railway to attend the widely popular balls held in this Jugendstil building with secessionist façades. The restoration work carried out by Lindner, an architectural firm from Baden, included expert restoration of the gilt ornamentation and the smooth plastering of the interior. // A thoroughly successful addition to the building came about after the town of Ziersdorf purchased the property in 2001, and decided to retrofit it in 2004. A public lobby with a cloakroom, box office, café bar, and backstage storage area are contained in the transparent annex. Two well-equipped multifunctional seminar rooms, linked visually to one another, are integrated on the upper level. // The historic hall, which also holds a gallery, is named after Ludwig Streicher, the concert bass player and member of the Vienna Philharmonic. Two new, elegantly designed columns were added for extra structural support. Along with the addition of new mechanical systems, which are mostly hidden, the old ventilation ducts were also reactivated. Furnished in wood, the project was awarded a prize for city and village renewal in 2005.

Jugendzentrum
Ziersdorf, Mitterfeldgasse 13

ah3 architekten

2001

PARTY IM KELLER // Das Jugendzentrum wurde auf den Mauern eines alten Presshauses gebaut, allerdings nicht nur von den beauftragten Baufirmen, sondern auch mit der tatkräftigen Unterstützung der neuen NutzerInnen. Der bestehende Baukörper wurde bis auf die halbe Höhe der Grundmauern abgebrochen, eine neue Geschoßdecke eingezogen und ein neues Dach aufgesetzt, wobei die Form des ehemaligen flachen Satteldachs wieder aufgegriffen wurde. Den Jugendlichen stehen nach der Umnutzung Aufenthaltsbereiche sowohl im Erdgeschoß als auch im Obergeschoß zur Verfügung; aber nicht nur das: Der alte Weinkeller mit seinem Tonnengewölbe wurde durch viel Eigenregie der Jugend zu einem Partyraum umgebaut. // Das Gebäude mit seinen 210 m² Nutzfläche diene eigentlich nur als »Hintergrund« der Jugendlichen-Aktivitäten, bestätigen ah3 architekten. // Während die Grundmauern mehr oder weniger erhalten blieben, wurden sämtliche Strukturen und Texturen neu gestaltet. Auch die Einschnitte in den Fassaden wurden neu gesetzt und sind mit Schiebeläden veränderbar. Offen oder geschlossen, sehen oder gesehen werden, je nach Belieben können die Jugendlichen auf die jeweilige Situation hin ihr Haus auch nach außen hin »gestalten«. *an*

LATITUDE
48° 31' 45"
LONGITUDE
15° 55' 29"

PARTY IN THE BASEMENT // The Youth Center was built on the walls of an old building that once housed a wine press. It wasn't built just by the contractors, but instead with the active participation of the new users as well. The foundation walls of the existing structure were cut down to half their height, a new floor slab was inserted, and a new roof placed above it, emulating the shallow profile of the old pitched roof. Since the retrofit, the young people have plenty of space to hang out available on the ground floor and the floor above. And there's more: on their own initiative, they transformed the old barrel-vaulted wine cellar into a party room. // According to ah3 architekten, the building, with 210 square meters of usable space, actually just serves as a "background" for youth activities. // While the foundation walls are more or less preserved, all of the layouts and textures were reshaped. Even the openings in the walls were redone and can be modified with sliding shutters. Open or closed, see or be seen, the young people can "design" their building on the outside as they see fit, depending on the particular situation.

Landeskindergarten
Ziersdorf, Joseph-Haydn-Straße 25

2006

EIN GARTEN FÜR KINDER // Eine »kompakte, unkomplizierte Bauform«,
wie ah3 architekten betonen, »die ganz auf kindliche Bedürfnisse hin
konzipiert ist«. Die Orientierung der Gartenfront liegt Richtung Südosten,
zur Straße im Nordwesten sind der Eingangsbereich, Verwaltungs- und
Bewegungsräume untergebracht. Durch die flexiblen Wände des Bewegungsraums ist diese Zone individuell vergrößerbar, etwa für Elternabende oder
Feiern. Auch auf die Lichtführung wurde großer Wert gelegt: »Durchblicke
und Bezugnahmen durch verglaste Garderoben gewährleisten beste
Lichtverhältnisse im Foyerbereich. Stirnseitige Ganzverglasungen in östlicher
und westlicher Richtung erlauben zusätzliche Ausblicke.« Das Höhenspiel
im Gruppenbereich mit einem niedrigeren 2,40 m-Teil und einem hohen
4,20 m-Galeriebereich erlaubt ein besonderes Raumerlebnis. Praktisch ist
die Kastenwand zwischen den Garderoben und dem Gruppenbereich, sie
dient als Staufläche für Spielzeug. Herumstehende, störende Schränke
konnten so vermieden werden. Am spannendsten aber ist wohl die Fassade
zum Garten mit ihren vielen, unterschiedlichen Öffnungen, geschützt durch
ein Vordach. Horizontal und vertikal liegende Fenster bzw. quadratische
lösen sich in einem aufgelockerten, rhythmischen Spiel ab. Aber das ist nicht
alles, diese Kindertagesstätte war der erste Passivhaus-Kindergarten Österreichs, gefördert vom Bund in der Programmlinie »Haus der Zukunft«. *an*

111

LATITUDE
48° 31' 50"
LONGITUDE
15° 55' 40"

A GARDEN FOR CHILDREN // A "compact, uncomplicated building design," emphasize ah3 architekten, "entirely based on fulfilling the needs of children." The garden façade is oriented to the southeast, while the lobby, administration, and play areas are housed along the street to the northwest. Flexible partitions around the play area enable the zone to be enlarged for special occasions, such as parent nights or celebrations. The design also places great importance on lighting: "The excellent lighting conditions in the lobby area ensure views and spatial references through the glazed wardrobes. Floor-to-ceiling windows facing east and west along the front provide additional views of the outdoors." The vertical interplay in the classroom area, with a lower 2.4-meter area and a high 4.2-meter gallery zone, makes for a special experience of space. The wall of shelving between the wardrobes and the classroom area is very practical, serving as a storage space for toys and preventing the need for cupboards that stand around and get in the way. Perhaps the most exciting feature, however, is the wall overlooking the garden, with its many different openings protected by a canopy. Its horizontal, vertical, and square windows alternate in a relaxed, rhythmic interplay. But that's not all: this nursery school became Austria's first passive energy building for a kinder-garten, supported by the Federal Government's "Building the Future" program.

FLAG

Fahndorf, Nr. 63

2010

UNABHÄNGIG SYMBIOTISCH // Die Häuser, die ArchitektInnen für sich selbst entwerfen, spielen in der Geschichte der Architektur die Rolle der Kür wie des Experiments. // FLAG von Carmen Wiederin und Philipp Tschofen von propeller z nimmt in der Geschichte dieses spezifischen Haustyps eine besondere Stellung ein, da ein bestehendes, äußerst baufälliges Gehöft in seiner Rauheit belassen und neben dieses ergänzend ein zeitgenössisches Haus aus Aluminium und Glas platziert wurde. Das Gehöft, in Materialität und Form ein Beispiel für regionales ländliches Bauen, wurde nicht verändert und nur einem geringfügigen Sanierungsprozess unterzogen. Um einen Innenhof sind Wohngebäude auf der einen, Scheune und Stall auf der anderen Seite gruppiert, verbunden durch eine gedeckte Durchfahrt. Die Scheune ist bis zur Traufe eingegraben. Das neue Gebäude, in dem sich Küche und Nassräume befinden, bildet einen dezidierten Gegensatz zum geduckten und verschlossenen Bestand. Das in einem Tag aus vorgefertigten Elementen – unbehandelten Aluminiumplatten – errichtete Haus öffnet sich großzügig nach außen. Maßstab und Geometrie folgen der traditionellen Lokalarchitektur, Materialität und Formgebung setzen sich von dieser ab. // Im ergänzenden Miteinander der beiden Häuser stellen Wiederin und Tschofen unter Beweis, dass Bestehendes mit seinen distinkten Qualitäten nicht aufwändig durch Sanierung zerstört werden sollte, sondern intelligente und eigenständige Erweiterungen erfahren kann. *ek*

112

LATITUDE
48° 32′ 58″
LONGITUDE
15° 57′ 47″

INDEPENDENTLY SYMBIOTIC // In the history of architecture, the houses that architects design for themselves provide an opportunity for free experimentation. // FLAG, by Carmen Wiederin and Philipp Tschofen of propeller z, has a special place in the history of this specific type of house. In it, an extremely dilapidated old farmhouse was left in its raw state, and a contemporary aluminum and glass house was placed next to it. The farmhouse, whose materiality and form is an example of regional rural construction, was kept intact and underwent only a modest renovation. Residential buildings are grouped on one side of a courtyard, with a barn and stable on the other, joined together by a covered driveway. The old barn is buried up to its eaves. The new structure contains the kitchen and bath and forms a strong contrast to the lower, introverted existing building. Constructed in a single day by using prefab elements – untreated aluminum panels – the new house opens outward expansively. Its scale and geometry follow the traditional vernacular, which is contrasted by the materials and design ideas. // In the complementary coexistence of the two houses, Wiederin and Tschofen show that existing construction and its distinct qualities do not have to be destroyed completely by a renovation, but can accommodate intelligent and independent additions.

Anonym

Ehemalige Getreidemühle
Ravelsbach, Gaindorf 107

1930er

SOUND & SILO // Der Bahnanschluss war eine relevante Voraussetzung für den wirtschaftlichen Erfolg einer Mühle in der ersten Hälfte des 20. Jhdt. Der heutige Besitzer freut sich über die gute Anbindung, die eine bequeme Anreise von Wien mit den öffentlichen Verkehrsmitteln ermöglicht. Als Bernhard Leitner 1987 eine Professur für Medienübergreifende Kunst an der Hochschule für angewandte Kunst in Wien annahm, begann er, sich nach einem großräumigen Atelier für seine TonRaumSkulpturen umzusehen. Quasi im Gegenzug zum Verkauf seines großzügigen Lofts in New York, wo er bis 1971 im Stadtplanungsamt als Urban Designer gewirkt und bis 1982 an der New York University unterrichtet hatte, kaufte er 1993 die ehemalige Lagerhaus-Mühle. // Zur elektrischen Getreidemühle mit eigener Trafostation gehört auch ein Getreidesilo aus den 1950er Jahren. Der Holzsilo aus der ursprünglichen Errichtungszeit im Inneren des Gebäudes ist ein Unikum. Das bestehende Gebäude samt angeschlossenem Wohnhaus adaptierte der Künstler für seine Zwecke. 2.000 m² kann er nun als Atelier nutzen. Um die alten Räume besser erschließbar zu machen, hat er ein doppelläufiges Stiegenhaus eingebaut. Die außergewöhnliche Raumhöhe kommt seiner Arbeit entgegen. »Ich habe eine ideale Arbeitsstätte – einen Industriebau, kein Schloss.« // In die Ravelsbacher Gemeinschaft hat sich Bernhard Leitner mit dem Entwurf einer Säulenhalle als überdachte Nutzung des Innenhofs für das Pfarrzentrum eingebracht. *th*

SOUND & SILO // Railway access was a significant parameter necessary for the economic success of a mill in the first half of the 20th century. The current owner is also happy about the good train connection, which makes it possible to comfortably travel to and from Vienna using public transportation. When Bernhard Leitner became a professor of Media Design at the University of Applied Arts in Vienna in 1987, he started to look around for a studio space large enough to accommodate his SoundSpaceSculptures. In what was quasi a countermove to the sale of his sizeable New York City loft, where he worked as an urban designer for the City Planning Department until 1971 and taught at the New York University until 1982, he bought this former warehouse and mill in 1993. // A grain silo from the 1950s is also part of the flourmill, which has its own transformer station. The wooden silo inside the building dates back to the original period of construction and is truly one-of-a-kind. The artist has adapted the existing building and adjoining residence to suit his own needs. He now uses 2,000 square meters as an art studio and has made the old rooms more accessible by installing a double stairwell. The unusually high rooms benefit his work. "I have an ideal work space – an industrial building, not a castle," he states. // Bernhard Leitner is active in the Ravelsbach community and designed a portico as a way to provide covered space in the interior courtyard of the church center.

Guntersdorf

•J

Großnondorf
•I

Wullersdorf
Mittergrabern •K
•H

•G

E
B• •F Hollabrunn
D• •C
A•

Großweikersdorf

Weinviertler Schnellstraße

1975

TRIANGEL // Der »Hollabrunner Knoten« steht für eine innovative technische Lösung im Hallenbau. Erstmalig an diesem Ort angewandt, basiert das System »Conzem«, entwickelt vom Team Zemler-Frantl-Hofstätter auf Basis von Knotenpunkten. In diese Stahlguss-Hohlkörper werden jeweils sechs Rohre gesteckt, gequetscht und mit einem Beton-verschluss fixiert. // Auf einem sechseckigen Grundriss errichtet, funktioniert die flache Kuppel innerstützenfrei durch M-förmige Stahl-beton-Widerlager an den jeweiligen Winkeln. Spannbetonriegel unter der Fußbodenkonstruktion nehmen die Horizontalkräfte auf. Rammpfähle in Ortbeton wurden in tief liegenden Schotterschichten verankert und leiten die Vertikalkräfte ab. Die Tragwirkung wurde – überaus progressiv in dieser Zeit – auf einer elektronischen Großrechneranlage mit einem numerischen Verfahren (»Methode der finiten Elemente«) nachgewiesen. // Das Dach setzt sich aus dreieckigen Aluminiumpaneelen zusammen, der Raster beträgt ca. 5 m. Mit 13 m Höhe und einer Fläche von 2.750 m² stellt die multifunktionale Sporthalle, die auch für Messen und Volksfeste genutzt wird und über eine ausziehbare Tribüne sowie ein Buffet verfügt, ein beachtliches Volumen dar. Ein Garderobentrakt ist angedockt. Heinrich Rockh würdigt in einem Artikel vom 12. 9. 1975 in der »Presse« das Bauwerk, das innerhalb von fünf Wochen errichtet wurde. Die politische Entscheidung für eine Sport-halle und gegen ein wartungsintensives Hallenbad hat man nicht bereut. *th*

116

LATITUDE
48° 33' 28"
LONGITUDE
16° 04' 25"

TRIANGLE // The "Hollabrunn Knot" is an innovative technical approach to hall construction. Used for the first time at this site, the Conzem system, developed by the Zemler-Frantl-Hofstätter team, functions using a connection point principle. Six pipes are inserted in a hollow cast steel casing, compressed, and fixated with a concrete fastener. // Erected on a hexagonal footprint, the shallow dome fully dispenses with interior supports by using M-shaped abutments at each corner. Prestressed concrete beams beneath the floor frame absorb horizontal pressure, while in-situ concrete foundation piles were anchored in layers of gravel deep underground to diffuse vertical stress. The load carrying action was calculated electronically on a large-capacity mainframe system using a numerical principle called the finite element method – something very progressive for the time. // The roof is made up of triangular aluminum panels in an approximately five-meter-wide pattern. Thirteen meters high and with an area of 2,750 square meters, the multipurpose sports hall has a substantial volume. Also used for expositions and fairs, it is equipped with an extendable tribune and a buffet area. A coatroom area is docked alongside. In an article in the Presse daily newspaper on Sept. 12, 1975, Heinrich Rockh praises the structure, which was built in only five weeks. The political decision to erect a sports hall instead of a high-maintenance indoor swimming pool has met with no regrets.

Helmut Leierer, Karl Bachheimer

Stadtsaal
Hollabrunn, Josef-Weisleinstraße 11

1972

IM FESTGEWAND // Die auffällige geometrische Ornamentik macht
die Fassade des Veranstaltungshauses zum Blickfang. Heribert Potuznik
(1910–1984), Künstler aus Großnondorf (Bezirk Hollabrunn) und Freund von
Helmut Leierer, schuf 1972 das 450 m² große Sgraffito, das zwischenzeitlich
unter Denkmalschutz steht. // Der Stadtsaal ist außerhalb des Stadtkerns
situiert. Die Architekten legten mit ihrer Gestaltung die Basis dafür,
dass die Location bis heute gerne gebucht wird. Der Hauptsaal, mit blauem
Spannteppich und Eichenparkett ausgestattet, erhielt eine umlaufende
Holzverkleidung. Dafür wurde ein heute besonders edles, da seltenes
Material gewählt: das tropischen Exotenholz Wenge. 750 Sitzplätze können
bei Konzerten untergebracht werden. Um eine gute Akustik zu erzielen,
wurde die Decke kristallin gefaltet. Von der weißen Gipsplattenkonstruktion
hängen Leuchten wie Stalaktiten herab: von Leierer eigens entworfen.
Auf gleicher Ebene wie die Galerie liegt nordseitig das Büro der Verwaltung
mit 120 m² im ersten Stock. // Zu den umliegenden Gebäuden – Internat
der Landesberufsschule und Sporthalle –, die ebenfalls von Helmut Leierer
geplant wurden, gibt es direkte Zugänge. 2010 erfolgte ein südseitiger
Zubau von Ernst Maurer. Ein neues Foyer und ein kleiner Saal wurden
integriert, dabei kam viel Glas zum Einsatz. *th*

LATITUDE
48° 33' 29"
LONGITUDE
16° 04' 19"

IN GALA DRESS // The striking geometry of the ornamentation makes the façade of this events hall quite an eye catcher. The 450-square-meter sgraffito, now under landmark protection, was designed in 1972 by Heribert Potuznik (1910–1984), an artist from Großnondorf (in the Hollabrunn district) and a friend of Helmut Leierer. // The town hall is situated a bit outside the city center. The quality of the architects' design has insured that the place remains a popular venue to this very day. The floor of the main hall is covered in blue carpeting and oak parquet, and the walls were continuously paneled with an exotic and rarely used material: tropical wenge wood. The hall can seat a concert audience of 750. The ceiling is folded into crystalline forms in order to insure excellent acoustics. The lights that hang down like stalactites from the white plasterboard structure were also custom-designed by Leierer. A 120-square-meter administrative office is located on the north side of the first upper floor, on the same level as the gallery. // The building has direct access to the nearby buildings of the regional vocational school and the sports center, also designed by Helmut Leierer. In 2010, Ernst Maurer designed the addition on the south side, which integrates a new lobby and small performance hall and uses large amounts of glass.

Wohnen Morgen

Ottokar Uhl, Joseph P. Weber

Hollabrunn, Bachpromenade, Weidenallee

1976

INDIVIDUALISIERTE STANDARDISIERUNG // 1971 gewannen Ottokar Uhl und Joseph P. Weber den programmatischen Wettbewerb »Wohnen Morgen«. Die Gemeinde Hollabrunn sah damals Wachstum voraus, 300 neue Wohnungen sollten entstehen, von denen zunächst 70 realisiert wurden. // Die aus drei Baukörpern bestehende dreigeschoßige Wohnhausanlage ist eines der herausragenden österreichischen wie internationalen Fallbeispiele für Wohnbau mit Partizipation der 1970er Jahre, das von einer interdisziplinären Forschung begleitet wurde. Uhl hatte bei der Salzburger Sommerakademie die Methode der 1964 initiierten Stichting Architecten Research (Stiftung Architekten Recherche) S.A.R. kennen gelernt. Diese beruhte auf dem System von Raster und Modul, in diesem Fall einem Bandraster aus Leca-Beton-Modulen, denen das Dezimalsystem zugrunde lag. In Uhls Ansatz der Partizipation wird die Technologie, die Vorfertigung und Standardisierung des industrialisierten Bauens, mit veränderten gesellschaftlichen Vorstellungen der Demokratie und der Teilhabe verbunden. Die NutzerInnen waren eingeladen, sich an der Entwicklung zu beteiligen, sie konnten Fenster- und Wandelemente für die Fassaden aus einem Katalog auswählen. Ungefähr die Hälfte der BewohnerInnen nahm an dem Prozess teil. Der Wachstumsschub in Hollabrunn blieb aus, nur 40 weitere Wohnungen wurden ab 1987 gebaut. Heute stellt sich die Frage der Sanierung, die diesem experimentellen Exempel im Wohnbau gerecht wird. *ek*

LATITUDE
48° 33' 32"
LONGITUDE
16° 04' 34"

INDIVIDUALIZED STANDARDIZATION // Ottokar Uhl and Joseph P. Weber won the "Wohnen Morgen" (Housing of Tomorrow) competition in 1971, when the town of Hollabrunn anticipated growth and decided to plan for 300 new homes, 70 of which were built at the outset. // In Austria as well as internationally, the residential complex of three buildings, each three stories high, is one of the outstanding examples of participatory housing of the 1970s that was supported by the inter-disciplinary research of the time. Uhl had become familiar with the methods of the Stichting Architecten Research (Foundation for Architects' Research) or SAR, launched in 1964, at the Salzburg Summer Academy. The method is based on the system of the grid and the module, in this case a strip grid made of Leca (light expanded clay aggregate) and concrete modules designed using the decimal system. In Uhl's approach to participation, technology, prefabrication, and standardization of industrialized construction is coupled with new social conceptions of democracy and participation. The users were invited to participate in the design; a catalog enabled them to select window and wall elements for the façade. About half of the residents took part in this process. The growth spurt in Hollabrunn never came, however, and only 40 more homes were built after 1987. The main question today is how to properly restore this example of experimental housing.

Erweiterung HTBL
Hollabrunn, Dechant-Pfeifer-Straße 1

2007

ALT NEBEN NEU // Der sozio-kulturelle Wandel stellt auch immer neue Herausforderungen an Schulen, die schnell an ihre baulichen Grenzen gelangen. So auch der Bestand des Technischen Bildungszentrums Hollabrunn, wo Fachrichtungen wie Elektronik, Elektrotechnik, Maschinenbau oder Wirtschaftsingenieurwesen gelehrt werden. Die PlanerInnen sind dabei immer wieder mit der Frage, wie Lernlandschaften architektonisch sinnvoll umgesetzt werden können, beschäftigt. Im konkreten Fall kam noch die Integration des neuen Teils in den Bestand hinzu. // Die Strategie von ah3 architekten sah vor, den Erweiterungstrakt als sichtbare Fortsetzung des bestehenden Gebäudeensembles zu setzen: »Als vom Ort wahrnehmbares Zeichen erfährt die Schule – nun an die Straße gerückt – durch den dreigeschoßigen schwebenden Klassentrakt eine neue Identität. Dieser erhebt sich über den Garten und bildet einen geschützten Freibereich für die SchülerInnen des neuen Schultraktes aus. Ein Lift ermöglicht die behindertengerechte Nutzung aller neuen Unterrichts- und Freiflächen.« Der Trakt ist das Rückgrat der Schule und entwickelt mit dem Zugang von der Bushaltestelle oder dem Park-and-Ride-Platz eine konsequente Raumfolge: vom Innenhof über Foyer, Treppenkörper, über eine überdachte Zone bis hin zum westlichen Haupteingang. Besonders großzügig ist der Innenhof gestaltet mit einer markanten Asphaltierung und den Sitzbänken, die von den SchülerInnen auch gerne angenommen wurden. *an*

LATITUDE
48°33'35"
LONGITUDE
16°04'10"

THE OLD WITH THE NEW // Socio-cultural changes always present schools with new challenges, rapidly pushing their facilities to the limit. This is exactly the case with the existing building of the Technical Education Center in Hollabrunn, which offers courses in electronics as well as electrical, mechanical, and industrial engineering. Designers are always concerned with the question of how to give learning environments meaningful architectural form. In this particular instance, there was also a need to integrate a new addition. // The strategy employed by ah3 architekten for the new wing was to create a visible continuation of the existing ensemble: "The school – now fronting the street – takes on a new identity as a symbol recognizable from the town. It rises above the gardens and forms a protected open space for the students attending school in the new wing. An elevator provides barrier-free access to all of the new classrooms and open spaces." The new addition functions as the new spine of the school complex, ordering a clear sequence of spaces from the bus station or the park-and-ride area, through the courtyard to the lobby and stairwells, followed by covered spaces to the main entrance to the west. The courtyard is generously proportioned and accented by distinctive paving and benches that are eagerly welcomed by the students.

Wohnhausanlage
Hollabrunn, Castelligasse 12–14

Helmut Leierer

1982

FORMATION // Beim Wettbewerb zur Gartenstadt Hollabrunn, bei dem Ottokar Uhl als Sieger hervorging, nahm u. a. auch Helmut Leierer teil. Der Bauträger alpenland beschloss, Leierers Projekt an einem anderen Standort zu realisieren. Namensgeber für die zu diesem Zweck gewählte Gasse war der Biedermeier-Dichter Ignaz Franz Castelli, der nach den napoleonischen Kriegen im Bezirk die Kriegsschäden aufnahm. Der Schriftsteller war im Dienst des Landes Niederösterreich als Landschaftssekretär tätig. Seine »Gedichte in niederösterreichischer Mundart« erschienen 1828 in Wien. // Weitaus prosaischer ist da die Großform der viergeschoßigen Wohnhausanlage. In zwei Bauabschnitten entstanden sechs Einheiten, die einander gegenüber liegen. Die beiden äußersten Blöcke, im Norden zur Straße hin gelegen, wurden nach hinten versetzt. Das oberste Geschoß wurde mit Eternit verkleidet und ist dunkel gehalten, um die Höhe zu mildern. Die Wohnungen sind in Dimensionen zwischen 43 bis 89 m² gehalten und wurden im Erdgeschoß mit kleinem Garten sowie in den oberen Stockwerken mit Terrasse ausgestattet. // Die Stiegenhäuser sind außen angedockt und schaffen so eine Zonierung der zentralen Erschließungsachse. Besonders lebendig gestalten sich die Rückseiten der Wohnhäuser. Loggien generieren abwechslungsreich eine plastische Fassade. *th*

LATITUDE
48° 34' 01"
LONGITUDE
16° 04' 33"

FORMATION // Helmut Leierer also took part in the competition for the Hollabrunn Garden City, won by architect Ottokar Uhl. Alpenland, the developer, later decided to use Leierer's competition scheme for this building site. The street the project is on is named after Ignaz Franz Castelli, the Biedermeier poet who recorded the damages inflicted on the area by the Napoleonic Wars. The author also served as a secretary of landscape for the province of Lower Austria. His book of "Poems in the Lower Austrian Dialect" (Gedichte in niederösterreichischer Mundart) was published in Vienna in 1828. // Far more prosaic is the massing of the four-story apartment project. The six units, standing across from each other, were built in two phases of construction. The two outermost blocks on the north side were set back from the street. The top floor was clad in Eternit panels in a dark color, in order to tone down the building's height. The apartments range in size from 43 to 89 square meters; units on the ground floor have a small garden, while upper level units feature balconies. // The stairwells are set on the outside, thus zoning the central circulation axis. The back of the buildings is especially lively, with loggias creating a varied and sculptural effect along the façade.

Ernst Maurer

Landeskindergarten
Hollabrunn, Robert-Löffler-Straße 7

LEHRREICHES RAUMERLEBNIS // Ein Kindergarten für sechs Gruppen,
so lautete die Bauaufgabe. Ernst Maurer entschied sich für drei zueinander
versetzte Baukörper, die jeweils mit zwei Gruppen- und Bewegungsräumen
bzw. Neben- und Personalräumen genug Platz für zwei Gruppen aufweisen.
Die dazwischen liegenden Atrien belichten die Erschließungszonen mit den
Garderoben. // Alles sehr geordnet und räumlich äußerst übersichtlich,
oder wie es das Büro Ernst Maurer formuliert: »Diese klare räumliche
Gestalt bietet dem Kind einen fassbaren architektonischen Hintergrund.
Trotz der hohen Anzahl der Gruppen wird es auch kleineren Kindern bereits
nach kurzer Zeit leicht fallen, ›ihren Gruppenraum‹ räumlich zu definieren.«
Doch das ist nicht alles an Komfort für die Kleinen. Der Bezug zum Garten
bestimmt essenziell das Konzept. Die drei Körper sind mit den Gruppen-
räumen, alle mit Galerie zusätzlich aufgewertet, nach Süden orientiert, die
ihnen vorgelagerten Holzterrassen bieten mit fixen Vordächern als Sonnen-
und Regenschutz einen geschützten Übergang in den großen Garten, der
im Westen mit dem Baumbestand eine Art Natur-Abenteuer-Spielplatz ist.
Besonderen Wert legte man bei der Planung auf eine große Küche, die
auch aktiv von den Kindern zum Backen oder Kochen genutzt wird.
Ausgeführt wurde der Bau in nur sechs Monaten in Holz. *an*

LATITUDE
48° 33′ 52″
LONGITUDE
16° 05′ 22″

EDUCATIONAL SPATIAL ADVENTURE // The program called for a kindergarten for six classes. Ernst Maurer decided to stagger three volumes that each contained enough space for two classes, with two classrooms and exercise rooms, along with rooms for utilities and personnel. The atria between them illuminate the circulation spaces and coatrooms. // Everything is very well organized and spatially coherent, or, as the office of Ernst Maurer puts it:

"This clear spatial order offers the child a tangible architectural background. Despite the high number of classes, it will be easy for even small children to define the space of 'their own classroom' after a short time." But that's not all when it comes to comfort for the little ones. A connection to the garden essentially determined the design concept. All three classroom volumes are supplemented with galleries and oriented to the south, fronted by wood decks that offer a protected

transition to the large garden, with fixed canopies shielding them from the sun and rain. The western part of the sizeable garden with its big, old trees becomes a kind of natural adventure playground. Particular attention was given to the design of a large kitchen, where the children can actively engage in baking and cooking. The timber building was fully completed in just six months.

2010

ARBEITEN IM KORNFELD // Die Gewerbezonen der Gemeinden sind oft trostlos: Lagerhallen, Einkaufsmärkte oder Betriebe, etwas ratlos auf die grüne Wiese gestellt. Ein raumplanerisches Problem allemal, aber auch ein architektonisches, denn die wenigsten sind durchdacht gestaltet oder mehr als eine Konglomerat von Zufälligkeiten. Wohltuend, wenn sich ein Betriebsgebäude aus diesem tristen Alltag hervortut wie jenes, das von ArchitekturConsult geplant wurde. Das Büro ist das Nachfolge-Studio des legendären Architekten Günther Domenig, der einige spektakuläre Gebäude wie das T-Mobile-Haus in Wien als architektonisches Erbe hinterließ. Das Büro ArchitekturConsult, das heute von Hermann Eisenköck, Herfried Peyker, Christian Halm, Thomas Schwed und Peter Zinganel geführt wird, versteht sich als moderner Architekturdienstleister mit dem Ziel, »Wirtschaftlichkeit und Nachhaltigkeit mit hohem baukünstlerischem Anspruch in Einklang zu bringen«. Mit diesem Bau in Hollabrunn entschieden sie sich für ein lang gestrecktes Gebäude, das nicht die Landschaft dominiert. Ein geschlossen wirkendes Sockelgeschoß, das eine rundum laufende Fensterfassade trägt und von einem weit auskragenden Flachdach abgeschlossen wird. Sicherlich mehr als bloße Zweckarchitektur. *an*

122

LATITUDE
48° 34' 34"
LONGITUDE
16° 04' 26"

WORKING IN THE GRAINFIELD // Village business districts are often bleak: warehouses, superstores, and company buildings scattered haphazardly on an expanse of green. A land-use planning dilemma for sure, and an architectural one, since only in rare cases are these zones well planned and designed, or even more than a conglomeration of coincidences. It is a sight for sore eyes when one of these commercial buildings sets itself apart from the dreary mass, like this one designed by ArchitekturConsult. The office is a follow-up to those made by legendary architect Günther Domenig, whose architectural legacy includes several spectacular buildings such as the T-Mobile headquarters in Vienna. ArchitekturConsult is run today by Hermann Eisenköck, Herfried Peyker, Christian Halm, Thomas Schwed, and Peter Zinganel, defining itself as a "modern architectural agency with the goal of uniting cost effectiveness, sustainability, and high architectural standards in harmony". For this building in Hollabrunn, the designers chose an elongated structure that sits modestly in the landscape. The bottom floor seems closed off, bearing a façade ensconced by a continuous window band and topped off by a broadly projecting flat roof. Clearly more than just functional architecture.

1999

OBJEKTE IM DIALOG // Die Gestaltung des öffentlichen Raums zählt zu
den verantwortungsvollsten Aufgaben der öffentlichen Hand, da von dieser
Vorbildwirkung für die Fragen von Architektur und Kunst in der Gestaltung
und die Dimensionen des Öffentlichen gleichzeitig ausgehen. // Die schlichte
Bauaufgabe eines Wartehäuschens für den Autobus definierte Architektin
Brigitte Löcker als Potenzial für eine skulpturale Lösung, die das Ästhetische
in den Vordergrund rückt, dabei jedoch die Funktion des Sozialen nicht außer
Acht lässt. Für den gepflasterten Platz entwarf sie zwei Objekte im Dialog:
den Brunnen und die Wartebox. Transparenz und Geometrie kennzeichnen
die beiden Objekte in ihren formalen Qualitäten. Die Materialien Glas, zum
Teil grün respektive blau eingefärbt, Sichtbeton, gebeiztes Niro und Wasser
setzen sich ebenso wohltuend wie unaufdringlich von der heterogenen
Bebauung ab. Löcker beschreibt ihre Arbeit folgendermaßen: »Rahmen und
analoge Flächen, Boden und Deckel, bilden zwei Raumwinkel, die zueinander
versetzt und verdreht sind.” Die ästhetischen Dimensionen der Wahrnehmung,
Sehen, Hören, Taktilität, werden durch die Effekte der bunten Schatten
und der verschiedenen Spiegelungen, das Geräusch des Wassers und die
Kontraste in den Oberflächen der eingesetzten Materialien geschärft.
Die Platzgestaltung in Mittergrabern ist eines der vielen Beispiele für die
Ergebnisse und Effekte des Förderprogramms Kunst im öffentlichen Raum
der niederösterreichischen Kulturabteilung. *ek*

124

LATITUDE
48° 37′ 03″
LONGITUDE
16° 01′ 00″

*OBJECTS IN DIALOGUE // The
design of public space is among the
most important responsibilities of the
public sector, as it becomes a role
model from which the design and
scale issues of architecture and art
simultaneously emerge. // Architect
Brigitte Löcker defined the simple
task of building a bus stop shelter
as a potentially sculptural form that
puts aesthetics in the foreground,
yet by no means loses sight of its
social function. She designed two
objects that enter a dialogue on the
cobblestone square: the fountain and
the bus shelter. The paired objects
have distinctly transparent and
geometric formal qualities. The
materials – green and blue-tinted
glass, finish concrete, stainless
steel, and water – stand out from
the heterogeneous context in an
unobtrusive and pleasant manner.
Löcker describes her work as
follows: "Framed and corresponding
surfaces, base and top, form two
spatial angles that are shifted and
rotated." The aesthetic dimensions
of perception – seeing, hearing, and
touch – are sharpened through the
effects of the colorful shadows and
various reflections, the sound of
water, and the contrasting materials
of the surfaces. The design of the
square in Mittergrabern is one
of many effective and successful
examples of the public art program
of the Lower Austrian Department
of Culture.*

2007

NEUE MITTE // Architektur ist identitätsbildend, besonders wenn die
BewohnerInnen und NutzerInnen selbst Hand anlegen, um ein Projekt zu
realisieren, wie es in Großnondorf der Fall war. Die Mitte des Ortes war
verfallen, der Pfarrhof stark sanierungsbedürftig. Freundlicherweise stellte
die Erzdiözese diesen bislang ungenutzten Hof und auch das daneben
liegende Grundstück zur Verfügung, auf dem die Feuerwehr einen Neubau
erhielt. Veit Aschenbrenner Architekten ließen sich bei der Realisierung
auf ein Experiment ein, denn die Errichtung und Sanierung wurde größten-
teils in Eigenregie der DorfbewohnerInnen geleistet. Aber diese Art der
Partizipation macht sich bezahlt, denn sie fördert die Identifikation mit dem
Ort. // Einfache und klare Baukörper definieren das zentrale Ensemble
bestehend aus neuer Feuerwehrhalle, Aufbahrungsraum und gedecktem
Freibereich. Da die Ausführung im Detail denen oblag, die es tatsächlich
bauen sollten, kam es dabei sehr auf das handwerkliche Können der
Einzelnen an. Der neuen Feuerwehrhalle gegenüber der Kirche wurde – so
Susanne Veit und Oliver Aschenbrenner – »eine Raumschicht bestehend aus
gedecktem Freibereich, der Dorfloggia und dem hohen Aufbahrungsraum
vorgelagert«. Um die zwei Nutzungen (die sakrale und die der Feuerwehr)
zu koordinieren, fahren die Fahrzeuge der Löschkräfte nur seitlich ab und
zu, womit der Kirchplatz vom Einsatzverkehr nicht gestört wird. *an*

125

LATITUDE
48° 38' 50''
LONGITUDE
16° 02' 39''

NEW CENTER // Architecture can create identity, especially when the residents and users themselves lend a hand to make a project happen, as was the case in Großnondorf. The center of the village was dilapidated, and the vicarage was badly in need of renovation. The archdiocese kindly made it available, along with an adjacent property that was used to build a new fire department building. Veit Aschenbrenner Architekten agreed to undertake the experiment of having most construction and renovation work be done by the village inhabitants themselves. This type of participation really pays off, since it encourages true identification with the space. // The building structures of the central ensemble, made up of the new fire department, the funeral home, and a covered outdoor area, are clear and simple. Since the details of construction were left up to those who actually built it, the project was highly dependent upon the handcrafting skills of the individuals involved. The new fire department across from the church was "situated behind a space consisting of a covered outdoor area, the village loggia, and the high-ceilinged funeral home." In order to coordinate the dual usages (funeral home and fire department), emergency vehicles enter and exit only from the side, thus leaving the church square undisturbed by emergency vehicle traffic.

Theater Westliches Weinviertel (tww)
Guntersdorf, Bahnstraße 201

2008

KENNWORT HOLZ // Weiße Schrift, um 180° gedreht, macht neugierig: tww steht für eine engagierte Bühne, die Traditionen innovativ interpretiert. Der Theaterverein, der seit 1984 den alten Bauernhof bespielt, brachte sich beim notwendig gewordenen Umbau aktiv ein und deponierte bei den Architekten: Der Raum sollte eine Kommunikation mit dem Publikum möglich machen, noch bevor das Stück beginnt. Wer vom Entrée – ein rotes Vordach als aufgefaltete Holzkonstruktion mit Signalwirkung – zum Aufführungsraum geht, legt 70 m zurück. Eine Distanz, die typisch ist für den Streckhof, eine klassische Bauform des Weinviertels, und charakteristisch für die Straßendörfer der grenznahen Region. Dabei passiert man nicht nur Kassa und Bar, sondern erhält auch gezielt gestaltete Einblicke in die Arbeit hinter den Kulissen. // Gespielt wird zum einen in einem ehemaligen Holzstadl mit 100 Sitzplätzen, besonders beliebt sind jene auf der Galerie. Die Bühne befindet sich an der Längsseite. Zum anderen gibt es ein modernes Studio mit 49 Sitzplätzen. Bei der Erweiterung wurden für GastregisseurInnen ein kleiner Wohnbereich, aber auch Künstlergarderoben, Fundus und Technikbereich untergebracht. Das Projekt gewann den Niederösterreichischen Holzbaupreis 2008, die Architekten erhielten 2012 mit diesem Bauwerk den Kulturpreis des Landes Niederösterreich (Anerkennung). *th*

126

LATITUDE
48° 38' 46"
LONGITUDE
16° 02' 49"

KEYWORD: WOOD // The white lettering rotated 180 degrees provokes a bit of curiosity: "tww" stands for a lively theater that innovatively interprets tradition. When renovations became necessary, the theater group that had been performing at the old farmstead since 1984 took an active part and stipulated that the architects must insure that communication with the audience happens even before the plays begin. The path from the entrance to the performance space – a red wooden canopy that unfolds emblematically – extends 70 meters back, a distance typical of the Weinviertel farmyard type and also characteristic of the linear villages of this border region. The path not only leads past the box office and the bar, but also gives visitors specially orchestrated glimpses of the goings-on behind the scenes. // The plays primarily take place in an old wooden barn with 100 seats; the ones in the balcony are especially popular. The stage is situated at the longer side. There is also a modern theater studio with 49 seats. The additions provided space for a small apartment for guest directors as well as dressing rooms, equipment storage, and technical facilities. The project was awarded the Lower Austrian Wood Construction Prize 2008, and it also won the architects a Cultural Prize of Lower Austria (recognition) in 2012.

Landeskindergarten
Wullersdorf, Grunderstraße 232

2011

SPIELWIESE // Im Rahmen der Kindergartenoffensive, die flächendeckend Betreuungsplätze ab dem Alter von zweieinhalb Jahren vorsieht, entstand im direkten Umfeld der Schulen bei laufendem Betrieb ein Neubau. Das alte Haus wurde in Folge abgetragen. // Mit der Option auf Erweiterung wurden drei Gruppen untergebracht, freundlich in den Leitfarben gelb – orange – grün markiert. Zentral über eine platzähnliche Innensituation erschlossen, orientieren sich die gestaffelt angelegten Gruppenräume jeweils zum Garten im Südwesten. Überdachte Holzterrassen schaffen einen fließenden Übergang ins Grüne. Die Verzahnung mit dem Außenbereich war dem Architekten ein besonderes Anliegen. Spielt das Wetter nicht mit, können sich die Kinder in einem wunderbar großzügigen Bewegungsraum austoben. // Auffälliges Merkmal bei der Gestaltung ist die Fortsetzung der Holzfassade im Inneren. Die Intention, eine »Haus im Haus«-Situation zu schaffen, wird somit verdeutlicht. Die massiv gehobelte Fichte wurde durch eine Lasur vergraut, um die Verwitterung kontrolliert vorwegzunehmen. Die Vorgabe, kein Flachdach zu planen, löste Martin Grimus durch eine aufstrebende Schräge des holzverkleideten Baukörpers, in die eine Galerieebene des Spielbereichs integriert wurde. // Tageslicht wird geschickt geführt, inklusive Lichtkuppeln und generöser Verglasung. Für das Niedrigenergiehaus, das zur Warmwassererzeugung Solarpaneele nutzt, wurde ein Anschluss an das von der Gemeinde projektierte Fernwärmenetz mitgedacht. *th*

LATITUDE
48° 37' 34"
LONGITUDE
16° 05' 48"

PLAYGROUND // This new building was part of the region's initiative to provide comprehensive daycare for all children starting at age two and a half, and was built right near the other educational facilities. Construction was carried out without interrupting the operation of the old kindergarten, the building of which was torn down afterwards. // The three group rooms, demarcated in bright, friendly shades of yellow, orange, and green, were designed with the ability to be expanded in the future. Entered from a plaza-like interior space, each of the staggered rooms faces southwest, where covered wooden decks create a smooth transition to the garden. The architect was particularly concerned about integrating the spaces with the outdoors, so that the children can still have ample room to run around even when the weather isn't cooperating. // A striking feature of the design is the continuation of the wooden façade on the interior, making a clear expression of the intention to create a "house within a house". The solid spruce paneling is stained grey to preempt the weathering process. Martin Grimus dealt with the design guideline prohibiting flat roofs by gently sloping the wood-clad structure, which enabled him to incorporate a gallery-level play area. // Daylight is cleverly introduced using skylights and expansive windows. The low-energy building, which uses solar panels to heat its warm water, is hooked up to the community's district heating grid.

Mitterretzbach

I

H G Retz
D F
E

C

Schrattenthal

B

Zellerndorf

Jetzelsdorf
A

Guntersdorf

Hollabrunn

Pfarrkirche Mariae Aufnahme in den Himmel

Hans Hoffmann

Jetzelsdorf, Wiener Straße 1

1976

DREIZACK // Unter Josef II. (1741–1790) fand eine Restrukturierung der katholischen Kirche in Österreich statt. Zum einen wurden Klöster aufgelöst, zum anderen an einer flächendeckenden Versorgung durch Pfarren gearbeitet. 1786 wurde in Jetzelsdorf eine Kirche geweiht, die in den 1970er Jahren aufgrund schwerer Feuchtigkeitsschäden, bedingt durch die Anhebung des Straßenniveaus, eigentlich hätte abgerissen werden sollen. Profaniert zeitgleich zur Weihe der neuen, wurde die alte 1999 zu einem Kulturzentrum mit Vinothek umfunktioniert und ist heute als Weinkirche bekannt. // Der Neubau erfolgte durch Hans Hoffmann, der im Weinviertel auch die Filialkirche Laa/Thaya (1972) und den Pfarrhof in Stetten (1979) entwarf. Besonders auffällig ist der turmähnliche Vorbau in Stahlbeton mit den expressiven Zacken, durch den man den Sakralbau betritt. Die Betonung des Spitzen setzt sich im Pyramidendach fort, auf dem ein schmales Metallkreuz sitzt. Im Inneren des Zentralbaus mit offenem Dachstuhl ist die Konstruktion sichtbar. Die dunkel gehaltenen Kirchenbänke sind als Ständerwerk in Holz ausgeführt und wirken trotz Materialstärke leicht. // In ihrer markanten, geometrischen Außenform verweist die Kirche auf einen Trend, der auch in den 1980er Jahren zu beobachten ist. Eine gewisse Analogie kann zu einem 1985 realisierten ungewöhnlichen Sakralbau gezogen werden: dem Mormonentempel, der nach einem Entwurf von Dieter Hantzsche im sächsischen Freiberg errichtet wurde. Zu DDR-Zeiten. *th*

LATITUDE
48° 42' 20"
LONGITUDE
16° 03' 23"

TRIDENT // The Catholic Church was restructured in Austria under Emperor Josef II. (1741–1790). On the one hand, monasteries were closed and on the other, efforts were made to provide comprehensive services by parish churches. In 1786, a church in Jetzelsdorf was consecrated that was slated for demolition in the 1970s due to massive moisture damage caused by the raising of the street level. However, it was secularized at the same time as a new one was consecrated, and converted in 1999 to a cultural center with a wine bar and store, and is know today as the "wine church". // The new building is by Hans Hoffmann, who also designed the sister church in Laa/Thaya (1972) and the parish church in Stetten in 1979. The expressive points of the tower-like front structure, through which the sacred building is entered, are especially remarkable. The accentuation of the points continues on to the pyramid roof, which is topped by a narrow metal cross. The central section's interior structural design is made visible by an open roof truss. The church benches are built with dark, paneled woodwork and seem light despite their material strength. // The church's striking geometrical exterior shape is indicative of a trend that could also be observed during the 1980s. To some degree, an analogy can be drawn with a particularly unusual sacral building from 1985: the Mormon temple built in Saxon Freiberg, designed by Dieter Hantzsche during the East German era.

2009

FAMILIEN-BUSINESS // Streckhöfe sind traditionelle Landwirtschaftsbauten in Ostösterreich. Ebenerdig sind die Funktionen aneinander gereiht. Diese Ursprungsbauten haben sich franz architekten zum Vorbild genommen, um eine neue Wohnform daraus zu generieren, den Streckhof Reloaded. // Die »klassische« Funktionsaufteilung im Einfamilienhaus (ebenerdig wohnen, oben schlafen) wurde in einer linearen Struktur, bestehend aus drei containerartigen Baukörpern, aufgelöst. Ein verglaster Verbindungsgang markiert den Eingang. Im ersten straßenseitigen Trakt sind Garage und Abstellflächen untergebracht, dann gelangt man über eine Verbindung in den Wohntrakt, und schließlich ebenfalls mit diesem verbunden ist der letzte, der Schlaftrakt: drei Baukörper, drei Funktionen. Zwischen dem »Wohnen« und dem »Schlafen« liegt die nach Westen orientierte Terrasse samt Pool, die auch von beiden Trakten aus begehbar ist. Der Verbindungsgang besteht teils aus geschlossenen, teils aus transparenten Sequenzen und gibt so den Blick auf Innenhof und Garten frei. Während die drei Bauteile massiv als Ziegelwände ausgeführt sind, sind die Verbindungen als Brückenteile in Holz gefertigt. // Hinter dieser zeitgemäßen Interpretation des Bauens für Familien verbirgt sich auch eine kleine Familiengeschichte. Bauherr und Architekt sind Brüder, die Eltern der beiden halfen bei der Umsetzung des Projekts tatkräftig mit. Bauen als Familienangelegenheit. *an*

LATITUDE
48° 41' 58"
LONGITUDE
15° 58' 04"

FAMILY BUSINESS // A Streckhof is a traditional type of farm building typical to eastern Austria in which a string of functions are housed on a single floor. For franz architekten, these vernacular structures became a design precedent for a new living space: hence the name "Streckhof Reloaded". // The "classic" functional arrangement of the single-family home (living spaces on the ground level, sleeping area above) is distributed here across three container-like building structures in a linear formation. A glass-covered walkway demarcates the entrance. Located nearest the street are the garage and storage spaces, linked to the living areas and then the sleeping quarters by a passageway: three buildings, three different functions. Tucked in between the living and sleeping sections is a western-facing patio with swimming pool that can be accessed from both wings. The connecting walkway is a sequence of closed and open spaces, opening to views of the courtyard and garden. The three building components are articulated as solid brick walls with wooden connectors bridging them together. // Behind this contemporary interpretation of domestic architecture lies the story of a family. The client and architect are brothers, and their parents took an active part in the construction of the project: architecture as a family affair.

Weingut Zull

Schrattenthal, Schrattenthal 9

2007

STARKE KONTRASTE // Weinarchitekturen zählen zu den wesentlichen Kommunikatoren der Ästhetik und Wirkung von zeitgenössischer Architektur, auch entlang der niederösterreichischen Weinstraße. // Beim Weingut Zull, das direkt an der Ortsstraße von Schrattenthal liegt und eine Verbindung zum historischen Stadttor darstellt, waren Fragen der Ästhetik und der Funktion ausschlaggebend. Das Wohnhaus wurde in zwei Hälften geteilt, zwischen denen eine Glaskonstruktion vermittelt. Zwischen dem Wohngebäude und dem Wirtschaftstrakt liegt die Weinlounge mit dem Büro. Vis-à-vis wurde der neue Bereich für die Verkostung platziert. Die traditionelle Hofeinfahrt wurde konzeptuell als strategische Öffnung des Hofes für die KundInnen und BesucherInnen eingesetzt. // Im Jahr 1999 fand im Museum of Modern Art in New York die von Chefkurator Terence Riley konzipierte Ausstellung »The un-private House« statt. Der Logik des Durchdringens zwischen privat und öffentlich folgt der Entwurf für das Weingut Zull. Die auskragende gläserne Vitrine, die im Gebäudeinneren des Wohnhauses zur Garderobe wird, führt in das auf einer Betonplatte aufruhende, verglaste Atrium. Glasschiebeelemente trennen und verbinden den öffentlichen und privaten Bereich. Vom Atrium gelangen die KundInnen dann über eine breite Treppe zur Verkostung, die sich wiederum mittels eines Glasschiebeelements zum Hof hin öffnet und so die konzeptuelle Logik gläsern einsichtiger Trennungen und Verbindungen konsequent weiterführt. *ek*

LATITUDE
48° 42' 54"
LONGITUDE
15° 54' 28"

STRONG CONTRASTS // The architecture of wineries is a major vehicle for conveying the aesthetics and impact of contemporary architecture, along the Lower Austrian wine route and elsewhere. // Aesthetic and functional issues were critical in the design of the Zull Winery, which is situated on the local road through Schrattenthal and represents a connection to the historic town gate. The house was divided into two halves mediated by a glass structure. A wine lounge and office is situated between the residential building and the production wing. The new winetasting area is placed opposite them. The traditional courtyard entrance is utilized conceptually as a strategic opening of the court to customers and visitors. // In 1999, there was an exhibition at the Museum of Modern Art in New York, curated by head curator Terence Riley, called The Un-Private House. The design for the Weingut Zull, as it's called in German, follows this logic of interpenetration between private and public space. The cantilevered glass vitrine, which becomes a coatroom inside the house, leads to a glazed atrium built on a concrete slab. Sliding glass doors both separate and connect the public and private zones. The customers move from the atrium to the winetasting area via a wide staircase, which in turn opens out to the courtyard by means of the sliding glass doors, thus consistently extending the conceptual logic of visual separations and connections.

Sabine Krischan

ARCHITEKTUR DES WARTENS // Im Jahr 1999 wurde auf dem Retzer Hauptplatz mit der Errichtung eines neuen Buswartehauses ein zwar raumumfänglich kleiner, dennoch bemerkenswerter zeitgenössischer Akzent gesetzt, der mit den bestehenden historischen Zeitschichten in ein kontrastierendes Verhältnis tritt. // Die notwendigen Rahmenbedingungen für die Errichtung dieser zeitgenössischen Wartearchitektur für die öffentliche Buslinie wurden durch die Initiative der Stadterneuerung in Retz geschaffen. Die in Berlin praktizierende Architektin Sabine Krischan setzte in ihrer Materialwahl auf die ikonischen Materialien der Moderne, Stahl und Glas, und verwendete diese für eine ausdrucksvolle und elegant anmutende Formensprache des geschwungenen Bogens. Das skulptural durchaus auf eine expressive Geste setzende Warteobjekt beinhaltet eine lange Sitzbank, die zum Teil auch das Sitzen im Freien, ohne Dach, so das Wetter es erlaubt, ermöglicht. Konstruktiv wurden Rohrprofile, Distanzhalter und Flachstahl für das Trägersystem eingesetzt. // Die Außenhaut der hinteren Wand und des Dachs besteht aus Sicherheitsglas. Zwischen der Rückwand und dem Dach befinden sich die gekrümmten Glaselemente. Die Innenseite beinhaltet lichtdurchlässige Nironetze, die konstruktiv als Glasabsturzsicherung dienen und zugleich die Wartebank und deren Rückwand bilden. Westseitig präsentiert die Verglasung Informationen aus der Stadtchronik sowie einen Stadtplan. *ek*

LATITUDE
48° 45' 24"
LONGITUDE
15° 57' 03"

THE ARCHITECTURE OF WAITING // In 1999, the construction of a new bus stop shelter added an admittedly not very large yet notable contemporary accent to the main square in Retz that stands in contrast to the historic layers of the surrounding context. // The Retz urban renewal initiative created the conditions needed to bring about this contemporary architecture of waiting for a public bus. Sabine Krischan, a Berlin-based architect, relied on steel and glass, the iconic materials of modernism, in articulating the formal language of an expressive and elegantly articulated curved arch. A gracefully sculpted, expressive gesture, this object for waiting features a long bench, a portion of which can be used in good weather to sit outside, free of an overhead roof. // The structural system comprises tubular and flat-rolled steel sections and spacers. The outer surfaces of the back panel and the roof are made of safety glass. The curved glass elements are fixed between the back panel and the roof. The inside surface contains translucent stainless steel webbing, which is used structurally as anti-shattering protection for the glass, as well as forming the bench and its back wall. On the west side, the glazing displays information on the history of the city and a city map.

2006

ZEITGENÖSSISCHE VINOTHEK // Das Weinquartier Retz liegt an der 830 km langen Weinstraße Niederösterreich, die mehr als 150 Weinorte miteinander verbindet. Die Herausforderung, vor die die konzeptuelle architektonische Ausrichtung des Weinquartiers Retz stellte, betraf den Umgang mit der bestehenden Bausubstanz, die in das 16. Jhdt. zurückreicht. // Das Weinquartier Retz ist die größte Gebietsvinothek in Niederösterreich und bietet 300 Weine von 50 WinzerInnen an. Drei verschiedene Gebäude bildeten den Ausgangspunkt für dieses neue Weinquartier, zwei davon gehen auf das 16. Jhdt. zurück, das dritte, eine ebenerdige Trapezblechhalle, ist von 1956. In einem ersten Schritt wurde durch Norbert Steiner, der das Wiener Architekturbüro sputnic leitet, Bauarchäologie betrieben, spätere Ein- und Zubauten entfernt und Gewölbe und Gebäudeniveaus freigelegt. Das Weinquartier umfasst die Vinothek mit der Bar und dem Seminarraum sowie ein Café und einen Shop. Die verschiedenen Nutzungen wurden als Raumkontinuum gefasst, die bestehenden Auslagenfenster zu Eingängen umdefiniert, indem deren Parapete auf Gehsteigniveau gesenkt wurden. Während Café und Shop durch weiche Materialien und Farbigkeit gekennzeichnet sind, setzt der Vinothekbereich auf eingefärbten Industrieboden sowie Holzboxen, die in eine Stahlkonstruktion gehängt sind. Dadurch wird konzeptuell die Differenz zwischen Vorhandenem und Eingriff markiert und der freigelegte Bestand artikuliert. *ek*

134

LATITUDE
48° 45' 24"
LONGITUDE
15° 57' 08"

CONTEMPORARY WINE SHOP // The Retz Weinquartier is located on Lower Austria's 830-kilometer-long Weinstraße, a road that links up over 150 winemaking towns. The main challenge of the conceptual design approach to the architecture of the Retz Weinquartier was how to deal with the existing buildings, which date back to the 16th century. // The Weinquartier Retz is the largest regional specialty wine shop in Lower Austria and sells 300 kinds of wine from 50 different vineyards. The establishment was composed of three separate buildings, two of which are from the 16th century, while the third is a one-story metal shed from 1956. In the first phase, overseen by Norbert Steiner, head of the Viennese architecture firm sputnic, archaeological work was carried out, various newer additions were removed, and the vaulting and floors laid bare. The Weinquartier now comprises a vinotheque and winetasting bar, a conference room, a café, and a shop. The various functions are handled as a continuous space, and the existing shop windows have been redefined as entrances, with their original sills lowered to the level of the sidewalk. While the café and shop are articulated in soft materials and colors, the vinotheque features dyed industrial floors and wooden boxes hung in a steel frame. Conceptually, this distinguishes the existing building from the new intervention and articulates the exposed structure.

2010

GELB UND GELD // Bei einem internen Wettbewerb konnte sich das Retzer Architekturbüro mit seinem Entwurf zum Umbau der Filiale durchsetzen, u. a. da es diesem gelang, alle Geschoße – vom Keller bis zum Dachgeschoß – mit einem Lift und damit barrierefrei zu erschließen. Diverse Aufträge kleineren Umfangs waren davor bereits erfolgt. // Der Zugang über das Gewölbe aus dem 19. Jhdt. wurde mit Licht und Glas aufgehellt, um das Entrée möglichst freundlich zu gestalten. Abstrahierte Texturen, die sich von einem im Raum integrierten Bild des Malers und Kalligrafen Alfred Spitzer ableiten, wurden in einer Kooperation mit der »Werbewerkstatt Retz« zum Ausgangspunkt der künstlerischen Ausgestaltung. // Das bestehende Flachdach in Beton, das aufgrund der durchgehend verglasten Lichtkuppeln für schlechte Energiewerte sorgte, wurde abgetragen und durch eine Faltkonstruktion ersetzt. Das Dach zieht sich nunmehr schuppenartig über die Kassenhalle. Mit der Öffnung des Obergeschoßes, in dem galerieartig erschlossen die Büros untergebracht sind, entsteht eine Atriumsituation. Oberlichte versorgen den Raum mit Tageslicht. // Zur optimalen Betreuung der KundInnen wurde mit den linker Hand gelegenen Kojen ein diskreter Beratungsbereich geschaffen. Rückseitig kann in einer Lounge-ähnlichen Zone entspannt geplaudert werden, niemand sitzt in der Auslage. *th*

135

LATITUDE
48° 45′ 27″
LONGITUDE
15° 57′ 02″

GOLDEN YELLOW // One of the reasons the architectural firm from Retz was able to win the closed competition for the renovation of this branch bank was because, among other things, it successfully connected all floors – from basement to penthouse – with an elevator, thus making it barrier-free. It had already carried out various smaller contracts for the bank before. // Light and glass were used to brighten up the vaulted 19th-century entryway, thus creating a friendlier welcome.

Abstract textural designs derived from a painting installation by painter and calligrapher Alfred Spitzer provided the inspiration for the interior décor, done through his advertising agency, Retz Werbewerkstatt. // The existing flat concrete roof, whose fully glazed skylights were responsible for the building's inefficient use of energy, was dismantled and replaced by a folded structure. The new roof now covers the banking hall like a shed. In an opening on the upper level, a series

of offices is arranged in a gallery-like situation, forming an atrium space filled with natural light through the new skylights. // Booths along the left-hand side create a privacy zone, ideal for advising clients, while the lounge-like area in the back is perfect for casual conversations; nobody is put on display.

Landeskindergarten
Retz, Windmühlgasse 10

2008

NORDLICHT // Bereits unter Kaiser Franz Josef als Kindergarten begründet, wurde das Haus im Jahr 2000, von der Straße aus nicht einsichtig, durch ah3 architekten erweitert. In einem nächsten Schritt sollte der Dachboden ausgebaut werden. MO©S.architektur konnte mit einer Studie beweisen, dass die Erweiterung in Richtung Garten weniger Kosten verursacht. Dazu kam der Vorteil des barrierefreien Zugangs. Nach außen hin zeigt sich der Zubau in ziegelrotem Eternit. // Die schwierige nordseitige Lage kompensiert der Entwurf durch viel Glas. So wird nicht nur der Einfall von Tageslicht optimiert und der Raum optisch vergrößert, sondern auch der Kontakt mit den Jahreszeiten verstärkt. // Ein schwungvolles, grünes Sitz/Steh/Knie- möbel, das ergonomisch auf Kinder eingeht, wird im oberen Bereich zum Regal, auf dem Basteleien ausgestellt werden können. Bunte Leisten strukturieren zum Garten hin die Außenseite der Glasfläche. Die Architekten Christophe Oberstaller und Andreas Sammer regten an, den Gruppen zur eigenen Identifikation sowie Orientierung Farben zuzuordnen. // Der 61 m² große Gruppenraum erhielt eine zweite Ebene mit 10 m². Die Idee dahinter: eine Art Baumhaus zu schaffen und die »räumliche Wahrnehmung der Kinder zu schulen«. Der annähernd quadratische kleine Bewegungsraum erhielt auf Empfehlung der Direktorin des Kindergartens Margit Fabianek mittig eine Kreisfläche im Boden. Die jeweilige Funktion der Räume steht in großen, quer gestellten Lettern an den Türen. *th*

LATITUDE
48° 45′ 33″
LONGITUDE
15° 56′ 59″

NORTHERN LIGHT // This kindergarten was founded as early as the reign of Emperor Franz Josef. The building, which is hidden from the street, was expanded by ah3 architekten in the year 2000. The top floor was to be refin- ished in the next phase, but a feasibili- ty study carried out by MO©S.architek- tur showed that an extension toward the garden would be cheaper, as well as having the benefit of providing barrier-free access. The exterior of the addition is clad in brick-red Eternit pan- els. // The design compensates for the difficulties of the north-facing site with a strong use of glass. This not only optimizes incoming daylight and makes the space seem larger; it also rein- forces contact with the changing sea- sons. // The playful green furniture, ergonomically designed for children to sit, stand, or kneel on, transforms into shelving in the upper area, where their projects can be displayed. Colorful framing structures the outside of the windows overlooking the garden. The architects, Christophe Oberstaller and Andreas Sammer, proposed assigning colors to each class as a means of creating individual identity and as an aid to orientation. // The 61-square- meter classroom is topped by a smaller second level. The idea behind the 10-square-meter gallery was to create a kind of treehouse, and to "train the children's spatial perception." Margit Fabianek, the kindergarten director, suggested inscribing a circle in the center of the floor of the almost perfectly square playroom. Each room's specific use is written side- ways in large letters on the door.

2010

ARCHITEKTUR UND WEIN // Mit der Ausstellung »WeinArchitektur. Vom Keller zum Kult«, die das Architekturzentrum Wien im Jahr 2005 realisierte, wurde das Augenmerk auf die beachtliche neue Symbiose zwischen Weinbau und zeitgenössischer Architektur gelegt. // Die Reinterpretation von traditionellen Bauformen und die sich an Architektur stellenden Herausforderungen einer neuen Kultur bewussten Genießens verbinden sich auch in dem Projekt des Windmühlenheurigens. Das in Fohnsdorf basierte Architekturbüro i-arch von Michael Maier und Michael Wächter näherte sich dem Bestand in seinen unterschiedlichen Zeitschichten mit einer markanten Geste. Die Bausubstanz der steinernen Windmühle und des an diese angeschlossenen Wohnhauses gehen beide auf das 19. Jhdt. zurück. Es erfolgte eine Umnutzung zum Weingut mit Heurigenbetrieb. In den 1970er Jahren ergänzte man um einen simplen, sachlichen Zubau mit Lochfassade und Pultdach. Der eigentliche Heurigengastraum wurde zeitgenössisch adaptiert und um einen Anbau erweitert. In Form eines schmalen, mit voll verglaster Außenhaut gefassten Ganges, der eben für eine Reihe von Tischen ausreicht, wurde eine distinkte Vermittlungszone zwischen dem Bestand und der umgebenden Landschaft geschaffen. Der Fokus wird ebenso auf den spektakulären Ausblick gelenkt wie auf den Eingriff selbst, der mit einem außen liegenden Vorhang und seinen dauernden, performativ anmutenden Bewegungen durch den Wind betont wird. *ek*

137

LATITUDE
48° 45′ 40″
LONGITUDE
15° 56′ 32″

ARCHITECTURE AND WINE // The 2005 exhibition at the Architekturzentrum Wien entitled "WineArchitecture: The Winery Boom" focused on the remarkable new symbiosis between viticulture and contemporary architecture. // The reinterpretation of traditional building types and the design challenges presented to architecture by this new culture of refined enjoyment also come together in this design for a wine tavern in an old windmill. Based in Fohnsdorf,

the i-arch architectural team of Michael Maier and Michael Wächter took on the various temporal layers of built fabric in a striking gesture. The structures of the stone windmill and its adjoining residence both date back to the 19th century. After they were adapted for re-use as a winery plus wine tavern, a simple utilitarian addition was built during the 1970s with a punched-window façade and pitched roof. The tavern room itself was modernized and an addition built. A narrow passageway with

floor-to-ceiling glazing, just big enough to contain a row of tables, forms a separate transition space between the existing building and the surrounding landscape. The spectacular views draw just as much attention as the intervention, which is accented by an outdoor curtain and its constant, performance-like movement in the wind.

Max Pauly

1999

UNTERBAU ÜBERBAU // Ein ellipsenförmiger Steg an der Grenze
zwischen Weinviertel, Waldviertel und Südmähren markiert auf einer Höhe
von 537 m den historischen Ort rund um den »Heiligen Stein«. Der Schalen-
stein aus Granit geht auf eine heidnische Kultstätte zurück, an der es
später zu wundersamen Heilungen gekommen sein soll. Vom schlanken
Steg aus blickt man zugleich auf die historischen Fundamente einer Wallfahrtskirche. Im 18. Jhdt. wurde sie kurz nach ihrer Errichtung im Rahmen
der Säkularisierungswelle von Josef II. abgetragen. // Die Stahl-Holz-
Konstruktion der begehbaren Plattform reagiert als geneigte Ebene auf
die Topografie und bietet eine bemerkenswerte Aussicht. Kleinformatige
Tafeln aus Glas geben Auskunft über das Umland. Rundstützen erheben
das zurückhaltende Bauwerk leichtfüßig über die Ausgrabungsstätte.
Der Steg ist 71 m lang und »spannt zwischen den Brennpunkten ein Feld
auf, eine besondere Zone definierend« (Walter Zschokke). Bei Veranstaltungen bietet der Steg als Tribüne bis zu 400 Stehplätze. Dem Projekt war
ein Wettbewerb vorausgegangen, den der gebürtige Grazer Max Pauly
gewonnen hatte. Im Akazienhain am Heiligenstein trifft man mitunter
SchriftstellerInnen an. *th*

139

LATITUDE
48° 47' 29"
LONGITUDE
15° 58' 14"

SUBSTRUCTURE SUPERSTRUCTURE // At the border of the Weinviertel, the Waldviertel, and South Moravia, an elliptical walkway suspended at an altitude of 537 meters demarcates the historical site of the Heiligen Stein ("Holy Stone"). The stone shell of granite began as a place of pagan worship, where miraculous cures were believed to have taken place. The slender walkway also overlooks the ruins of the foundations of a pilgrimage church that was torn down in the 18th century, not long after its construction, in the wave of secularization triggered by Holy Roman Emperor Joseph II. // The accessible platform's steel and wood structure responds to the topography and creates an inclined plane that offers a remarkable view. Small-scale glass panels provide visitors with information about the surrounding area. Cylindrical supports nimbly lift the stripped-down structure above the excavation site. Walter Zschokke states that the 71-meter walkway "spans a field between focal points, defining a special zone". The walkway also acts as a viewing stand for events, with a capacity of 400. Graz native Max Pauly won the competition that preceded the project. One can run into authors at the acacia grove near Heiligenstein now and then.

a

F
•G
Wildendürnbach

•E

•D
Laa/Thaya

Unterstinkenbrunn
•C

Loosdorf
A
•B

Poysdorf →

b

Drasenhofen
•H

J• Poysdorf
•K   •I

← Loosdorf

Freier Badebrunnen Loosdorf

Loosdorf

Iris Andraschek

2006

SPLISH SPLASH // Der Brunnen ist als früher oftmals einzige Wasserquelle einer Siedlung traditionell Ort der Begegnungen. Iris Andraschek hat bei ihrer Gestaltung eines Brunnens eine Lösung gefunden, die nicht nur auf inhaltlicher Ebene vielschichtig funktioniert, sondern auch in der Gestaltung äußerst originell ist. Ein Badezimmer ohne Wände wurde in den öffentlichen Raum transferiert. Blinkende Edelstahlarmaturen und leuchtend blaue Glasmosaiksteine repräsentieren eine gediegene Einrichtung. Durch einen Sensor beginnt das Wasser zu rinnen, sobald jemand vorbeikommt. Der programmierte Ablauf sieht vor, dass sich zuerst die Badewanne füllt, dann das Waschbecken (beide aus Beton) überläuft und zuletzt der freistehende Duschkopf Wasser speit. Iris Andraschek operiert mit dem absurden Moment, dem zugleich die Überraschung des Märchenhaften innewohnt. // Nicht zuletzt spiegelt das Badezimmer wider, welches Verhältnis zum Körper in einer Gesellschaft gepflegt wird. Nicht erst seit die Basisfunktion der Reinigung schon längst vom Bedürfnis, sich im eigenen Wellnesstempel zu regenerieren, abgelöst wurde, erhält das Baden – das im Übrigen historisch so gar nicht im stillen Kämmerlein stattfand, wie nicht nur die mittelalterlichen Badehäuser belegen – eine soziale Bedeutung. Und in Loosdorf können dank des Badebrunnens nun Groß und Klein öffentlich plantschen. *th*

LATITUDE
48° 39' 00"
LONGITUDE
16° 26' 49"

SPLISH SPLASH // In communities of the past, the public fountain was often the only source of water and thus a traditional meeting place. In her design for a fountain, Iris Andraschek developed a concept that not only works at several levels in terms of content, but also has a very original design. A dignified bathroom is transposed into a public space. Without walls, it features fixtures in shiny stainless steel and bright blue glass tiling. When someone goes by, a sensor turns the water on, and a pre-programmed sequence fills the tub, overflows the sink (both made of concrete), and ends in a stream spouting from the freestanding shower. In this project, Iris Andraschek deals with the moment of the absurd, which is at once imbued with a fabulous surprise. // At the very least, bathrooms reflect the relationship a society maintains to the care of the body. Bathing – which in the past did not take place in quiet little rooms, as evidenced by medieval bathhouses, for one – continues to retain social meaning, and not only since the time long ago when the need for rejuvenation in one's own personal wellness temple replaced the mere basic act of cleansing the body. And now, thanks to the Loosdorf bathing fountain, big and small alike can once again make a big splash in public.

Manfred Hirschbrich

1997

NEUE PERSPEKTIVEN // Losgelöst vom ursprünglichen Kontext des Skulpturengartens beim Kulturhaus Winkelau befindet sich der »Leseraum« nunmehr im Ort selbst. Der Standort wurde vor einigen Jahren durch die Gemeinde verändert, ohne den Künstler darüber in Kenntnis zu setzen. // Die begehbare Skulptur auf einem Betonfundament zitiert mit der Form des Hauses naive Elemente und spielt zugleich durch das Satteldach mit einem Archetypus. Zudem bezieht sich Manfred Hirschbrich bewusst auf die autochthone Bauweise der Region. Geometrisch abstrahiert bildet der Künstler die verwitterte Lehmstruktur im Gitter ab, auch die runden Lüftungsluken der Presshäuser scheinen auf. // Die Rohre in Edelstahl sind ein ebenso dauerhaftes, witterungsbeständiges wie zeitgemäßes Material. Die Transparenz wird zur Maxime. Ein elementarer Aspekt des Konzeptes ist der Ausblick, der durch die gedachten Fenster erfolgt. Die vorgesehene Bepflanzung des Gerüstes mit Weinreben konnte nicht dauerhaft Wurzeln schlagen. Mit der Bezeichnung »Leseraum« bezieht sich der Künstler zum einen auf die Weinlese, zum anderen birgt die Skulptur das Potenzial, als Plattform für Lesungen oder andere Formen kultureller Nutzung zu fungieren. // Manfred Hirschbrich hat das Objekt in sein weiteres künstlerisches Schaffen einbezogen: Bei der Entstehung seiner Serie von Arbeiten mit Schriftbildern kam der »Leseraum« als »offenes Atelier« zum Einsatz. *th*

LATITUDE
48° 38′ 54″
LONGITUDE
16° 26′ 52″

NEW PERSPECTIVES // Moved from its original site in the sculpture garden at the Winkelau Cultural Center, the "Reading Room" now has its own place. The municipality had decided to change its location a few years ago, without informing the artist. // The walk-in sculpture, which is set on a concrete foundation, cites naive elements with the shape of the house, while playing with the archetype of the pitched roof. Manfred Hirschbrich also uses it to make a conscious reference to the traditional architecture of the region. The artist depicts the framework of these weathered clay constructions, even including the round vents of the vernacular wine press houses. // The tubing is stainless steel, an equally durable, weather-resistant, and contemporary material. The transparency is rendered axiomatic. A main aspect of the concept is the view provided by the imaginary windows. The plan to adorn the frame with grapevines was not able to take permanent root. The name Leseraum is a play on words in German, referring to both the grape harvest and a reading space, since the sculpture can also potentially function as a platform for lectures and other forms of cultural experience. // Manfred Hirschbrich has since incorporated the piece in his later artwork by using the Leseraum as an "open studio" to make a series of works using typefaces.

Kreisverkehr
Unterstinkenbrunn

Leo Schatzl

2007

ZWIEBELTURM // Für die künstlerische Konzeption der Gestaltung des Kreisverkehrs, der am Ortseingang der Gemeinde Unterstinkenbrunn liegt, wurde die lokale Selbstbezeichnung Zwiebeldorf wörtlich genommen. // »Großes Zwiebelchen« ist der Name der Verkehrsskulptur, die nun als Markierung und Empfang in der Mitte des Kreisverkehrs positioniert wurde. Als Inseln in der Verkehrslandschaft prägen diese Kreisverkehre das Weinviertel. Der Künstler Leo Schatzl hatte sich mit diesem Phänomen bereits im Jahr 2003 intensiv im Rahmen eines Studierendenworkshops mit der Linzer Universität für Gestaltung auseinander gesetzt und mögliche Nutzungen und Aneignungen, aber auch imaginäre Projektionen untersucht. Diese Verkehrsinselaneignungsforschungen wurden dann von ihm im Rahmen eines Aufenthalts in der Metropole São Paulo fortgesetzt. Gespeist aus diesem Wissen und abgeleitet aus der lokalen Situation und der Sehnsucht nach wörtlich genommener Identitätsmarkierung des Standorts wurde eine überdimensionale Zwiebelform zur Verkehrsinselskulptur. Das Zwiebeldorf wurde mit einer Zwiebel markiert, die in kräftigem Orange leuchtet. Die 6,5 m hohe Metallskulptur ragt mit einem langen Stiel in die Höhe, dessen Abschluss ein Leuchtkörper, der als Blüte interpretiert werden kann, bildet. Auch die Wahl der Materialien ist wie die Wahl der Form direkt aus dem lokalen Kontext abgeleitet. Blech, Lack und Glas kommen aus der Auto-industrie und weisen dadurch auf den Ort selbst zurück. *ek*

LATITUDE
48° 40' 07"
LONGITUDE
16° 20' 49"

ONION TOWER // The artistic concept of the design for the roundabout at the entrance to the village of Unterstinkenbrunn takes the name "Onion Village" (Zwiebeldorf) – as the locals call it – quite literally. // The sculpture that now occupies the center island of the traffic circle as a marker and a welcome sign is called the "Big Onion". These roundabouts are typical of the traffic network of the Weinviertel region. In 2003, artist Leo Schatzl worked closely with this phenomenon in the context of a student workshop at the Linz University of Design, exploring potential uses and appropriations as well as visionary concepts. Schatzl continued his research into the appropriation of traffic roundabouts during a stay in the metropolis of São Paulo. Fed by this knowledge and derived from the local context and the desire for an identity-marker on the site, he transformed a traffic island sculpture into a monumental onion. The "Onion Village" is thus now marked by an onion that lights up in bright orange. The stem of the 6,5 m high metal sculpture juts upwards and ends in a lighting element that can be interpreted as a blossom. Like the shape itself, the materials are derived from the local context: the metal, paint, and glass are all materials used in the automobile industry and which thus refer back to the site itself.

Holzbauer & Partner Architekten

Hotel & Spa Therme Laa
Laa/Thaya, Thermenplatz 3

2005

GALAAUFTRITT // Die Region rund um Laa/Thaya profitiert wirt-
schaftlich vom Wellness-Boom, der verhältnismäßig spät das nördliche
Niederösterreich erreicht hat. Die erste Thermalbohrung fand 1992 statt.
Zehn Jahre später wurde die Therme (Architektur: Anton Müller) eröffnet,
2005 folgte nach nur 20-monatiger Bauzeit ein 4-Sterne-Hotel. Für das
Büro Holzbauer & Partner Architekten setzte Wolfgang Vanek auf einem
linsenförmigen Grundriss das Ensemble mit insgesamt 14.500 m² Nutzfläche um. Bewusst wurde das dreiteilige Bettenhaus vom Spa abgesetzt.
Geometrische Formen geben den Ton an. Die drei Quader über dem eingeschoßigen Flachbau profilieren sich durch vorgesetzte Holzelemente.
122 Zimmer stehen den Gästen zur Verfügung: mit Birkenmöbeln auf
Nussholzboden bzw. Walnussmöbeln auf Ahornboden, erstere rot, zweitere
orange in Textil akzentuiert. // Eine 44 m lange Panoramabrücke, als
freitragende Holz-Fachwerkskonstruktion realisiert, führt über einen Fluss
zum Spa-Bereich. Das schmale Kreisbogensegment gibt durch die großzügige
Verglasung Einblicke auf den lang gestreckten Pool. Auf dieser Seite ist auch
die Sauna-Zone untergebracht. // Der Habitus macht deutlich, dass die
Architektur den Anspruch eines Luxushotels zu repräsentieren vermag. *th*

145

LATITUDE
48° 43' 24"
LONGITUDE
16° 23' 32"

*GALA DEBUT // The area around
Laa/Thaya has benefited
economically from the wellness boom
that arrived relatively late to the
northern part of Lower Austria.
The first thermal boring was made
in 1992, and the thermal baths
(designed by Anton Müller) opened
ten years later. They were followed in
2005 by a four-star hotel, completed
after just twenty months of construction. Wolfgang Vanek, working
together with his partner Wilhelm
Holzbauer, designed the lens-shaped*

*plan of the complex, which totals
14,500 square meters. The tripartite
sleeping wing is deliberately set
apart from the spa. Geometric forms
comprise the design motif. Projecting
wooden elements articulate three
cubes above a one-story ground
floor. There are 122 guest rooms,
furnished in birch with walnut
flooring, or alternately with walnut
furniture and maple flooring, and
accented with red or orange textiles,
respectively. // A 44-meter-long
pedestrian bridge, self-supported*

*by its wooden truss, connects to the
spa area across a river. The graceful
curve of the broad windows offers
views of the elongated swimming
pool. The sauna facilities are also
housed in this area. // The form of
the building makes it clear that its
architecture is that of a luxury hotel.*

Skulptur »Hoher Zaun«
Laa/Thaya, Abfahrt Staatzer Straße

Leo Schatzl

1999

PLÄDOYER FÜR DIE FREIHEIT // Leo Schatzls skulpturaler Denkraum »Hoher Zaun« befindet sich auf einem Acker nahe des ehemaligen Eisernen Vorhangs, der einst die westliche von der kommunistischen Welt trennte. Eine rechteckige Umzäunung aus Maschendraht auf Messingträgern umschließt in der Luft einen Leerraum. Auf der einen Seite kann man dies nun so interpretieren, dass der Künstler einen Zaun schuf, unter dem jeder hindurchgehen kann und er damit das Paradigma des Zauns ad absurdum führt. Es ist durchlässig und erhebt keinerlei Gebietsansprüche mehr. // Der österreichische Kulturtheoretiker Ramón Reichert, der sich mit Leo Schatzls Kunstwerk auseinandersetzte, hat aber noch eine andere Erklärung parat; für ihn geht es um einen imaginären Raum. »Unter einem anderen Blickwinkel schützt die künstliche Umzäunung die ›weißen Flecken‹ und schafft eine Tabu-Zone entgegen der omnipotenten Nutzbarkeit des Raumes«, schreibt er und weiter: »Endlich stellen wir uns einen Raum vor, der niemandem gehört, der nicht verteidigt werden muss, der nicht das Eigene einräumt, um das Fremde auszuräumen!« Beide Interpretationen treffen sich aber in der Freiheit, ein erstrebenswerter Gedanke an einer ehemaligen Grenze, an der Menschen beim Versuch des Überquerens erschossen oder ermordet wurden. *an*

LATITUDE
48° 43′ 52″
LONGITUDE
16° 23′ 06″

PLEA FOR FREEDOM // Leo Schatzl's sculptural space for thought, titled Hoher Zaun (High Fence), is located on a field near the old Iron Curtain, which once divided the Western and Communist worlds. A wire fence supported by bronze stilts encircles an empty rectangular space high in the air. On the one hand, this can be interpreted as the artist creating a fence that anyone can pass through, thus carrying the fence paradigm ad absurdum. It is penetrable and, as such, no longer lays claim to any type of territory at all. // Austrian cultural theorist Ramón Reichert has explored Schatzl's work in detail and has developed a very different explanation: for him, it is a declaration of imaginary space. "From a different point of view, the artificial fencing protects terra incognita and creates a taboo zone in defiance of the omnipotent usability of space," he writes, going on to state, "Finally, we can imagine a space that doesn't belong to anyone, that doesn't have to be protected, and that doesn't fence in one's own property in order to fence out that of others!" The two interpretations come together on the issue of freedom. This is a laudable commemoration for a border where people were once shot at or murdered for trying to cross.

2011

ÖFFENTLICHE FUNKTIONEN // Im ländlichen Raum ist die Entdeckung des öffentlichen Raums und seine Nutzung durch die Bevölkerung in den Orten und Gemeinden eine große Herausforderung an die Gestaltung von Plätzen. // »Es war nicht das Ziel, ein ›gemeinsames Ganzes‹ zu schaffen, sondern ein ›gemeinsam Funktionierendes‹, wie es eben im Leben eines Ortes sinnvoll ist«, so die Landschaftsarchitektin Maria Auböck im Entwurfskonzept zur Platzgestaltung in Wildendürnbach. Zwischen dem Bestand und dessen Neuinterpretation versucht der Entwurf, eine zeitgemäße Nutzung des Platzes vorzuschlagen und dabei aber auch durch die Gestaltungsmaßnahmen auf bereits in Vergessenheit geratene, einstmals prägende und ortsstiftende Elemente der Topografie einzugehen. Der ursprünglich wilde Dirnbach, der, ins Unterirdische verbannt, verrohrt unter dem Platz verläuft, wurde mittels eines Wasserbeckens wieder präsent gemacht und an die Oberfläche geholt. Für die Renovierung des Gemeindezentrums war die Farbe Gelb prominent zum Einsatz gekommen, diese wurde nun auch als Zitat in die Bepflasterung des Bodens integriert. Mit einer mehrjährigen Bepflanzung wird die archäologisch-aktivierende Zugangsweise zum unterirdischen Bach konsequent fortgesetzt und dieser durch den Verlauf der Pflanzen so markiert, dass er wieder wahrnehmbarer in Erscheinung tritt und eine räumlich fassbare Situation als Zusammenhalt hervorbringt. Die neuen Wegeverbindungen und Sitzgelegenheiten schaffen öffentliche Aufenthaltsqualitäten. *ek*

147

LATITUDE
48° 45′ 21″
LONGITUDE
16° 29′ 58″

PUBLIC FUNCTIONS // In rural areas, the discovery of public space and its use by the people in the villages and communities is a major challenge to the design of village squares. // "The goal was not to create a 'common whole' but a 'common functioning entity' that is meaningful to the life of a town," says landscape architect Maria Auböck of the design concept for a public square in Wildendürnbach. The project seeks to develop a contemporary use of space that mediates the old and its re-interpretation, while at the same time using design elements to engage the now-forgotten topographic features that once identified and characterized the site. The original natural stream of the Dirnbach, banished underground and channeled through pipes below the square, was brought back to the surface and given a new presence in the form of a basin. The color yellow, which figured prominently in the renovation of the village hall, was taken up and integrated into the paving of the square. This active archaeological approach is to be systematically continued and demarcated by perennial vegetation in the landscaping, so that the subterranean stream can make an appreciable comeback and become an integral part of a coherent overall space. The new network of walkways and seating areas make it an inviting place for the public to inhabit.

Pfarrkirche St. Petrus
Wildendürnbach 161

Johann Petermaier

1974

BAUSTEIN // Die Kirche der Grenzlandpfarre liegt an zentraler Stelle des Dorfangers. Durch den Wechsel zwischen dem Stahlbeton der Konstruktion und dem Klinker der Mauerflächen entsteht ein interessanter Dialog in der Materialität und der Textur der Oberfläche. Ein separater Glockenturm wiederholt die vertikale Gliederung des nach oben hin spitz zulaufenden Gebäudevorsprungs über der Eingangszone. Zwei Holztüren (teilweise versperrt) führen ins Innere. Wer abseits der Messzeiten kommt, kann nur durch ein Gitter den Blick auf das farbenprächtige Betonglasfenster der Apsis von Heinrich Tahedl werfen. Das Kreuz ist formal präsent: in der Form des Grundrisses, aber auch in Details wie dem Türbeschlag am Zugang zum Glockenturm. Der offene Dachstuhl lässt den Innenraum noch großzügiger wirken. Zur künstlerischen Ausstattung gehört auch eine Holzschnitzarbeit von Gottfried Fuetsch. // Johann (Hans) Petermaier (1904–1984) war nach 1945 vor allem im Bereich des Sakralbaus tätig. Er restaurierte etwa die Wallfahrtskirche Maria Lanzendorf nach Kriegsschäden bzw. entwarf in Wien die Pfarrkirche Rodaun (1954) oder auch die sehr ausdrucksstarke Kirche St. Florian (1963, gemeinsam mit Rudolf Schwarz) an der Wiedner Hauptstraße. // Im Weinviertel ist der Architekt weiters mit der eher konservativen Pfarre Fels/Wagram (1963) und der Gartenstadtkirche Hollabrunn (1972) vertreten. th

148

LATITUDE
48° 45' 23"
LONGITUDE
16° 30' 01"

BUILDING BLOCK // This church in the border region lies at the center of a village green. The alternation of the reinforced concrete frame and the infill bricks of the exterior walls generates an interesting dialogue between the materiality and texture of the surface. The detached bell tower echoes the vertical composition of the pointed volume projecting above the entrance. Two wooden doors (locked at times) welcome visitors within. However, those arriving between masses can only look through a grille at the beautifully tinted stained glass of the apse windows that were designed by Heinrich Tahedl. The shape of the cross is present in the contour of the floor plan as well as many details, such as the fittings of the doors to the bell tower. The open attic area makes the interior seem even larger. The interior artwork includes a wood carving by Gottfried Fuetsch. // Johann (Hans) Petermaier (1904–1984) worked mainly on religious architecture after 1945. He restored the war-torn pilgrimage church of Maria Lanzendorf in Vienna, and also designed the Rodaun church (1954) and the very expressive Church of St. Florian (1963, in collaboration with Rudolf Schwarz) on Wiedner Hauptstraße. // The architect is also known in the Weinviertel for his somewhat more conservative design of the Fels/Wagram Church (1963) and the Hollabrunn Garden City Church (1972).

2010

GRENZÜBERSCHREITEND // Drasenhofen ist eine Gemeinde im Grenz-
gebiet zur Tschechischen Republik. Schon bald nach dem Fall des Eisernen
Vorhangs lud der damalige Bürgermeister Kinder aus dem benachbarten
tschechischen Nikolsburg zum Deutschlernen in den Ort ein. Dieser Austausch
an Sprache und Kultur wurde zum fixen Bestandteil des Gemeindelebens,
und der Kindergarten stand fortan auch für tschechische Kinder offen, die
jeden Tag per Bus anreisen. Da solch besondere Ideen auch die passenden
Räume brauchen, wurde 2006 ein Wettbewerb zum Neubau des grenzüberschreitenden Kindergartens ausgeschrieben, aus dem das Architektenteam
Thomas Abendroth und Hubert Hartl als Sieger hervorging. // Sie punkteten
mit einem funktionellen Bau, der sich seiner Umgebung und dem Gelände
anpasst. »Das für den Ort angesichts der kleinteiligen Struktur relativ große
Bauvolumen wird durch das Einfügen des Gebäudes ins Gelände und das
Überziehen des Dachs mit nutzbarer Grünfläche auf ein angenehmes Maß
reduziert«, erklärt Thomas Abendroth. Das grüne Dach wurde als Spielfläche
gerne angenommen. // Oberstes Planungsziel im Hinblick auf die Innenraumgestaltung waren die Vorgaben Geborgenheit, Kommunikation und Aktivität:
Raumgliedernde Möblierung schafft Zonen und Ecken zum Zurückziehen,
Galerien bieten ein Spielen auf zwei Ebenen, und eine Theaterbühne dient
als Aufforderung, sich auch selbst auszudrücken. *an*

149

LATITUDE
48° 45' 24"
LONGITUDE
16° 38' 46"

*CROSSING NEW FRONTIERS //
The town of Drasenhofen is located
in the border region near the Czech
Republic. Soon after the fall of the
Iron Curtain, the mayor at the time
invited children from the neighboring
Czech town of Nikolsburg to learn
German in his town. This exchange
of language and culture became a
fixture in the life of the community,
and from that time on the kindergarten has been open to Czech
children, who travel there every
day by bus. Because such special
ideas also need suitable spaces,
a competition was announced in
2006 for the design of a new building
to house the border-crossing kindergarten, and the architectural team
of Thomas Abendroth and Hubert
Hartl emerged as winners. // They
scored with a functional building
that fits into the surroundings and
the building site. "The massing,
which is relatively large in relation
to the small-grain pattern of the
town, is reduced to a comfortable
scale by integrating it into the site
and placing usable greenspace on
the roof," explains Thomas Abendroth. The green roof became a
welcome play area. // In terms
of the interior layout, the design's
foremost objective was to meet the
prerequisites of a sense of security,
communication, and movement:
furnishings divide the space and
create zones and corners for retreat,
galleries offer two different levels
of play areas, and a theater stage
provides inspiration for individual
expression.*

Dampfmühle

Poysdorf, Friedhofstraße 1

Anonym

ab 1924

WASSERLOS // Die Wasserarmut motivierte im 19. Jhdt. die WeinviertlerInnen, neue Möglichkeiten zu suchen, Mühlen zu errichten. Bis zu den
Schiffmühlen an der Donau war es weit. Diese wurden durch das vorbei-
fließende Wasser betrieben. Mühlhaus und Wasserrad konnten sich auf
einem Schiff, konnten sich dem Wasserstand anpassen und den Standort
wechseln. // Die Albion Mill in London aus der Zeit um 1786 war weltweit
eine der ersten Dampfmühlen. Zur Versorgung der expandierenden
Weinviertler Bevölkerung begründete ein Konsortium von Müllern 1863 eine
Dampfmühle in Poysdorf. In Seefeld-Kadolz folgte man dem Beispiel 1870.
Trotz des technischen Fortschritts als Vorläufer der Industrialisierung der
Agrarlandschaft war der Betrieb nicht einfach, da die Lieferung der Kohle,
die man für die Dampferzeugung brauchte, ihre Tücken hatte. Erst die
Elektrifizierung des Weinviertels sorgte ab den 1950er Jahren für den Aufschwung der Dampfmühlen, wie Gerhard A. Stadler schreibt. Von ihm stammt
auch ein ausführliches Porträt der Poysdorfer Anlage, bis 1996 als Schrot-
mühle aktiv, nachzulesen im Handbuch über das industrielle Erbe Niederösterreichs. // Das 1924 komplett ausgebrannte Mühlengebäude wurde
viergeschoßig neu aufgebaut. Asbestzementrhomben bilden das Satteldach.
Mit dem Wohnhaus aus der Zeit um 1900 und Nebengebäuden formierte sich
ein Ensemble. In den 1980er Jahren kamen Getreidesilos hinzu. Die Eisen-
sprossenfenster sitzen geometrisch geordnet im klobigen Baukörper. *th*

150

LATITUDE
48° 40' 03"
LONGITUDE
16° 38' 09"

WATERLESS // A shortage of
water in the 19th century motivated
Weinviertel residents to look for
new ways to run mills. It was a long
way to the ship mills located on the
Danube. Operated by the flow of
water, the millhouse and waterwheel
were placed on a ship, which was
able to move to different positions
in order to adjust to the water level.
// The Albion Mill in London, dating
from the period around 1786, was
one of the world's first steam mills.
In 1863, a consortium of millers

founded a steam mill in Poysdorf to
supply the growing population of the
Weinviertel. A second mill was erected in Seefeld-Kadolz in 1870. Despite
the technological advances made
by this forerunner of industrialized
agriculture, operating the mills was
not easy, as there were difficulties
in obtaining the coal supply required
to produce the steam. According to
Gerhard A. Stadler, the heyday of
steam mills did not truly get going
until the region's electrification in
the 1950s. In a guide to Lower

Austria's industrial heritage, Stadler
wrote a detailed portrait of the
Poysdorf gristmill, which was in
operation until 1996. // After the mill
burnt to the ground in 1924, a new
four-story structure was put up, with
asbestos cement rhombuses making
up its pitched roof. A dwelling
built around 1900 and a couple of
outbuildings make up an ensemble.
Grain silos were added in the 1980s.
Windows with iron mullions are
arranged around the bulky building
in a geometric pattern.

Haus Dr. N.
Poysdorf, Berggasse 48

2012

BAUMHAUS // Das Grundstück wurde jahrzehntelang als Obstplantage genutzt. Dieser einzigartigen Gartenlandschaft und dem vorhandenen schönen Baumbestand zollten Bauherr und ArchitektInnen höchsten Respekt, indem sie das Haus nicht einfach in die Erde setzten, sondern es über die leichte Hanglage des Landstrichs gleiten ließen. Ein kompakter Baukörper (14,65 m lang, 8,35 m breit und 4,25 m hoch) liegt auf acht Stahlstützen und lässt das darunter liegende Gelände fast unberührt. Um in das Innere der Wohnbox zu gelangen, gibt es zwei Möglichkeiten: entweder über die außen liegende Stahlstiege oder über den 15 m langen, nördlich situierten Steg. »Entgegen dem Anspruch mancher Architekten, unabhängige Schöpfer einer neuen Welt zu sein, operiert dieses Haus sowohl im Sinne einer Ökonomie der Aufmerksamkeit als auch im Sinne minimalistischer architektonischer Mittel«, erklären Markus Bodenwinkler und Ute Burkhardt-Bodenwinkler. Die bewusst gewählte Ästhetik des Unspektakulären wird durch eine den Passivhauskern umhüllende Außenhaut aus Lärchenholzschalung vervollständigt, die mehrere Funktionen erfüllt. Zum einen dient sie als Erweiterung des Wohnraums, zum anderen fungiert sie als Filter, steuert Sonnen- und Lichtschutz sowie den Blick in die Landschaft. Ein Haus in Harmonie mit Landschaft und Bäumen. *an*

151

LATITUDE
48° 40' 08"
LONGITUDE
16° 37' 15"

TREEHOUSE // The property was used as an orchard for centuries. The architects and client paid highest respect to the unique garden landscape and the beautiful existing stock of trees by not just plopping the house down, but instead allowing it to glide across the slight slope of the terrain. The compact structure (14.65 meters long, 8.35 meters wide, and 4.25 meters high) is held up by eight steel supports, barely touching the ground below. There are two entryways to the interior of the box-like residence: via the steel exterior stairway, or across a 15-meter-long footbridge situated in the north. "Contrary to the way some architects demand to become independent creators of a new world, this house operates both in terms of an economy of focus as well as using minimalist architectural means," explain Markus Bodenwinkler and Ute Burkhardt-Bodenwinkler. An outer skin of larch cladding shrouds the core of the passive house, rounding out the specifically desired unspectacular appearance. The hull fulfills several purposes at once, creating an extension of the living space while functioning as a filter that guides incoming sunshine and light, as well as opening views of the surrounding landscape. A house in harmony with the landscape and the trees.

Haus der Barmherzigkeit

Poysdorf, Laaer Straße 102

Huss Hawlik Architekten

2011

DER SONNE ENTGEGEN // Am Ortsrand von Poysdorf wurde für SeniorInnen eine Alternative zur häuslichen Pflege geschaffen. Die Anlage, bestehend aus drei Wohnhäusern, wird als Privateinrichtung der katholischen Kirche geführt. Mit signalhaft heiteren Farben empfängt das Pflegeheim alle, die ankommen. Der vertikal gerasterten Fassade des Zugangsbereiches ist ein leicht organisch geschwungener, weißer Baukörper vorgelagert. Dahinter verbirgt sich eine Kapelle, deren quer eingeschnittene Glasfenster ein prächtiges Farbenspiel im sonst dezent gehaltenen Innenraum entfalten. Der Raum dient nicht nur der Einkehr und Andacht, sondern wird auch für Veranstaltungen genutzt. Bei Bedarf ermöglichen Schiebewände eine Öffnung zum Foyer, das von den BewohnerInnen als Kommunikationszone angenommen wurde. // Die Menschen sind nicht auf Stationen untergebracht, sondern in acht Gemeinschaften mit einer maximalen Belegung von 15 Personen. In den großzügigen Wohnküchen wird gemeinsam gekocht, und auch sonst nehmen die BewohnerInnen am Alltag aktiver teil, als dies oft üblich ist. So können familiäre Situationen entstehen. Aufgrund eingeschränkter Mobilität werden die Terrassen, die zum künstlich angelegten Badeteich blicken, zu einem wichtigen Bezug zum Außenraum. Ein großer Turnsaal und eine Bibliothek motivieren, nicht zu erstarren. Fließende Übergänge zwischen den einzelnen Zonen und Geschoßen unterstreichen den Schwung des Hauses auf baulicher Ebene. *th*

LATITUDE
48° 39' 57"
LONGITUDE
16° 37' 05"

TOWARD THE SUN // This building on the outskirts of Poysdorf was designed as an alternative to at-home senior care. The facility consists of three residential buildings and is privately managed by the Catholic church. The nursing home welcomes all arrivals with emblematic bright colors. A slightly curving, white, organic form frames the vertical gridded façade of the entry area. Behind this, the perpendicular glass windows of the chapel unfold in a magnificent display of color in an otherwise understated interior. The space is used not only for contemplation and prayer, but also for gatherings and events. When additional space is needed, wall panels slide aside and open up to the lobby, which the residents have also embraced as a place of communication. // Rather than nursing stations, the residents are grouped into eight shared living units with a maximum occupancy of 15. They cook together in the spacious kitchens and otherwise generally take a more active part in everyday life than is customary, something which engenders a family atmosphere. Given their limited mobility, the terraces overlooking a man-made pond serve as important links to the outside environment. A sizable gym and a library encourage residents to stay active in body and mind. Smooth transitions between the individual zones and floors underscore the building's architectural verve.

a

Hohenau/
March
A
C B
E
D

Zistersdorf
F G
H I

← Niedersulz

b

Mistelbach

Zistersdorf →

Nord Autobahn

Niedersulz
J

Hohenruppersdorf
K

Bad Pirawarth
L
M

Region Hohenau

Rathaus

Florian Prantl

Hohenau/March, Rathausplatz 1

1930

POLYGON // Im gleichen Jahr wie das Rathaus von Hohenau wurde ein Gemeindebau in Wien-Favoriten (Kudlichgasse 26–28) fertig gestellt, beide geplant vom Wiener Architekten Florian Prantl. Während dieser Wohnbau sich sehr zurücknimmt, ist die Vielgestaltigkeit des Rathauses auffällig. Laubengänge sind vorgesetzt, sie tragen ein Presskiesdach. Die Pfeiler sind in Beton ausgeführt. Als Form dominiert beim Schmuck das Dreieck. Die Erkerfenster treten ebenfalls expressiv hervor. Die Kleinteiligkeit der Sprossen blieb erhalten. // Mit einer Gesamthöhe von 15 m beweist sich das Gebäude als erstes Haus am Platz. Ursprünglich hieß die Adresse Liechtensteinstraße 666. Ein Mosaik aus dem Jahr 1959 im Eingangsbereich des Rathauses erinnert an das 600-jährige Bestehen der Gemeinde. Im Erdgeschoß sind seit jeher Geschäftslokale untergebracht (eine ähnliche Tradition findet man bei Gemeindebauten), früher gab es einen Konsum. Auch die Wohnung des Hausbesorgers ist ebenerdig angelegt. Im ersten Obergeschoß befinden sich der Sitzungssaal mit Galerie, zwei Verhandlungszimmer, das Zimmer für den Bürgermeister, die Gemeindekanzlei und das Archiv. Die Bücherei ist mittlerweile übersiedelt, die Gendarmerie, die ursprünglich drei Räume belegte, ebenfalls. // Als reine Wohnzone ist das zweite Obergeschoß ausgerichtet: mit drei Wohnungen (Zimmer-Küche-Kabinett) sowie einer vierten Wohnung, die über zwei Zimmer verfügt, allesamt an Privatpersonen vermietet. *th*

LATITUDE
48° 36' 22"
LONGITUDE
16° 54' 18"

POLYGON // The town hall of Hohenau was built in the same year as a council apartment building in Vienna's Favoriten district (Kudlichgasse 26–28), also designed by Viennese architect Florian Prantl. While the design of the residential building is very reserved, the town hall's formal diversity is quite striking. It is flanked by colonnaded, flat-roofed volumes with concrete piers. Triangles dominate the decorative motifs, while the bay windows protrude expressively.

The original detailing of the casement window grilles has been preserved. // This 15-meter-high building was the first to be built on the square. Its original street address was Liechtensteinstraße 666. A 1959 mosaic in the town hall lobby commemorates the community's 600th anniversary. Local shops have inhabited the ground floor since year one (similar to the tradition in public housing), and there was once a grocer as well. The caretaker's residence is

also situated on the ground floor. The assembly hall with a balcony, two conference rooms, the mayor's office, the council offices, and archives are on the first upper floor. The library has since been relocated elsewhere, as has the police station, which originally occupied three rooms. // The second upstairs floor is reserved for purely residential uses: four apartments, three one-bedroom units (living room, kitchen, and small bedroom), and one two-room unit, all privately rented.

Gebrüder Schlarbaum,
Heinrich Gassinger

Ehemaliges Zollhaus
Hohenau/March, Kirchengasse 12 & 12a

1937

TRIBUT // Florian Flicker hat 2012 mit dem Film »Grenzgänger« die March-landschaft als Schwelle zwischen den Ländern verewigt. Hohenau liegt in diesem Dreiländereck zu Tschechien und der Slowakei. In den 1930er Jahren wurde anstelle der alten Zollbaracken ein Neubau für die Beamten und ihre Familien geplant. Die Marktgemeinde überließ dem Bund den Baugrund als Schenkung. Im Gegenzug wurde »mit Rücksicht auf die trostlose wirtschaft-liche Lage« verhandelt, die Hohenauer Arbeitsgemeinschaft der Tischler mit den Holzarbeiten zu beauftragen. // Zwei mehrgeschoßige, unterkellerte Häuser entstanden, beide wurden in Ziegel und mit Eisenbetondecken aus-geführt: Das kleinere, zur Straße hin, beherbergte die Zollwache mit Amts-, Neben-, und Verwahrungsraum. Weiters waren sechs Wohnungen unter-gebracht. Im dahinter liegenden Haus wurden für die BewohnerInnen der 18 Wohnungen zwei Bäder sowie zwei Waschküchen im Dachgeschoß ein-gerichtet. Jede der 48–64 m² großen Wohnungen verfügte von Anbeginn an über ein Klosett mit Wasserspülung sowie einen Wandbrunnen. Der Anschluss an die Ortswasserleitung erfolgte erst 1958. // Mit dem Umbau durch Bernd Wilda in den 1990er Jahren wurde der Bestand, dessen Fassade Sichtziegeleinfassungen als Schmuck trägt, revitalisiert. Parkmög-lichkeiten kamen hinzu. Seit der Öffnung der Grenze hat sich viel verändert. Die Dienststelle der Grenzpolizei in Hohenau wurde 2011 geschlossen. *th*

LATITUDE
48° 36' 16"
LONGITUDE
16° 54' 33"

PAYING TRIBUTE // In his 2012 film Grenzgänger (Border Crossers), Florian Flicker memorialized the March landscape as a threshold between different countries. Hohenau is located in the Dreiländereck, the triangle formed by the Czech, Slovakian, and Austrian borders. In the 1930s, a new building for the officers and their families was built on the site of the old customs barracks. The town donated the property to the federal government, and in exchange, "in consideration of the bleak economic situation," the Hohenauer Association of Carpenters was commissioned to do the carpentry. // Two multiple-story buildings were built with full basements, both executed in brick with reinforced concrete floor slabs. The smaller one, facing the street, housed the customs guardhouse with offices, service and storage spaces, and six apartment units. Eighteen apartment units, two communal baths, and two penthouse laundry rooms were built in the structure behind it. Each of the apartments, which range in size from 48 to 64 square meters, was originally outfitted with a flush toilet and wall fountain. The buildings were not connected to the local water system until 1958. // The retrofit carried out by Bernd Wilda in the 1990s revitalized the building, whose façade is trimmed with ornamental brick. Parking spaces were added as well. Much has changed since the border was opened up, with the border police closing its station at the Hohenau crossing in 2011.

Ehemaliges Werkskasino
Hohenau/March, Bahnstraße 36

Felix Nemecic

1958

LES JEUX SONT FAITS // Zur Gesamtanlage der Hohenauer Zuckerfabrik gehörte früher auch ein Kasino, das anlässlich des 80. Geburtstages der Ehefrau des Industriellen Oskar Strakosch, Elise, entstand. Als Architekten beauftragte man Felix Nemecic (1909–1979), der in Olmütz geboren wurde und der 1936 mit seiner schlichten Aufstockung des Palais Herberstein am Wiener Michaelerplatz einen neuen Akzent setzte. // In der Grenzstadt Hohenau bedeutete Unterhaltungsprogramm eine große soziale Aufwertung für den Standort. Das Kasino in Stahlbetonskelettbauweise ist deutlich der nüchternen Geometrie der 1950er Jahre verschrieben und beweist elegante Details etwa bei der Gestaltung des Portals. Zwischen Straße und Bahngleisen situiert, dehnt sich der mehrteilige Baukörper aus. Als prominenter Abschluss fungiert der Saaltrakt, der gegenüber dem zurückversetzten zweigeschoßigen Sozialbau höher angelegt ist. Der zweifärbige Anstrich (rosa und weiß) betont diese Dualität. Der Festsaal, für 300 BesucherInnen ausgerichtet, wurde mit Warmluftheizung, die zugleich als Lüftung diente, ausgestattet. Im Haus waren weiters eine Bibliothek, ein Gesellschaftsraum, aber auch Wohnmöglichkeiten für Angestellte untergebracht. // Noch vor der Schließung der Zuckerfabrik (2006) erfolgte eine Umnutzung der Spielstätte: 1993 wurde das Kasino für Gastgewerbe und Privatzimmervermietung umgebaut. Mittlerweile dient das Haus als Firmensitz. Die Erinnerung an den alten Glanz bleibt. *th*

158

LATITUDE
48° 36' 04"
LONGITUDE
16° 54' 10"

THE CHIPS ARE DOWN // The Hohenauer sugar factory complex once included a casino built on the occasion of the eightieth birthday of industrialist Oskar Strakosch's wife Elise. The project was designed by Felix Nemecic (1909–1979). Born in Olmütz, he had broken new ground in 1936 with his stripped-down design for the addition of an extra story to the Palais Herberstein located on Michaelerplatz in Vienna. // The site's entertainment program was a great social enhancement for the border town of Hohenau. Built with a reinforced concrete frame, the casino is distinctively articulated in the somber geometry of the 1950s and features elegant details, especially the design of the entryway. The multi-winged building stretches itself out between the road and the railway line. The ballroom tract, which is taller than the two-story wing of social housing set behind, makes a prominent culmination. The two-toned color scheme (white and pink) emphasizes this duality. The ballroom accommodates 300 guests, and is equipped with a hot air heating system that also provides ventilation. The building also contains a library, a common room, and housing for staff. // Before the sugar factory was closed down in 2006, the casino had been converted into a catering facility in 1993, with rooms rented out for private events. The building continues to function as the company's headquarters, keeping alive the memory of former glory.

ab 1923

BITTER-SÜSS // 1867 durch Familie Strakosch gegründet, erlebte die
Rübenzuckerverwertung in Hohenau einen großen Aufschwung. Die Lage an
der Nordbahn war günstig, auch die Nähe zur March, denn die Produktion
erforderte viel Wasser. Geschwächt durch den Verlust großer Anbaugebiete
nach 1918 – fast ein Drittel der ursprünglichen Fläche von Hohenau ging an
die Tschechoslowakei – entstanden 1923 die Druckverdampfstation, aber
auch Hallen zum Waschen und Spülen der Rüben. Das Kesselhaus wurde 1934
erneuert. Als Opfer der Arisierung gelang den Besitzern nach der Rückkehr
aus der Emigration 1949 die mühsame Rückstellung. In den 1950er Jahren
errichtete man u. a. Diffusionstürme und erweiterte das Zuckermagazin.
// Mit der schrittweisen Übernahme durch die Agrana in den 1980er Jahren
und Umwandlung in einen internationalen Konzern erfolgte ein Modernisie-
rungsschub. Eine neue Zuckermarktordnung verursachte das Sinken der
Preise, 2006 wurde das Werk zugesperrt. Seitdem wird vor Ort für die
anderen Agrana-Betriebe nur noch Zucker zwischengelagert. Im »Augustin«
03/2006 schreibt Robert Sommer: »Es gibt keine Hohenauer Familie, die
nicht irgendeine Beziehung zu der Fabrik hat, die möglicherweise bald
nur noch als potemkinsche Architektur dazu herhalten muss, dass die
Ansichtskarten der Marktgemeinde nicht gleich zur Makulatur werden.«
Die ehemaligen Klärbecken dienen nunmehr alleine als Brutplatz für
seltene Vogelarten. *th*

159

LATITUDE
48°35′58″
LONGITUDE
16°54′06″

*BITTERSWEET // Founded in 1867
by the Strakosch family, beet sugar
processing started to boom here.
The location on the northern railway
line was advantageous, as was
the proximity to the March, since
the production process required
considerable amounts of water.
Though weakened by the extensive
loss of farmland in 1918 – almost a
third of the original area of Hohenau
was given over to Czechoslovakia –
a pressurized evaporation station
was built in 1923, along with rooms
for washing and rinsing the beets.
The boiler house was renovated in
1934. Victims of Aryanization, the
owners were able to return from
their exile and begin the painstaking
work of reestablishment in 1949.
In the 1950s, diffusion towers were
built and the sugar depot enlarged.
// The plant was modernized in
the course of a gradual takeover by
the Agrana company in the 1980s
and the transition to an international
business. When new market
regulations brought a drop in sugar
prices, the factory was shut down
in 2006. Since then, other Agrana
companies use the site only to
temporarily store sugar. Writing in
Augustin (03/2006) Robert Sommer
noted, "There is not a Hohenauer
family that hasn't got some connection to the factory, though it may
wind up as mere Potemkin architecture, left standing just to prevent
the town's postcards from becoming
waste paper." The plant's disused
purification tanks are now used only
as a nesting place for rare birds.*

Skulpturales Zeichen am Ortsrand
Hohenau/March

Walter Kirpicsenko,
Alexander Klose

2005

RONDELL // Anlässlich der EU-Osterweiterung entstand an den Lacken der ehemaligen Hohenauer Zuckerfabrik am Dreiländereck zwischen Weinviertel, Südmähren und Westslowakei ein Landmark. Aus einem Trichter erhebt sich ein beschrifteter Ring, der auf drei Stützen ruht. Die Zugänge sind auf die Hauptstädte Wien – Prag – Bratislava ausgerichtet. Die zweischalige Kreiskonstruktion spielt mit dem Innen und Außen. Betritt man die Skulptur, kann man in der inneren Schale Zitate der Autorin Marlene Streeruwitz, des 2011 verstorbenen Schriftstellers und Politikers Jiři Gruša sowie der Schauspielerin und Politikerin Magda Vášáryová im O-Ton lesen. Die jeweiligen Übersetzungen sind extra angeführt. Der »Einzählreim« von Streeruwitz, dessen erste Strophe zu lesen ist, entstand ursprünglich für die Europabrücke (zwischen Frankreich und Deutschland) und greift die Angst des Individuums vor dem Queren einer Grenze auf. // Poetisch spiegelt sich der Himmel in den verspiegelten Niro-Platten, in die eine von den Architekten selbst entwickelte Typografie gestanzt wurde. Der Schriftzug »Hohenau« in Versalien bildet einen Rahmen. Durch die integrierte Beleuchtung des vielschichtigen Objektes erscheinen mit Anbruch der Dämmerung in Neon nach außen hin die Statements als Plädoyer dafür, die Fremdheit zu überwinden. Der geschützte Raum der Skulptur wird dabei zu einem Rotor. *th*

160

LATITUDE
48° 36′ 00″
LONGITUDE
16° 54′ 37″

RONDEL // On the occasion of the EU expansion to the east, a new landmark was built on the pond of the old sugar factory in the Dreiländereck, the triangular border of the wine region, southern Moravia, and western Slovakia. A large ring bearing inscriptions is suspended on a cone-shaped mound with entry points laid out in three directions facing the capitals of Vienna, Prague, and Bratislava. The double-hulled cylindrical structure plays with the notion of interior and exterior. On the inside surface of the sculpture visitors can read quotations by author Marlene Streeruwitz, writer and political leader Jiři Gruša, and Magda Vášáryová, also a political leader, written in the original language. Translations are also provided. The texts include the first stanza of Streeruwitz's poem Einzählreim, written for the opening of the Europa bridge linking France and Germany, which describes the anxiety one feels before crossing a border. // The mirrored stainless steel plates, which are punched with lettering that was specially designed by one of the architects, poetically reflect the sky. On one side is the word "Hohenau" written in capital letters. As dusk settles, the texts are illuminated by the multilayered object's built-in lighting, sending out a neon plea for people to overcome their sense of otherness. At the same time, it transforms the space inside the sculpture into a kind of rotor.

Hauptschule
Zistersdorf, Kirchengasse 1

1987

STIRNFRONT // Beim Büro Nehrer + Medek, seit 1993 Nehrer + Medek
und Partner und seit 2004 NMPB Architekten, zieht sich der Schulbau seit
den 1970er Jahren als roter Faden durch das beträchtliche Œuvre. Beim
Umbau der ehemaligen Mädchenhauptschule von Zistersdorf – unmittelbar
im Verband des historischen Zentrums und nah zur Stadtpfarrkirche –
wurde besondere Rücksicht darauf genommen, die umliegenden Bauten
im Erscheinungsbild und in den Größenverhältnissen zu berücksichtigen.
// Der Bauplatz am Eck zum Schlossplatz war eng. Um Raum zu sparen,
wurde die zweigeschoßige Sporthalle in das Untergeschoß verlegt, und die
Klassenräume wurden darüber gesetzt. Die notwendigen Konstruktionshöhen
der Zwischendecken verlangten die Verlagerung der Hauptkonstruktion in
das Dachgeschoß. Enorme, überlange Stahlbetonbinder, deren Anlieferung
in die Stadtchronik eingegangen ist, kamen dabei zum Einsatz. Die darunter
liegende Decke hängt mit Zugsäulen an ihnen. // In einem risalitartig
erhöhten Gebäudeteil greift die Fensterform die darüber liegende Dachneigung
in abgeschwächter Form auf. In dieser Mittelzone erfolgt auch der Zugang,
zurückgesetzt, mit Säulen gerahmt und durch einen Windfang geschützt.
In die graue Sockelzone, die sich von der aprikosenfarbenen Fassade
abhebt, wurden schmale Fenster vertikal eingeschnitten. Die verschiedenen
Fenstertypologien beleben das massive Volumen des Baukörpers. *th*

161

LATITUDE
48° 32' 38"
LONGITUDE
16° 45' 39"

*FOREFRONT // Since the 1970s, the
construction of school buildings has
been a central aspect of the substantial oeuvre of the Nehrer + Medek
agency, renamed NMPB Architekten
in 2004. For the conversion of the
former Zisterdorf Secondary School
for Girls – located right in the
historic center and near the town
church – special attention was given
to maintaining overall appearances
and dimensional ratios together with
the surrounding buildings. // The
building site, at the corner of the
Schlossplatz, was very constricted.
To save space, the two-story
gymnasium was transferred into the
basement, with the classrooms set
above. The required height of the
inserted ceilings meant that the main
structural system was transferred
into the attic story. Enormous,
overlong, reinforced steel girders
were delivered for use in the
construction – an event entered into
the town chronicles. The floor below
is suspended from these massive
beams. // In a raised building
section reminiscent of an avant-
corps, the shape of the windows
takes up on the angle of the roof
above and reiterates it in a more
subdued form. The entrance is also
through this middle area, and is
receded, framed by columns, and
protected from the wind. The
grey base area contrasts with the
apricot-colored façade, into which
narrow windows have been vertically
incised. The different varieties of
windows enliven the massive volume
of the building.*

Volksschule
Zistersdorf, Schlossplatz 5

Nehrer + Medek und Partner

2005

ZUWACHS // Ursprünglich waren Volks- und Hauptschule in einem gemeinsamen Gebäude aus dem Jahr 1874 untergebracht. Die VolksschülerInnen übersiedelten 1967 in einen Neubau von Rupert Weber. Bauphysikalische Mängel machten im neuen Jahrtausend einen Relaunch notwendig. Eine Generalsanierung sowie ein Zubau wurden beauftragt. So galt es auch, für die Allgemeine Sonderschule ein neues Unterbringungskonzept zu erstellen. Diese war bis dato auf zwei Gebäude und vier Ebenen verteilt. Die Therapieräume der ASO wurden in einen Flachbau integriert, den NMPB Architekten in den bestehenden Pausenhof einschoben. Auf die Zentralgarderobe setzten sie – bei laufendem Betrieb – einen Bauteil zur Erweiterung der Volksschule, beides in Holzriegelbauweise. Um das neue Erschließungsprogramm zu rahmen, wurden zusätzlich zwei Stiegen errichtet: im Südwesten innen, im Nordosten außen, von wo auch der Zugang zum Garten erfolgt. Am Dach des Zubaus entstand eine Pausenterrasse. // Nach außen zeigt sich die Schule nun mit einer Holzfassade, in die bunte Farbstäbe vertikal wie Intarsien eingearbeitet sind. Eine V-Stütze beim Eck markiert den Anfangsbuchstaben der plastisch ausgeformten Beschriftung als Volksschule. Das geschwungene, spitz zulaufende Obergeschoß mit einem kompakten Fensterband kragt aus. Die Stützen erzeugen einen modernen Säulengang. Die überdachte Zugangszone ist durch wenige Stufen vom Schlossplatz abgelöst und zugleich barrierefrei über eine Rampe erschlossen. *th*

162

LATITUDE
48° 32' 38"
LONGITUDE
16° 45' 40"

GROWTH // The elementary and the secondary schools were originally housed together in the same building, built in 1874. In 1967, the elementary school pupils moved into a new building designed by Rupert Weber. Due to structural-physical deficiencies, a relaunch became unavoidable by the new millennium and a thorough overhaul and addition were contracted. This also made it necessary to create a new use concept for the General Special Education School, which had been distributed across two buildings and four stories up to that point. The special education school's therapy rooms were incorporated into a new flat building that NMPB Architekten inserted into the existing schoolyard. They also placed an addition for the elementary school on top of the central cloakroom – with school still in session – both timber constructions. Two additional stairways were erected, framing the circulation concept on the inside in the southwest, and the outside to the northeast, where the entrance to the garden is located. A recess area was constructed on the roof of the new building. // The school now displays a wooden exterior façade, with colorful strips vertically inset like intarsia. A V-shaped support at the corner marks the first letter of the sculptural lettering of the elementary school's name. The curving upper story runs into a point, its compact band of window projecting outwards. The supports create a modern arcaded passage. The covered entrance area is separated from the Schlossplatz by a few steps, kept barrier-free by an access ramp.

Ernst Maurer

2003

PRAXISNAH // In mehreren Erweiterungsetappen entwickelte sich die
Landesberufsschule, die von den 1960er bis zu den 1980er Jahren im
Stadtschloss von Zistersdorf untergebracht war. Die Konzentration von
Schulen rund um den Schlossplatz ist auffällig. Mit dem lang gestreckten
Riegel, der an der Nord-Süd-Achse ausgerichtet ist, wurde von Ernst Maurer
eine kompakte Lösung für die Ausbildungsstätte von Lehrlingen im Bereich
Installations-, Gebäude-, Sanitär- und Klimatechnik gefunden. Hell eingefasste
Fensterbänder durchziehen den Baukörper horizontal. Bei der Platzierung
des Turnsaals unter dem Vorplatz wurde eine natürliche Belichtung über den
Schlossgraben mitgedacht. // Alt und Neu stehen im Dialog. Der Blick auf die
Fassade des Schlosses, deren Renovierung parallel zur Erweiterung erfolgte,
wurde ostseitig frei gehalten. Zugleich wurde eine offene Zugangszone
geschaffen. Eine zweigeschoßige Aula fungiert als Gelenk zwischen den
Gebäudeteilen unterschiedlichen Baudatums. Neue Praxisräume entstanden,
Lehrwerkstätten wurden zu Laborräumen. Deren Einrichtung erfolgte durch
Ausschreibungsunterlagen und Detailplanungen der Schule selbst. Auf der
Schul-Website kann man nachlesen, dass dies »dem Schulerhalter Kosten
in Höhe von ca. 200.000,- Euro erspart hat«. Ein Modell, das vielleicht
Nachahmung finden wird. *th*

LATITUDE
48° 32' 37"
LONGITUDE
16° 45' 33"

HANDS-ON // This trade school, which was housed in the Zistersdorf Castle from the 1960s to the 1980s, was expanded in a number of growth stages. The cluster of school buildings around the castle square is quite noticeable. For the facility that trains apprentices in construction, plumbing, electrical, and building systems technology, Ernst Maurer designed a compact scheme forming a long bar along the north-south axis. Brightly framed ribbon windows run along the building horizontally.

The benefit of natural lighting from the castle moat was taken into consideration when the decision to place the gymnasium beneath the front plaza was made. // Old and new engage in dialogue. Toward the east, an unobstructed view of the castle façade is preserved, which was newly renovated at the same time the addition was built. At this same time, an open entrance area was also created. A two-story auditorium acts as a hinge between the building's wings, which all date

from different eras. New training rooms were created; old workshops became laboratories. They were built according to specifications and details provided by the school itself. The school's website reveals that this "saved the school around 200,000 euros in maintenance costs" – a model worthy of imitation.

ILLICHMANN architecture,
Jon Prix

Reihenhausanlage
Zistersdorf, Hacheweg 1–10

WEST SIDE STORY // Als erster Bauabschnitt für verdichtetes Wohnen
am Ortsrand wurden fünf Doppelwohnhäuser umgesetzt. Der erste Eindruck:
flache Kuben, vor denen Autos parken. Diese als überdachter Stellplatz
nutzbaren Abstandsflächen geben der Anlage einen gewissen Rhythmus vor
und sind zugleich Distanzhalter zwischen den kompakten weißen Gebäuden.
Straßenseitig zeigen die Reihenhäuser nur ein Geschoß. Erst wenn man
an der Geländekante steht, wird deutlich, dass sich der Wohnraum über
zwei Ebenen zieht. // Das untere Geschoß mit Küche, Nebenräumen und
Wohnzimmer ist auch über den rückseitig gelegenen Garten begehbar.
Der großflächige Einsatz von Glas öffnet das Wohnen westseitig zum
Außenraum. Die überschaubaren Parzellen sind durch ein leichtes Gitter
voneinander abgetrennt. Bis die individuellen Grüngestaltungen greifen
werden, erscheint die Rasenfläche fast noch als Einheit. Die Schlafräume
sind auf Straßenebene untergebracht. // Symmetrie wird von der Gestaltung
der Fassade bis hin zur Art und Weise, wie die Bäume in der Abstraktion
eines Vorgartens gepflanzt wurden, groß geschrieben. Graue Felder und
verzinkter Stahl setzen unaufdringlich Akzente. Insgesamt sollen 29 Wohneinheiten entstehen, ein dreigeschoßiger Wohnbau an der Bundesstraße
ist im Osten des künftigen Ensembles vorgesehen. *th*

LATITUDE
48°32'34"
LONGITUDE
16°45'38"

WEST SIDE STORY // Five double houses were built in the first phase of construction of this dense housing project on the periphery. At first glance they look like flat cubes with cars parked in front of them. These covered parking spaces give the complex a certain rhythm, while functioning as spacers between the compact white buildings. Only one story of the row houses can be seen from the street. The fact that the living units stretch across two levels doesn't become clear until one is standing at the edge of the property. // The lower level kitchen, living room, and adjoining rooms are also accessible via the back garden. The extensive use of glass opens up the living space to the outdoors on the west. A lightweight grating separates the manageable lots from each other. Until the individual landscaping takes hold, the lawn seems almost like a single unit. The bedrooms are located at street level. // Symmetry is a big theme, from the design of the façade to the way trees are planted in the abstraction of a front yard. Gray panels and galvanized steel provide inconspicuous accents. The complex will eventually comprise a total of 29 dwelling units with a three-story apartment building on the highway to the east.

Besucherzentrum Niedersulz
Niedersulz 250

ah3 architekten

2012

VOLKSKULTUR AUSGESTELLT // Mit der Übertragung eines über 200 Jahre alten Weinviertler Streckhofes aus Bad Pirawarth war 1980 der Grundstein für das Museumsdorf gelegt. Im Laufe der Jahre wuchs das Ausstellungsareal kontinuierlich Hof um Hof an, ergänzt durch Wohn-, Wirtschafts- und Handwerkerhäuser, Kellerstöckl, Presshäuser, Schüttkästen bis hin zu einer Mühle, einer Schmiede, einer Schule und einem Pfarrhof. Was fehlte, war ein Besucherzentrum, das der ausgestellten Volkskultur ein Portal gibt. Mit dem von ah3 architekten entworfenen Gebäude wurde dem historischen Dorf nun ein zeitgenössisches Tor gegeben, das sich als überdimensionaler Bilderrahmen präsentiert. Ein dunkler Monolith mit einer großen Öffnung zieht die BesucherInnen quasi an und hinein. Durch die Glasfronten hindurch werden bereits die Dächer des Dorfes sichtbar. Die natürliche Hanglage wird im Entwurf geschickt genützt: Ebenerdig die Eingangsebene mit Gastronomie- und Shopbereich sowie dem Foyer, das auch als temporäre Veranstaltungszone dient. Die Ausgangsebene ist 3 m tiefer angesetzt, von hier aus treten die BesucherInnen hinaus in das Freilichtmuseum. // Der Neubau ist als Passivhaus ausgeführt und versucht in seiner zeitgemäßen Formensprache und Materialwahl, Referenzen zu den traditionellen Bauweisen des Dorfes herzustellen. So besteht etwa die Außenfassade aus alten, gehackten Dachbodenhölzern, im Gebäudeinneren kam heller Putz zum Einsatz. *an*

166

LATITUDE
48° 28' 54"
LONGITUDE
16° 40' 35"

FOLK CULTURE ON DISPLAY // The transferal of a typical elongated farmhouse more than two centuries old from Bad Pirawarth became the cornerstone of this museum village. The grounds of the exhibition space grew yard by yard over the years with the addition of vernacular buildings for dwellings, shops, craftwork, and wine presses, as well as traditional Kellerstöckl cottages, granaries, a mill, a smithy, a schoolhouse, and a vicarage. The only thing missing from the museum was a visitor center, a gateway to present the folk culture on display. ah3 architekten's design gives the historic village a contemporary portal to the past in the form of an oversized picture frame. The dark monolith attracts visitors to and into a large central opening, its glass walls offering a glimpse of the village roofs. The project makes clever use of the natural slope of the site: a ground level entry with a cafe and gift shop serves as the lobby and a space for special events. The exit is set three meters lower, and from there the visitors can step out into the open-air museum. // The new structure is designed as a passive energy building. With its contemporary formal language and use of materials, it also attempts to reference the traditional buildings of the village. For example, the exterior walls are made of wood cut up from old attics, while light-colored plastering was used on the interior.

Atelier für naturnahes
Bauen Deubner

Wohnhausanlage Gartengasse
Hohenruppersdorf, Gartengasse

ALLES HOLZ // In zwei Bauabschnitten geplant, wurde die erste Etappe
mit 16 Wohneinheiten im August 2011 fertig gestellt. Die gesamte Wohnbebauung wird als Holzbau in Passivhausbauweise mit südwestseitig
verglasten Wintergärten als Pufferzone ausgeführt. Alle anderen Fassaden
sind aus Lärchenholz gefertigt. // Die im ersten Bauabschnitt realisierten
Wohneinheiten weisen eine mittlere Größe (70 m^2 und 82 m^2) auf, bei denen
des zweiten Abschnitts wird es darüber hinaus noch größere mit 102 m^2
Wohnfläche geben. Die Erdgeschoßwohnungen haben Zugang zu einem
eigenen Garten. Für die Autos gibt es in einer Tiefgarage Abstellflächen.
// Neben der kontrollierten Belüftung wird die Beheizung zusätzlich
Unterstützung in einer Solaranlage und einer Pelletanlage finden. Für die
alpenland-Genossenschaft als Bauherrin ist dies eine der ersten gemein-
nützigen Wohnanlagen in Holzbauweise. // Prägend für das Gesamtbild sind
sicherlich die abgeschrägten, zweigeschoßigen Fassaden der Wintergärten,
die als Vorräume der Wohnungen genutzt werden können. In diese einge-
schoben sind in Holz eingehauste Treppenaufgänge, die das Ganze zu einer
siedlungsartigen Struktur verschmelzen lassen. *an*

LATITUDE
48° 28' 06"
LONGITUDE
16° 38' 43"

ALL WOOD // Planned in two stages, the first phase of 16 dwelling units was completed in August 2011. The entire residential development is built in wood and employs passive energy systems equipped with solariums, or "winter gardens", that serve as buffer zones. All of the other exterior walls are clad in larch wood. // The units built in the first phase are medium-sized (70 m^2 and 82 m^2), and many of the units in the second phase will be larger (102 m^2). Each of the ground floor apartments has a private garden, and an underground garage provides ample parking space for cars. // In addition to the controlled ventilation system, the heating supply is supplemented by a solar collector and a pellet heating system. This is one of the first cooperative housing estates to be built in wood for the Alpenland Building Cooperative. // The overall look of the project is defined by the sloping, double-height glass walls of the winter gardens, which may be used as the front room of the apartment. Slipped into this space are staircases clad in wood, which let the entire composition meld together in the structure of a residential settlement.

Prof. Knesl-Freilichtmuseum
Bad Pirawarth, Prof. Knesl-Platz

Michael Lang, Checo Sterneck

2005

FIGURATIV // Anlässlich des 100. Geburtstags des Bildhauers wurde
das 1975 begründete Freilichtmuseum neu aufgestellt. Den Wettbewerb
gewannen Architekten, die sich im besonderen Maß mit Hans Knesl
(1905–1971) – Vertreter des plastischen Realismus und Professor an der
Hochschule für angewandte Kunst Wien – auseinander setzten. So besuchten
sie auch den Sohn des Künstlers, einen Architekten, in New York, um
mit ihm ebenso wie mit der Tochter in Wien den Entwurf zu akkordieren.
// Substanzielle Maßnahme war es, eine Achse als Wasserweg durch den
Park zu ziehen, entlang derer die Plastiken wie Kurgäste flanieren. Gerda
Fassel, Meisterklassen-Schülerin des gebürtigen Bad Pirawarthers, sprach
in ihrer Rede zur Eröffnung von einem gedachten »Lebensfeld«, an dessen
Ende Knesls letzte Arbeit den Schlussstein bildet. Die wandelnden Figuren,
deren Aufstellung chronologisch motiviert ist, treten in Blickkontakt zueinan-
der. Die Restaurierung erfolgte durch die Bildhauer Luka Arafune und Franz
Viehauser. // Als Hommage an die historische Bedeutung als Kurpark wurde
das örtliche Heilwasser in einem schlichten, geometrisch organisierten
Brunnen gefasst, der niveaumäßig abgesenkt und mit Sitzplatz ausgestattet
ist. Zudem wurde eine Betonfigur integriert. Die Bepflanzung der gesamten
Anlage erfolgte durch Werner Sellinger von grünplan. Die Gemeinde, die
sich – so die Architekten – überaus engagiert einbrachte, freut sich über
das Gesamtergebnis: Der Park wird gerne für Hochzeiten angemietet. *th*

168

LATITUDE
48° 27' 10"
LONGITUDE
16° 36' 03"

FIGURATIVE // This open-air museum, founded in 1975, was reorganized in time for the sculptor's 100th birthday. The design competition awarded first prize to architects who had worked closely with the ideas of Hans Knesl (1905–1971), a proponent of sculptural realism and a professor at the University of Applied Arts in Vienna. They also visited the artist's son, an architect working in New York, to obtain his consent, along with that of his daughter, who lives in Vienna. // The main concept of the project was an axis along which the sculptures would meander like spa visitors strolling through the park. In her speech at the opening, Gerda Fassel, a student of the Bad Pirawarth native's master class, referred to it as an imaginary "field of life", the end of which is capped off by Knesl's final piece of sculpture. The transformative figures, which are arranged in chronological order, are in visual contact with one another. They were restored by sculptors Luka Arafune and Franz Viehauser. // In homage to the historical importance of the spa, some of its healing waters are contained in a simple rectilinear pool, which is sunken and lined with seating. It also incorporates a concrete statue. The entire composition was landscaped by Werner Sellinger of the grünplan firm. The town, which the architects say took a very active part in the project, is quite pleased with the outcome: the park has become a popular wedding venue.

Werner Schwarzenbacher **Rehabilitationsklinik für Orthopädie & Neurologie**
Bad Pirawarth, Kurhausstraße 100

2006

HEILQUELLE // Schon die Mutter von Kaiser Franz Josef schätzte Bad
Pirawarth. In den 1990er Jahren wurde an einem neuen Standort etwas
außerhalb eine Rehabilitationsklinik errichtet. Mit dem Anspruch, in der
Ausstattung den Anforderungen eines 4-Sterne-Hotels gerecht zu werden,
wurde das Kurzentrum erweitert: 2008 entstand ein Bettentrakt mit
Therapie-, Gastro- und Wellnessbereich, der zweite 2013. Wie zwei Schenkel
bilden sie, ausgehend von der Lobby, eine U-Form als Atriumsituation. Als
Zugang zum Altbestand der Klinik dient im Erdgeschoß ein Gang und im
ersten Obergeschoß eine Brücke. Die Rezeption gibt sich als Loungezone
und vermeidet durch Elemente wie den Einsatz von hellbraunem Leder einen
klinischen Eindruck. Der Architekt brachte Bauerfahrungen im Wellnessbereich (u. a. Vitalbad Aussee, Therme Loipersdorf und Bad Radkersburg)
mit. // Jedes der 121 Zimmer zwischen 17 und 23 m^2 – behindertengerecht
adaptiert und vorwiegend mit Einzel-, aber auch Doppelbetten eingerichtet –
besitzt eine eigene Loggia. Holztrennwände und ein flexibler Sonnenschutz
in Lärche erzeugen ein Raster entlang der Fassade. Anstelle des realisierten
Holzwalmdachs war im Originalentwurf ein Flachdach vorgesehen. // Der
Kurpark wurde über Sichtbezüge eingebunden: Sowohl von der Therapieliege
als auch vom Zimmer können die Gäste als Teil des Genesungsprozesses die
Aussicht auf die Landschaft genießen. »Der Erweiterungsbau 2 wurde tatsächlich um die Bäume herum gebaut«, erklärt Werner Schwarzenbacher. *th*

LATITUDE
48° 26′ 53″
LONGITUDE
16° 36′ 36″

MEDICINAL SPA // Bad Pirawarth once won the admiration of Emperor Franz Josef's mother. The spa's new rehab clinic was built during the 1990s at a new site slightly out of town. As the health resort expanded, it aimed for four-star status: the first bedroom wing with therapy, dining, and wellness center was built in in 2008, and then a second one in 2013. Like two limbs, they enclose a U-shaped atrium centered on the lobby. A corridor on the ground floor and a bridge on the first upper floor connect the new facility to the existing clinic. The reception area is designed as a lounge, using elements such as light brown leather to avoid a clinical appearance. The project benefitted from the architect's prior experience in spa design at Vitalbad Aussee, Therme Loipersdorf, and Bad Radkersburg. // The 121 barrier-free rooms range in size from 17 to 23 square meters. Most are single occupancy, although a few have double beds, and all have their own balcony. Wooden partitions and a mobile sunscreen made of larch create a grid pattern on the exterior façade. The original design called for a flat roof, instead of the hipped roof that was ultimately built. // Visual links connect the building to the spa grounds: as part of their recovery process, guests may enjoy views of the landscape from both the treatment beds and their rooms. "The second addition was actually designed around the trees," explains Werner Schwarzenbacher.

2009

ELEGANTER SCHWUNG // In den 1960er Jahren investierte der Wohl-
fahrtsstaat für das materielle, soziale und kulturelle Wohlergehen seiner
BürgerInnen in öffentliche Einrichtungen wie Schulen, Spitäler oder
Bäder. Eines der Beispiele dafür ist das 1960 eröffnete Weinlandbad,
das in den 1990ern zum größten Erlebnisbad des Weinviertels aufgerüstet
wurde. // 2007 schrieb die Gemeinde einen Wettbewerb für den
neuen Kabinentrakt sowie eine Idee für ein Gesundheitszentrum aus.
RUNSER/PRANTL architekten setzte auf konsequente Symmetrien, höchste
Präzision in der handwerklichen Durchführung und leicht traditionell-vertraute
Anklänge an Freibadarchitekturen aus der ursprünglichen Entstehungszeit.
Der geschwungene Baukörper für Eingang und Kassa, Kabinentrakt – insgesamt 288 Kästchen sowie 113 Kabinen und Komfortkästchen – und Technik
bildet einen wohltuenden Kontrapunkt zur disparaten Umgebung des Stadt-
rands zwischen suburbaner Zersiedelung und Einkaufszentren. Vom Obergeschoß genießt man den Blick auf das gesamte Bad. Der schlanke Holzbau
mit 85 m Länge verwendet gebogene Brettsperrhölzer, die eine Krümmung
von 1 cm auf 1 m aufweisen. Als Schutz vor Witterungseinflüssen wurde
die Oberfläche mit einem platingrauen Anstrich versehen, der auch die
ästhetische Funktion optischer Strenge übernimmt und das Bad zu einem
architektonischen Erlebnis werden lässt im Gegensatz zu herkömmlichen
hypertroph-verspielten Erlebnisbadarchitekturen. *ek*

172

LATITUDE
48° 33' 46"
LONGITUDE
16° 34' 35"

SWEEPING ELEGANCE // In the 1960s, the social welfare state invested in such public facilities as schools, hospitals, and public baths to support the material, social, and cultural well-being of its citizens. One example of this is the Weinlandbad, which opened in 1960 and was upgraded during the 1990s to become the largest water park in the Weinviertel region. // In 2007, the municipality organized a competition for the design of new changing rooms as well as a basic concept for a new health center. The RUNSER/PRANTL architekten aimed at a consistent symmetry, with highly precise execution, and familiar traditional echoes of the original outdoor swimming pool architecture of the time. The curved building, which houses the entrance and ticket office, the changing rooms – with a total of 288 lockers, 113 booths, and toilets – and mechanical systems, forms a pleasant counterpoint to the incongruous surroundings of the urban fringe between suburban sprawl and shopping malls. The upper floor affords views of the entire pool complex. The slender wood building, 85 meters long, is made of plywood panels curved at a ratio of 1 centimeter for every meter. They are painted platinum gray to protect the surface from weathering, a color which also gives the building's aesthetic a visual rigor and transforms the pool into an architectural experience, unlike the usual hypertrophic, adventure pool design of water parks.

Ernst Hiesmayr

Einfamilienhaus
Mistelbach, Liechtensteinstraße 5

1992

VOM UNSPEKTAKULÄREN // Einfach, karg, sparsam, all das sind
Attribute, die man mit der Architektur von Ernst Hiesmayr verbindet.
Seine Bauten sind, so sein ehemaliger Zeitgenosse Wilhelm Holzbauer,
»so wie das Wesen dieses Mannes: großzügig, einfach, ohne Mätzchen
und grundgescheit«. Nicht umsonst hat Ernst Hiesmayr seine Bücher
betitelt mit »Einfache Häuser«, »Das Karge als Inspiration« oder
»Analytische Bausteine«. Und diese Titel sagen eigentlich schon alles
aus: eine unspektakuläre, auf das Wesentliche konzentrierte Architektur,
die sich wie auch bei diesem Wohnhaus nach innen entfaltet. Von außen
eher unscheinbar, liegt die Besonderheit in der Großzügigkeit dieses
Hauses, in seiner Offenheit im Inneren. 1990 begann Hiesmayr den Umbau
dieses Wohnhauses zu planen, vor allem bereinigte er es von all den
Einbauten. Als Wohnhaus mit Ordination konzipiert, dient es heute nur
mehr zum Wohnen. Aber vielleicht erzählt dieses Haus noch eine ganz
andere Erfolgsgeschichte, studiert doch der Sohn der BauherrInnenfamilie
Architektur. Es kann also ruhig sein, dass die Architektur des Wohnens
sich inspirierend auf unser Leben auswirkt. Ernst Hiesmayr verstarb
2006 im Alter von 86 Jahren. *an*

LATITUDE
48° 34' 04"
LONGITUDE
16° 34' 35"

*TRULY UNSPECTACULAR // Simple,
sparse, and economical: these are
all attributes associated with the
architecture of Ernst Hiesmayr. His
buildings are, says former fellow
Wilhelm Holzbauer, "like the essence
of the man himself: generous,
simple, no gimmicks, but with down-
to-earth smarts". It was not without
reason that Ernst Hiesmayr named
his books Einfache Häuser (Simple
Houses), Das Karge als Inspiration
(The Inspiration of Sparseness), and
Analytische Bausteine (Analytical*
*Building Blocks). The titles say it
all: unspectacular architecture
concentrated on the truly essential
aspects that unfold towards the
interior, as is the case with this
house. Relatively inconspicuous
from the outside, the distinctiveness
of the home lies in its generosity,
in its openness within. Hiesmayr
started planning the renovation of
the dwelling in 1990, freeing it above
all from any installations. Designed
as a residence plus doctor's office,
it is used today for living purposes*
*only. But maybe, one day, this
house will go on to tell a whole new
story of success, seeing as the son
of the owner's family is studying
architecture. It just might be true
that the architecture we live in has
an inspirational effect upon our
lives. Ernst Hiesmayr passed away
in 2006 at the age of 86.*

Weißer Monolith (Haus B.)
Mistelbach, Wiedenstraße 5

2011

GEWAGT // Keine Frage, dieses Wohnhaus fällt auf, aber das will es auch, wie die Architektin Connie Herzog erklärt: »Neue Architektur wagt sich erst vorsichtig und vereinzelt in die Region des Weinviertels. Umso überraschter ist man, wenn man plötzlich mitten in dicht verbauten Stadtgebiet Mistelbachs, an einer stark befahrenen Straße unweit des Hauptplatzes, einen weißen, eine selbstbewusste Architektursprache sprechenden Monolith entdeckt.« Ein Baukörper aus einem Guss, so könnte man in aller Kürze das Haus beschreiben, zur Straße geschlossen, nur die Faltung verleiht dem Bau eine gewisse Dynamik und hebt ihn von den herkömmlichen Wohnboxen ab. Eine einheitliche, weiße Schicht auf Kunstharzbasis überzieht die gesamte Oberfläche, sie macht keinen Unterschied zwischen Dach und Wand, dazu noch fugenlos, was den Eindruck des »Aus einem Guss«-Seins noch bestärkt. Straßenseitig befindet sich die Arztpraxis des Bauherrn, den privaten Teil des Hauses betritt man über einen eigenen Eingang im Hof, und dieser orientiert sich ausschließlich zum Garten. // Das Farbkonzept beschränkt sich auf zwei »starke« Farbtöne: das Weiß der Außenhaut kombiniert mit einem kräftigen Schwarz, das als beschichtetes Metall sämtliche Eingangsbereiche und Öffnungen definiert, quasi als Kontrastprogramm. Das Thema »Weiß« wurde auch im Inneren konsequent verfolgt: weiße Möbel, weiße Küche, weiße Regale, auch die Ordination wurde in Weiß gestaltet. *an*

174

LATITUDE
48° 34' 05"
LONGITUDE
16° 34' 25"

BOLD // No question, this house gets noticed, but it wants to, as the architect Connie Herzog explains: "In the Weinviertel region, new architecture ventures forth only cautiously and sporadically at first. All the more surprising then when you suddenly discover a white monolith speaking a confident architectural language on a busy street in the midst of the dense Mistelbach downtown area, not far from the main square." In short, a building cast in a single pour,

closed toward the road, with just its fold giving it a certain dynamic and letting it stand out from the traditional boxy houses. A uniformly white coating of synthetic resin covers the entire outer surface, making no distinction between roof and wall, and there are no joints, which reinforces the impression of construction "in a single pour". The client's medical practice is on the street side, while the private sections of the home are accessed via a separate entrance in the

courtyard, which is oriented exclusively to the garden. // The color scheme is confined to two "strong" colors: the white of the skin in combination with the strong black of the coated metal that defines all of the entry areas and openings provides a definite contrast. The white theme was systematically continued in the interior, with white furnishings, a white kitchen, white shelving, and the medical offices finished in white as well.

Alexander Prokop

Landesberufsschule
Mistelbach, Conrad-von-Hötzendorf-Platz 2

1931

LEHRJAHRE // Die Reformierung des gewerblichen Fortbildungswesens des Landes Niederösterreich wurde in einem Gesetz von 1923 verankert. Im Zuge dessen erfolgte die Errichtung eines Fortbildungsschulgebäudes in Mistelbach. // Einen Eindruck vom ländlichen Leben jener Zeit kann man sich etwa im Bild »Dorf im Weinviertel« machen, das der Künstler Franz von Zülow im Jahr 1931 malte. In diesem Jahr wurde nicht nur dieses Schulgebäude fertig gestellt, sondern 1931 ist auch das Jahr, in dem Josef Reither erstmalig zum Landeshauptmann gewählt wurde. Der ÖVP-Politiker, der die Kriegsjahre im KZ verbrachte, übernahm nach Kriegsende wieder die politischen Geschicke Niederösterreichs. // An der Westseite eines nahezu quadratischen Platzes gelegen, birgt die vergleichsweise zierliche Stirnfront der Berufsschule einen massiven Bau. Ab 1954 erfolgten fortlaufend Zubauten, 1970 wurde der Schulhof zu zwei Dritteln überdacht. Die Ursprungsarchitektur des zweigeschoßigen Gebäudes operiert mit der ordnenden Struktur vertikaler Sichtziegelfelder. Quer laufende Bänder setzen ein ausgleichendes Moment in der Horizontalen. Die Sprossenfenster repräsentieren ebenfalls als zeittypisches Element die Bauepoche. // Aufgrund von Platzmangel zeichnet sich das Ende der Nutzung als Schulgebäude ab. Im Herbst 2013 soll die Fertigstellung des Neubaus von Heinrich Strixner erfolgen, der in Mistelbach bereits 2006 die Werkstätten für Metalltechnik realisierte. *th*

LATITUDE
48˚ 34' 04"
LONGITUDE
16˚ 34' 14"

LEARNING YEARS // In 1923, Lower Austria passed a new law calling for the reform of its system of vocational training. As part of this program, a new continuing education school was built in Mistelbach. // A 1931 painting by artist Franz von Zülow called Dorf im Weinviertel (Weinviertel Village) gives an excellent impression of rural life at the time. This was the year not only that the school building was finished, but also the year that Josef Reither was elected provincial governor.

The politician, a member of the ÖVP (Austrian People's Party) who spent the war in a concentration camp, resumed shaping the political fortunes of Lower Austria after the fighting ended. // Located on the west side of a nearly square plaza, the comparatively delicate front façade of the vocational school conceals a substantial structure. The facility was repeatedly enlarged from 1954 onward, and by 1970, two-thirds of the schoolyard was built over. The original architecture

of the two-story building works with an ordered vertical pattern of exposed brick infill. Continuous horizontal banding balances the composition. Other architectural elements typical of the period are the mullioned windows. // Due to lack of space, the end of the building's use as a school is in sight. A new building by Heinrich Strixner, who also designed the metal workshops in 2006, will open in the fall of 2013.

Stadtsaal

Anton Schweighofer

Mistelbach, Franz-Josef-Straße 43

1989

KLASSIK IM PARK // Die Lage des Stadtsaals von Mistelbach in einem kleinen Park am »Hintausweg« ist eine besondere. Große Glasfronten geben von innen den Blick nach draußen frei oder lassen nachts den Baukörper erstrahlen. // Geplant wurde der Stadtsaal als Erweiterung eines alten gründerzeitlichen Badehauses, an das der Bau mit der Rückwand anschließt. Die Funktionen sind einfach verteilt: Im Erdgeschoß befinden sich eine Bibliothek und ein kleiner Veranstaltungssaal, im Obergeschoß der teilbare, große multifunktionelle Saal. Die Nutzung ist auf kulturelle Veranstaltungen bis hin zu Bällen ausgelegt. Eine parallel innen und außen laufende Treppe wird durch eine der großen Glaswände getrennt. Die Erschließung erfolgt über zwei Eingänge, einer befindet sich auf der Ebene des Erdgeschoßes, ein zweiter, mit einem Quergiebel überdachter Eingang ist als direkter Zutritt zum großen Saal auf der Höhe des Obergeschoßes situiert, erreichbar über die Außentreppe. // Die formal klassische Gesamterscheinung des Gebäudes steht im deutlichen Gegensatz zu seiner Konstruktion, die entspricht nämlich dem eines Industriebaus aus Fertigteilen, »nicht zuletzt wegen des knappen Budgets«, wie der Architekturkritiker Christian Kühn in seiner Monografie zu Anton Schweighofer schreibt. Und dennoch: »Der Kontrast zwischen den klassischen Elementen und dem industriellen Charakter der Ausführung erzeugt Irritationen, die aber nie in billige Effekte umschlagen.« an

LATITUDE
48° 34' 12"
LONGITUDE
16° 34' 14"

A CLASSIC IN THE PARK // The Mistelbach city hall's location in a little park on the town's back pathway is a very special one. Generous glazing opens up the view of the outdoors and lets the building shine at night. // The city hall was planned as an extension to the old Wilhelminian bathhouse that connects along the back wall. The building's functions are distributed simply: there is a library and a small events room on the ground floor, and a large multipurpose hall upstairs can be sectioned off as needed for various cultural events and even balls. A stairway runs parallel on the inside and out, divided only by a large glass wall. The building can be accessed at two entrances, one on the ground floor level and another one, covered by a side gable and reached by the outside stairs, is at the upper level and provides a direct entrance to the great hall. // The classic formal overall appearance of the building is a clear contrast to its construction, which is similar to that of a prefabricated industrial building, "mainly because of its tight budget," writes architecture critic Christian Kühn in his monograph on Anton Schweighofer. And yet, "The contrast between classic elements and the industrial character of the actual implementation creates surprises that never seem like just a cheap trick."

POPPE*PREHAL ARCHITEKTEN **HTL für Biomedizin und Gesundheitstechnik**
Mistelbach, Karl-Katschthaler-Straße 2

2006

KONSEQUENTE PRÄZISION // Mit dem Bau des Schulgebäudes der
Höheren Technischen Lehranstalt für Biomedizin und Gesundheitstechnik
wurde auch ein programmatisches Bekenntnis zu den Kriterien der
Ökologie und der Energieeffizienz abgelegt. Erreicht wurde dieser von
POPPE*PREHAL ARCHITEKTEN an sich selbst gestellte Anspruch der
Inhalt-Form-Konvergenz mit einer durchgängigen Beschränkung auf die
beiden Materialien Holz und Glas, durch deren Einsatz Exaktheit zum
Ausdruck gebracht wird und zugleich durch Orientierung und Fenstergrößen
die optimale Ausrichtung auf Tageslichteinfall und Beschattung. // Auf ein
Sockelgeschoß sind zwei weit vorspringende Quader aufgesetzt. Die großen
Volumina dieses zweigeschoßigen, den Traditionslinien der Moderne verpflichteten Schulgebäudes wurden in Holzelementbauweise ausgeführt.
Der Bau stellt unter Beweis, was mit dem Material Holz konstruktiv in solch
einer Dimension möglich ist. Ist es nach außen die formale Strenge, die
durch die Fassade kommuniziert wird, so ist es nach innen die positive
Raumstimmung, die durch das sichtbar eingesetzte Holz atmosphärisch vermittelt wird. Für den Boden, eine massive Platte, und für das Stiegenhaus
wurde Stahlbeton eingesetzt. Die Innen-Außen-Wirkung von Materialien wird
auch im Foyer eingesetzt, Offenheit nach außen wird durch die großflächige
Verglasung signalisiert, Offenheit nach innen durch die freistehende Treppe,
die zu den Klassenzimmern und LehrerInnenräumen führt. *ek*

LATITUDE
48° 34′ 33″
LONGITUDE
16° 34′ 24″

*CONSISTENT PRECISION // The program of the building for the Technical College of Biomedical and Medical Technology makes a strong commitment to green construction and energy efficiency. This goal of "content-form-convergence" that POPPE*PREHAL ARCHITEKTEN set out to achieve as designers was accomplished by restricting the number of materials to only two, wood and glass, employing them with expressive precision, and at the same time achieving optimum day lighting and shading conditions through orientation and window size. // Two cubic forms project far out from the recessed ground floor of this two-story, traditional modernist school building, whose sizable massing is constructed using a timber element building system. The project shows off the large-scale structural possibilities of wood. While the elevations communicate an air of formal rigor on the exterior, the use of wood on the interior conveys a visible sense of positivity and atmosphere. A massive slab was used for the floor, and reinforced concrete for the stairwell. The inside-out effect of these materials continues in the lobby. The expansive windows foster a feeling of openness to the environment, paralleled on the interior by the freestanding staircase that leads to the class-rooms and faculty offices above.*

2007

ARCHAISCHE STRUKTUREN // Das Ensemble der ehemaligen Heger-Fabrik zur Erzeugung von Landmaschinen wurde von Johannes Kraus und Michael Lawugger als Museumsbau adaptiert. Nur das Foyer kam neu hinzu. Die Umwandlung des Industriebaus erfolgte nach dem Konzept einer Kloster-anlage als prozessorientierte Dramaturgie von Außen- und Innenraum. Ein Platz mit Stufen und Wasserfläche zitiert dörfliche Strukturen. In etwa ein Drittel der Fläche ist dem Werk von Hermann Nitsch gewidmet, der nicht unweit von Mistelbach in Prinzendorf sein Gesamtkunstwerk lebt. // Sakrale Anklänge findet man in der Krypta wieder, die über eine kreisrunde Öffnung einsichtig ist, sowie im Glockenturm. Die industrielle Anmutung wiederum wurde durch die Materialwahl beim Boden in Form von Gussasphalt unter-strichen. Beton gibt den Ton an: »Mit Farben agierten wir sehr vorsichtig – jede Farbe ist bei von Nitsch ist mit einem Symbolwert behaftet«, erklären die Architekten. Tageslicht ist zum Schutz der künstlerischen Arbeiten kontrolliert eingesetzt. Konzentration und Inszenierung schließen einander nicht aus. // Thematische Ausstellungen rund um das Weinerleben und zunehmend in Kooperation mit dem Urgeschichtemuseum Asparn/Zaya er-gänzen die programmatische Ausrichtung des Hauses. Ein Lokal mit luftiger Terrasse lässt vor allem im Sommer mediterrane Stimmung aufkommen. *th*

178

LATITUDE
48°34'31"
LONGITUDE
16°34'17"

ARCHAIC STRUCTURES // With the sole addition of a new lobby, Johannes Kraus and Michael Lawugger converted the old Heger agricultural machinery factory complex into an art museum. The transformation of the industrial building was based on the concept of a monastery, in a process-oriented rescripting of both exterior and interior. A plaza with public stairs and a decorative pool references the typical village pattern. Roughly a third of the exhibition space is dedicated to the work of Hermann Nitsch, who lives in his own Gesamt-kunstwerk – a castle in Prinzendorf – located not far from Mistelbach. // Religious references can be found in the crypt, which is visible through a circular aperture, and in the bell tower. The industrial feel, on the other hand, was underscored by the choice of poured asphalt for the floor material. The concrete sets the tone: as the architects explain, "We handled colors very cautiously – in Nitsch's work, every color is laden with symbolic meaning." Daylight is carefully controlled to protect the artworks. Contemplation and setting a stage for the artwork are not seen as mutually exclusive goals. // The direction of the museum's exhibitions includes the theme of wine culture as well as an increasing number of shows carried out in cooperation with the archaeological museum in Asparn/Zaya. A restaurant with a breezy terrace lends the place a Mediterranean atmosphere, especially in summer.

Heinz-Dieter Kajaba

Kolpingheim
Mistelbach, Pater-Helde-Straße 17

1979

SYMBIOSE // An einem Grundstück am Stadtrand entstand für den katholischen Sozialverband Kolpingwerk ein Mädchenheim. Die BewohnerInnen – ursprünglich vorwiegend Schülerinnen des nahe gelegenen Bundesschulzentrums, aber zwischenzeitlich auch Lehrlinge und Menschen in Übergangssituationen – nutzen seitdem das Angebot, in familienartigen Gruppen untergebracht zu sein. // Zwei Baukörper wurden über eine gewendelte Treppe als Gelenk miteinander verschränkt. Vier Familiengruppen sind jeweils um einen oktogonalen Kern organisiert. Dieser Gemeinschaftsraum ist abgesenkt bzw. im obersten Geschoß zum Dach hin angehoben, um die Raumhöhe zu steigern. Die Decken geben die geometrische Form des Achtecks strahlenförmig wieder, dazwischen wurden dreieckige Leuchten gesetzt, die noch im Original erhalten sind. // Um den Zentralraum sind 10 (Doppel-)Zimmer angelegt: Jedes wurde mit einem eigenen Badezimmer versehen und als Kunststoffzelle ausgeführt. Zur Ausstattung des Hauses gehören ebenso Etagenküchen, ein gemeinsamer Speisesaal im Erdgeschoß wie auch Räume, die für gemeinsame Freizeitaktivitäten, etwa um Theater zu spielen, genutzt werden können. // Nach außen sind die Bauten, die sich höhenversetzt der Topografie anpassen, mit Sichtziegeln strukturiert. Gartenseitig besticht die Fassade durch eine intelligente Variation der Fensterformen. In direkter Umgebung realisierte der Architekt im Jahr 2000 ein Wohnhaus mit Werkstätte für Menschen mit Behinderung. *th*

179

LATITUDE
48° 34' 21"
LONGITUDE
16° 33' 45"

SYMBIOSIS // A girls' home for the Catholic Kolpingwerk social project was constructed on a property at the city's edge. The residents – originally mostly pupils from the nearby Federal School Center, but meanwhile also apprentices and people in transition – have been living in family-like group living arrangements ever since. // There are two interlaced structures, joined by a spiraling staircase. On each floor, four family groups are arranged around a central octagonal core. This common room is sunken and, on the top floor, the roof is raised to increase the room height. The ceilings radiate outwards, reiterating the geometric shape of the octagon, and are interspersed with triangular lights preserved from the original building. // Ten double rooms are arranged around the central area, each with a private bathroom designed as a plastic cubicle. The house is also equipped with a kitchen on each floor, a common dining hall on the ground floor, and rooms that can be used for group recreational activities such as theater. // The heights of the buildings are staggered to match the terrain, and the exteriors are structured with visible brick. Toward the garden, intelligent variations in the shape of the windows make the façade stand out. In the year 2000, the architect also completed a residential building with a workshop for people with disabilities.

Zwischenraum
Stadtrand von Mistelbach

Klaus Stattmann

2005

PERFORMATIVE BEHAUSUNG // Die 1990er Jahre waren in den Geistes-
und Sozialwissenschaften vom Performative Turn gekennzeichnet. Alle
menschlichen Handlungen werden als Aufführung, als öffentliche Präsentation einer Performance begriffen. Diese Konzepte von Performance und
Performativität wurden auch für die Architekturproduktion relevant. // Klaus
Stattmann spricht in Zusammenhang mit dem Raum, der für die Betrachtung
des Bilderfrieses des Künstlers Heinz Cibulka von ihm konzipiert wurde,
vom »sprunghaften Umschlagen des Faktischen ins Mögliche«. Der Container,
in den man über eine Betontreppe gelangt, bietet einen Schau-Platz, der
die persönlichen fotografischen Eindrücke des Weinviertels, die in dem
Bilderfries festgehalten sind, zur Aufführung bringt und die BetrachterInnen
in Bewegung versetzt. Der Container erlaubt die Passage durch die Bild-
welten von Cibulka im Dialog mit den Ausblicken in die umgebende Landschaft,
durch ein Fenster auf die Stadt Mistelbach, von der Terrasse Richtung
Slowakei. // Der Container ist auch performative Intervention in die Landschaft. Gewählt wurde ein dem Weinviertel fremdes Gehäuse, ein vorgefertigter und hoch gelagerter Seecontainer. Die Referenz an den Hafen, die
durch die Container evoziert wird, ist Hinweis auf jene Fremdheit technischer
und infrastruktureller Einschreibungen in die Natur, wie Eisenbahnen,
Getreidesilos oder Windkraftanlagen, die über die Zeit in gewohnte
Landschaftswahrnehmung verwandelt wurden. *ek*

180

LATITUDE
48° 34' 53"
LONGITUDE
16° 34' 47"

*PERFORMATIVE DWELLING //
During the 1990s, the notion of the
"performative turn", in which all
human actions are regarded as a performance, or a public presentation
of a performance, strongly pervaded
the humanities and social sciences.
These concepts of performance and
performativity were also influential
in the production of architecture.
// In discussing the space he
designed for viewing friezes by artist
Heinz Cibulka, Klaus Stattmann
refers to a "sudden transformation*
*of the actual into the possible".
The container, which is entered
via concrete stairs, acts as a show-
case that both puts the personal
photographic impressions of the
Weinviertel enshrined in the frieze
into a performance and sets the
viewers in motion. The container
allows them to pass through
Cibulka's imagery in dialogue with
the views of the surrounding landscape, with a window overlooking
the town of Mistelbach and a terrace
facing toward Slovakia. // The*
*container is also a performative
intervention in the landscape. The
suspended, prefabricated shipping
container is a form of enclosure
alien to the Weinviertel area. The
homage to the harbor evoked by
the container also points to the
otherness of technology and infrastructure inscribed on nature, such
as railroads, grain elevators, or
wind turbines, which have become
transformed over time into a familiar
landscape.*

a

Mistelbach

Paasdorf
D
A
B
C

Niederkreuzstetten
F
Großrussbach
E

Bad Pirawarth

Nord Autobahn

Wolkersdorf
I
G
H
K
Obersdorf
N
Auersthal

Eibesbrunn
Pillichsdorf
L
J
Großengersdorf
M

S1

Angern/Mar

b

Angern/
March
P
←Auersthal
O

Windwürfelhaus

Eva Afuhs

Paasdorf, Kulturlandschaft Paasdorf

1998

IN DEN WIND GEWÜRFELT // In einer Kulturlandschaft wie der des Weinviertels ist die Gestaltungsaufgabe nicht auf den gebauten Raum in den Gemeinden beschränkt, sondern auf die Landschaft und deren Neuinterpretation erweitert. // Das Windwürfelhaus von Eva Afuhs ist Teil des größeren, insgesamt 500 ha umfassenden Projekts Kulturlandschaft Paasdorf. Im Jahr 1995 setzte sich die Stadtgemeinde Mistelbach das Ziel, diese strukturschwache und zunehmend weniger genutzte Landschaft nicht nur durch künstlerische Eingriffe neu zu definieren, sondern auch als Landschaftsraum zu erhalten. Ein Rad- und Kulturwanderweg erschließt das Areal. Die Künstlerin Eva Afuhs, die zuletzt als Kuratorin im Museum Bellerive tätig war und 2011 bei einem Verkehrsunfall in Zürich tödlich verunglückte, schuf aus Stahlplatten eine aus Haus und Mantel bestehende Skulptur. Letztlich sind es die Kräfte des Windes und deren Berechnung, die sowohl die Form als auch die Platzierung dieser Skulptur in der Landschaft bestimmten. »Es rollt ein räumlich genau definiertes Objekt einen Hügel hinunter. Die Bewegung hat ihren Ausgangspunkt an dem einen Ende des Feldes. Auf der anderen Seite des Hügels endet sie, und der Würfel erstarrt in seiner Position«, so Afuhs. Die identen Stahlelemente dieser Arbeit, die in der Tradition der Land Art steht, sind einmal als Mantel ausgebreitet, einmal zum Würfel gefaltet. ek

---

LATITUDE
48° 32' 19"
LONGITUDE
16° 33' 48"

TOSSED ON THE WIND // In cultural landscapes like that of the Weinviertel region, the design program is not confined to the built environment in settled communities, but is extended to the landscape and its reinterpretation. // The Windwürfelhaus (Wind Cube House) by Eva Afuhs is part of the larger project of the Paasdorf cultural landscape, which is spread out over a total of 500 hectares. In 1995, the town of Mistelbach set out to employ artistic interventions to redefine this weakly-patterned and increasingly disused landscape, and also to preserve it as a landscape area. A cycling and hiking trail with art stations traverses the space. Eva Afuhs, an artist who also worked as a curator at the Museum Bellerive, and who was killed in a 2011 car accident in Zurich, used steel plates to create a sculpture that is both a built volume and a shell. The forces of the wind and the process of calculating them determine the final state of the sculpture's shape and its placement in the landscape. "A precisely defined spatial object rolls down a hill. The movement starts at one end of the field. It comes to a stop at the other side of the hill, freezing the cube in position," said Afuhs. The matching steel elements of this work, made in the land art tradition, are opened out like a shell on one side and folded into a solid cube on the other.

2000

PFLANZEN UND BETON // Landwirtschaft, Weinbau und Wohnen prägen
Paasdorf und Umgebung. Der zunehmende Rückgang der Landwirtschaft
stellt die Region vor die Herausforderung, neue Sinnstiftungen für den
kultivierten Naturraum zu formieren. Zwischen 1995 und 2007 wurde die
Kulturlandschaft Paasdorf entwickelt. // Eine Reihe von KünstlerInnen
realisierte Arbeiten, die zu einer Redefinition und zu den Möglichkeiten
neuer Nutzung dieser Landschaft beitrugen. Mit dem Ornamentfragment von
Willi Frötscher und Maria Hahnenkamp wurde der Eingangsbereich in das
gesamte Areal gestaltet. In Bezugnahme zu einem existierenden Bildstock
wurden terrassenförmige Betonflächen in die Landschaft hineingegossen.
Aus dem Beton ausgespart wurden jene Linien, die nun die Formen eines
historischen Ornaments nachzeichnen, das sich durch das Wachstum der
Pflanzen jedoch in ständiger Veränderung befindet. Sitzbänke ermöglichen
für das Publikum ein Studium des Ornaments ebenso wie den schweifenden
Blick auf die umgebende Hügellandschaft. Die Spur dieses Ornaments führt
in Vorlagenbücher aus der zweiten Hälfte des 19. Jhdt., als die beginnende
Industrialisierung die handwerkliche Produktion, die Hausindustrie und
das Kunstgewerbe radikal zu verändern begann. Die konzeptuelle Ver-
schränkung von Ornament in Blattform mit deagrikulturalisierter Landschaft,
kultureller Produktion und Pflanzenwachstum wird langfristig zu einem
Prozess des Überwachsens und des verwitternden Betons führen. *ek*

185

LATITUDE
48°32'22"
LONGITUDE
16°33'27"

PLANTS AND CONCRETE // Agriculture, wine-making, and residential uses dominate Paasdorf and its environs. The steady decline of agriculture challenges the region to form new and meaningful ways of supporting the cultivated natural space – hence the Paasdorf Cultural Landscape project that took place from 1995 to 2007. // A number of artists executed projects for the project that contributed to the redefinition of this new landscape with new possibilities for its use.

The Ornamentfragment (Ornamental Fragment) by Willi Frötscher and Maria Hahnenkamp gives the entrance to the area special charac-ter. Terrace-like surfaces formed by concrete poured into the landscape make reference to an existing wayside shrine. Lines tracing the contours of a historical ornament have been left out of the concrete, undergoing constant change through the growth of vegetation. Benches provide the public with a place to study the ornament, as well as a

sweeping view of the hilly landscape surrounding it. The ornament traces back to sample books from the second half of the 19th century, when the first phases of industriali-zation began to radically change hand-made production, domestic manufacturing, and the arts. Over time, the conceptual link between the ornamental leaf and a non-farming landscape, cultural production, and plant growth will transform into a process of over-growth and aging concrete.

Paasdorfer Autobahn

Paasdorf, Kulturlandschaft Paasdorf

PRINZGAU/podgorschek

1995

AUTOBAHN UND ARCHÄOLOGIE // Das erste Projekt, das im Rahmen
der Kulturlandschaft Paasdorf realisiert wurde, stammt von dem seit 1984
in den Bereichen Architektur, bildende Kunst und Film zusammenarbeitenden
Künstlerpaar Brigitte Prinzgau-Podgorschek und Wolfgang Podgorschek.
// Zwischen Archäologie, Erinnerungspolitik und Land Art vermittelnd, wurde
das Phänomen der Autobahn einer kritischen ästhetischen Befragung unterzogen. Die Kunsthistorikerin Susanne Neuburger spricht im Zusammenhang
mit dieser künstlerischen Intervention von »Denkmal, Ruine oder Aus-
grabung«. Das gewählte Format ist das einer Ausgrabungsstätte, an der
die Gegenwart durch die Zukunft entdeckt worden sein wird. Das, was
durch dieses pseudo-archäologische Verfahren im eigentlichen Wortsinne
freigelegt und sichtbar gemacht wird, ist ein Stück Autobahn im originalen
Maßstab 1:1. Die Dimensionen sind 3 m in die Tiefe, 6 m Länge und 35 m
Breite. Das verwendete Material ist Asphalt, Metall, Farbe und Stein.
In die Autobahngrabungsstätte ist ein Erdölbohrloch aus den 1960er Jahren
integriert. Lässt die Autobahn ihre Funktion hinter sich zurück, so wird
sie ästhetisch, ideologisch und historisch hinterfragbar. Das Ende der
erdölbasierten Geschwindigkeits- und Mobilitätsgesellschaft um das
Fetischobjekt Auto wird ebenso kritisch hinterfragt wie die erinnerungs-
politische Dimension, dass in der NS-Zeit hier tatsächlich eine Autobahn
geplant gewesen war. *ek*

186

LATITUDE
48° 31' 51"
LONGITUDE
16° 34' 21"

AUTOBAHN AND ARCHAEOLOGY // The first project to be carried out as part of the Paasdorf Cultural Landscape program came from artists Brigitte Prinzgau-Podgorschek and Wolfgang Podgorschek, who have collaborated with one another in the various fields of architecture, visual arts, and film since 1984. // Mediating between archaeology, the politics of remembrance, and land art, the pair subjected the phenomenon of the highway to a critical aesthetic interrogation.

Art historian Susanne Neuburger speaks of this artistic intervention in terms of a "monument, ruins, or archaeological dig". It takes the form of an excavation site where the present will one day be discovered by the future. What this pseudo-archaeological method exposes, in the literal sense, and renders visible, is a stretch of motorway at 1:1 life scale. It is three meters deep, six meters long, and thirty-five meters wide, made of the materials asphalt, metal, paint, and stone,

with an oil borehole from the 1960s integrated into the highway excavation site. Should the highway's function become obsolete, it will be subjected to questions of aesthetics, ideology, and history. The end of a society of speed and movement based on oil and the car as a fetish object is put into question, as is the dimension of the politics of remembrance as a highway was actually planned here during the Nazi era.

2008

ARCHITEKTUR IN AKTION // Das seit dem Jahr 1995 kontinuierlich
fortgesetzte Projekt Kulturlandschaft Paasdorf sollte über zehn Jahre
später auch durch eine Maßnahme am Dorfplatz von Paasdorf markiert und
kommuniziert werden. Die Architekturgruppe Feld 72 entwarf dafür das sogenannte Wolkon, eine Kombination aus Bushaltestelle, architektonischem
Zeichen und bespielbarer Hilfe zur Orientierung. // Der Dorfplatz von
Paasdorf, einem typischen Weinviertler Straßendorf, liegt an der viel
befahrenen Durchzugsstraße. Daher war die künstlerisch-architektonische
Intervention gefordert, einen ebenso autogerechten wie öffentlichkeits-
orientierten Zugang miteinander zu verbinden. Die unterschiedlichen
Funktionen des Parkens wie der Orientierung und öffentlichen Nutzung
durch Bespielung und Aktionen wurden nicht als unüberwindbare Gegensätze
aufgefasst, sondern als dialektisches Spannungsverhältnis unterschiedlicher
Zeitlichkeiten. Der Betonkörper des Wolkons ist im oberen Teil mit Nirosta
verkleidet. Über eine Wendeltreppe gelangt man nach oben, wo man
Informationsangebot und Wegweisungen zu Kunst im öffentlichen Raum
in Niederösterreich vorfindet. Der obere Bereich mit dem begehbaren
Dach trägt jedoch auch den Dimensionen von Gemeinschaftlichkeit und
kulturellen Aktivitäten einer zivilen Gesellschaft Rechnung, die hier eine
Bühne für kulturelle Ereignisse, Musik oder Diskussionen vorfindet und
diese durch die Handlungen der NutzerInnen mit Leben erfüllen könnte. *ek*

187

LATITUDE
48° 32' 37''
LONGITUDE
16° 32' 33''

*ARCHITECTURE IN ACTION //
Paasdorf's cultural landscape, a
project that has been underway since
1995, was to be commemorated
and awareness for it raised by an
intervention on the village square,
more than ten years after its begin.
For this purpose, the Feld 72
architectural firm designed the
Wolkon, a combination of bus stop,
architectural symbol, and interactive
guidepost. // The village square
of Paasdorf, a linear village typical
of the Weinviertel region, is situated
on the small town's busy thorough-
fare. This meant that the artistic
and architectural intervention had
to take an approach that united the
flow of automobile traffic with the
movement of pedestrians. The
various functions of parking,
orientation, and public use by play
and activities were viewed not as
irreconcilable opposites, but rather
as different temporalities in a
dialectical tension. The upper
section of the concrete mass of
the Wolkon is capped in Nirosta
stainless steel. A spiral staircase
leads to the upper level, where
one can find information about and
guides to public art in Lower Austria.
The top of the structure, with an
accessible roof area, is scaled to the
communal life and cultural activities
of civil society, presenting it with a
live stage for public events, music
performances, or discussions, filling
it with beneficial liveliness.*

Kapelle im Bildungshaus

Großrussbach, Schlossbergstraße 8

Wolfgang Hochmeister

1998

LICHTGESTALT // Das Bildungshaus ist in einem frühbarocken Schloss untergebracht, das in den 1980er Jahren um einen neoklassizistischen Winkel ergänzt wurde. Bei der Generalsanierung des Gebäudes im Jahr 2003 stellte Wolfgang Hochmeister durch die Rückführung zu einer schlichten Fassade wieder Homogenität her. Der Architekt – selbst gebürtiger Weinviertler – konnte sich bereits 1993 beim Wettbewerb zur Neustrukturierung und Sanierung der bestehenden Kapelle in einem frühbarocken Speisesaal durchsetzen. // Die äußerst bemerkenswerte Adaptierung beruht auf einem sensiblen Umgang mit dem Bestand. Der Stuck – u. a. orientalisch gehaltene Gesichter – wurde von Luise Höfinger behutsam restauriert und schließlich in Rückführung an das Original hellgrau eingefärbt. Für die Möblierung der Kapelle, bestehend aus den liturgischen Orten und einer rundum laufenden Bank, wählte der Architekt Ahorn. Hochmeister gestaltete alles selbst: vom Tabernakel bis hin zum Kreuz. Die freie Bespielbarkeit des Raums reflektiert unterschiedliche liturgische Zugänge. Die gerade für die religiöse Sphäre wichtige Frage des Lichts wurde zum einen mit der gezielten Beleuchtung von Ambo oder Tabernakel, zum anderen mit der Integration von warmem Licht in der Sitzbank behandelt. Für den Wegraum wurden Punktleuchten ausgewählt. Dass die Adaptierung dieser historischen Räumlichkeiten von ca. 100 m² letztlich fünf Jahre in Anspruch nahm, bezeugt die Intensität der Auseinandersetzung im Planungsprozess und in der Ausführung. *th*

188

LATITUDE
48° 28' 30"
LONGITUDE
16° 25' 15"

A BODY OF LIGHT // The education center is housed in an early baroque castle that was expanded with a neoclassical wing in the 1980s. As part of a complete renovation in 2003, Wolfgang Hochmeister restored the building's homogenous appearance by stripping down the façade. The architect – a native of the Weinviertel – had already won the 1993 competition for the renovation and redesign of the chapel, formerly an early baroque dining room. // The highly

remarkable adaptation project paid special attention to the sensitive treatment of the existing fabric. Luise Höfinger restored the ornamentation – which includes portraits in an oriental style – ending by returning it to the original light gray coloring. The architect chose maple as the material of the chapel's furnishings, which comprise the liturgical fixtures and a wrap-around bench. Hochmeister designed everything from the tabernacle to the crucifix himself. The room's flexibility

accommodates different liturgical approaches. Light, especially important in religious architecture, was handled by providing directed lighting for the lectern and tabernacle, and integrating warm light for the bench seating. Spotlights were used to illuminate the circulation space. The fact that this historic, 100-square-meter space ultimately took five years to convert is testimony to the intensity of the design commitment to the project and its realization.

Thomas Abendroth

2009

ENERGIEEFFIZIENT // Dieses kompakte Haus für eine dreiköpfige Familie besteht aus einer straßenseitig situierten Doppelgarage, einer gedeckten Eingangszone samt Haustechnik- und Lagerraum und dem eigentlichen Hauptkörper, dem Wohnbereich mit Erd- und Obergeschoß. Während die niedrigen Nebengebäude mit einer Holzfassade verkleidet sind, ist der zweigeschoßige Wohnkubus weiß verputzt und durch vertikale Fensteröffnungen gegliedert. Zum Garten hin ist dem Ensemble eine Terrasse vorgelagert. Die natürliche Geländeneigung des Grundstücks wurde in diesem Bereich durch eine Wurfsteinmauer begradigt. // Thomas Abenroth ist Spezialist für energiebewusstes Bauen, und so ist dieser Bau als »Niedrigstenergiehaus mit Passivhaustechnik« ausgeführt. Die Wärmezufuhr funktioniert, so der Architekt, »primär über eine Wärmerückgewinnung der Raumabluft, welche über einen Wärmetauscher der Frischluft zugeführt wird. Die Frischluft wird über ein in der Erde verlegtes Rohr angesaugt und vorgewärmt. Eine Wärmepumpe, die eine Fußbodenheizung speist, deckt den verbleibenden Wärmebedarf. Ein raumluftunabhängiger Scheitholzofen steht für zusätzlichen Heizbedarf zur Verfügung«. Eine der Effizienz verpflichtete Architektur, reduziert auf das Wesentliche in einer zeitgemäßen Sprache. *an*

189

LATITUDE
48° 28' 57"
LONGITUDE
16° 28' 16"

ENERGY EFFICIENT // This compact house for a family of three is composed of a two-car garage facing the street, a covered entry area with utility and storage spaces, and a main volume consisting of a ground floor and upper level for the actual living area. While the low-slung adjacent building is clad in wood, the two-story cube with vertical window openings is finished in white stucco. Toward the garden, the ensemble overlooks a terrace, with a rough rock wall compensating the natural slope of the property. // Because Thomas Abendroth specializes in energy-conscious architecture, he designed this project to be an "ultra-low-energy house with passive building technology". The architect explains that the heating system functions "primarily by extracting heat from exhaust air, which is then introduced to fresh air via a heat exchanger. The fresh air is taken in through a pipe laid underground and preheated. A heat pump that feeds a radiant heating system in the floor supplies the rest of the heating demand. A wood-burning stove with a balanced flue is available for any supplemental heating needs." An architecture committed to efficiency, reduced down to the basics in a contemporary language.

2003

SOUVERÄNE MODERNITÄT // Klar gegliederte Baukörper und großzügige Glasflächen bestimmen wie ein Soggetto den Charakter dieses Schulgebäudes, kontrapunktisch im Gefüge steht der Einsatz der keramischen Fassadenplatten in einem warmen Braunton, was den klassisch modernen Elementen eine erdige Bodenhaftung verleiht. Ein ca. 25 m langer Glaskörper kragt in den Vorplatz aus und betont im Einklang mit den Fensterbändern die Langgestrecktheit der Volumina. In ihm, quasi als Kopf des Gebäudes, ist die Bibliothek untergebracht. // Im Jahr 2000 wurde der Wettbewerb zur Neuerrichtung ausgeschrieben, den ArchitekturConsult für sich entschieden, u. a. weil sie es mit ihrem Entwurf schafften, die geforderte Kubatur auf nur einer der drei Bauparzellen unterzubringen. Zwei Jahre lang wurden die SchülerInnen in einem provisorischen Container unterrichtet, bis sie schließlich 2003 ihre neue Lehrstätte bezogen. // Zentrale Ausgangslage sämtlicher Bereiche ist die dreigeschoßige, glaseingedeckte Erschließungshalle, die Übersicht und Orientierung gewährt. Zwei kaskadenartige Stiegen führen zu den Klassentrakten. Der Turnsaal ist mit seinen 8 m Höhe großzügig konzipiert, er wurde halbgeschoßig abgesenkt und sein Dach begrünt. Selbstverständlichkeit jeder zeitgemäßen Schule sind einladende Außenbereiche: Ein Pausenhof und der Sportplatz wurden umsichtig vom Büro LAND.IN.SICHT gestaltet, letzterer kommt auch den sportlichen Ambitionen der außerschulischen Öffentlichkeit zugute. *an*

190

LATITUDE
48° 22' 49"
LONGITUDE
16° 31' 26"

MASTERFUL MODERNISM // A clearly articulated structure and large expanses of glass develop the character of this school building in a theme-like soggetto. The warm brown tone of the ceramic tiles develops a textural counterpoint, giving the classically modern elements a grounded earthiness. A 25-meter-long glazed volume juts out into the forecourt and emphasizes the lengthy volume in unison with the ribbon windows. The library is housed within, functioning more or less as the head of the building. // The competition held in the year 2000 awarded the office of ArchitekturConsult with the design of the new building mainly because its scheme managed to accommodate the required space on only one of the three building lots. Before moving into their new place of learning in 2003, the students attended classes in a temporary container for two years. // The building's central node is a three-story, glass-covered entrance hall that provides an overview and a sense of orientation for all of the spaces. Two cascading stairways lead to the classroom wings. The gymnasium is generously proportioned, with an 8-meter-high ceiling. It has also been sunken a half-level and given a green rooftop. Inviting outdoor areas have become a fixture in contemporary school design: thus a thoughtful design was contributed by Büro LAND.IN.SICHT for the recess area and the athletic field, the latter also benefitting the sporting ambitions of the community at large.

LUST AUF RAUM // Der Wolkersdorfer Kindergarten stellt mit gekonnter Leichtigkeit unter Beweis, wie zeitgenössische Architektur einen Beitrag nicht nur aus gesamtgesellschaftlicher Bildungsperspektive leistet, sondern vor allem auch in ästhetischer Hinsicht bereichert. // Die niedrig gehaltene Großform des harmonisch in sich ruhenden Baukörpers gibt sich nach außen hin homogen und passt topografisch eingebettet in den umgebenden Außengrünraum, mit dem Form und Farbgebung mit wenigen Farbakzenten wie eine Landschaftskomposition zusammenwirken. Die kluge Ausnutzung der Orientierung sorgt für Tageslicht aus allen Himmelsrichtungen. Die nahe Beziehung zum Grünraum drückt sich in der Erweiterung der Gruppenräume ins Freie aus, unter dem Schutz der teilweisen Überdeckung ist das Turnen im Freien möglich. Ein Windfang führt in das große Foyer, von dem aus die weiteren Räume erschlossen sind. Eine mobile Trennwand ermöglicht die Vergrößerung der Bewegungsräume. Dies trägt dem Gedanken der Gemeinschaftlichkeit durch die Möglichkeit, Feste zu feiern, Rechnung. Die verwendeten Materialien können als solche, unverkleidet, erfahren werden: Sichtbeton, Stahlsäulen, Holzfertigteilelemente sowie Sperrholzwände. Hier wurde mit den Mitteln der Architektur ein Kindern gerecht werdender, pädagogisch-spielerischer Raum erzeugt. Einfache Orientierung, klare Strukturen, Sonnenlicht und Raumfreiheit, um den Bewegungsdrang auszuleben, sind für Kinder wichtig, dies alles ist hier gegeben. *ek*

LATITUDE
48° 22' 45"
LONGITUDE
16° 31' 27"

CRAVING SPACE // The Wolkersdorf kindergarten proves with skilled ease that contemporary architecture can be a contribution to society and an enrichment not only in terms of education but, above all, also from an aesthetic point of view. // The low overall shape of the harmoniously settled structure has a homogeneous outward appearance that melds with the topography of the surrounding green spaces. With only a few accents of color, the shape and coloration of the building work together to create a landscape composition. The clever utilization of positioning advantages allows daylight to enter from all four points of the compass. Close interaction with green space is encouraged by the extension of the group rooms to the outdoors, making it possible to play games outside under the protection of the partial roofing. A windscreen leads visitors into the large foyer, which branches off into the other rooms. A movable partition makes it possible to enlarge the physical activity areas. This also enables the sense of community by making it possible for everybody to celebrate together. The materials used for building are unclad and can be experienced for what they are: visible concrete, steel pillars, prefabricated timber elements, and plywood walls. Architecture has been used here to create a space that is educational, playful, and fulfills the needs of children. Easy orientation, clear structures, sunlight, and spatial freedom of movement are important for kids, and all elements can be found here.

Stadtvilla
Wolkersdorf, Mittelstraße 26

2011

TERRASSENHAUS // Am Stadtrand von Wolkersdorf gelegen, übt sich diese wohl proportionierte Stadtvilla in betont schlicht anmutender Zurückhaltung. Die terrassiert versetzten Geschoße sind farblich so voneinander abgesetzt, dass sie dem Gebäude sein Gewicht nehmen. // In einer Tradition der Anspielungen, die die Verbundenheit zu Adolf Loos und der zurückhaltenden Version der Wiener Moderne ausdrückt, setzt dieser als Stadtvilla konzipierte Wohnbau auf eine dezidiert urbane Ausstrahlung. Wiewohl die Villa kompakt erscheint, sind die vier Wohnungen, von denen die zwei im Erdgeschoß gelegenen in ihren Grundrissen spiegelgleich angelegt sind und die zwei oberen Wohnungen voneinander unterschiedliche Grundrisse aufweisen, durchaus großzügig bemessen. In den drei verschiedenen Farbtönen von unten nach oben aufsteigend, schwarz, grau und weiß, wird die Schlichtheit dieser terrassierten Stapelung konkretisiert und setzt nach oben hin auf gefühlte Leichtigkeit in der Erscheinung. Die Auffächerung im Erdgeschoß ist als weiteres Moderne-Zitat anzusehen. Die den Wohnungen vorgelagerten Terrassen sind südseitig ausgerichtet. Zur nordseitigen Straße sind den Wohnungen Außenbereiche zugeordnet. Der Baukörper hat im zweiten Stockwerk eine Geschoßwohnung sowie den Eingang in die Maisonettenwohnung, die mittels gewendelter Treppe nach oben fortgesetzt wird. *ek*

LATITUDE
48° 23' 02"
LONGITUDE
16° 31' 07"

TERRACED BUILDING // Situated on the outskirts of Wolkersdorf, the well-proportioned townhouse is a study in unequivocally sleek restraint. The stepped stories are color-contrasted in such a way as to relieve the building of its heaviness. // In a tradition that references the connection to Adolf Loos and reserved varieties of Viennese modernism, this apartment building designed as a villa has a decidedly urbane expression. Although the villa seems compact, the four apartments – two of which are on the ground floor and have mirrored floor plans, while the two upstairs dwellings have layouts very different from one another – are actually quite generously proportioned. In three colors (bottom floor: black, middle floor: grey, upper floor: white) the simplicity of the terraced stacks is made concrete, emanating an increasing sense of lightness the higher it goes. The fanning out of the ground floor can be seen as yet another citation of modernity. The terraces fronting the apartments face south. To the street, in the north, yards have been allotted to each unit. The three-story structure has a flat on the second upper floor, along with the entrance to the maisonette, which continues into the third floor via a spiral staircase.

RAHM Architekten,
manka*musil

2009

KONSEQUENTE KUBEN // In einer höchst heterogenen Umgebung am östlichen Rand von Eibesbrunn stellen diese vier zweigeschoßigen Kuben der Reihenhaussiedlung unter Beweis, dass es architektonische Lösungen gibt, die der Zersiedelung aufgrund der grassierenden Einfamilienhausmanie bewusst etwas entgegensetzen. // Zwischen Schnellstraße und Autobahn, landwirtschaftlicher Nutzung und klassischen Einfamilienhaussilhouetten mit Satteldach schaffen es die hölzernen Kuben, ihren eigenen Kontext zu definieren und mit wohltuender Durchsetzungskraft zu behaupten. // Konstruktiv handelt es sich um eine Massivbauweise, bei der industriell vorgefertigte Brettschichtholztafeln zum Einsatz kamen. Nach innen wurden diese Elemente mitunter als sichtbare Gestaltungsmittel unverkleidet belassen. Nach außen sind die Fassaden zum Teil mit Aluminium verkleidet, zum Teil mit einer unbehandelten Lärchenholzschalung versehen, die über die Jahre witterungsbedingt altern wird. // Die Bauherrin stellte an die ArchitektInnen den Anspruch, Soziales und Ökologisches nicht nur miteinander zu verbinden, sondern in Einklang zu bringen. Niedrigenergiestandard und Erdwärmenutzung tragen den ökologischen Vorstellungen Rechnung, die soziale Ausdifferenziertheit zeigt sich in der Vermittlung zwischen dem Sinn für Gemeinschaftlichkeit und den sich über ein Leben verändernden Ansprüchen von Individuen durch die flexibel gehaltenen Grundrisslösungen. *ek*

193

LATITUDE
48° 21' 34"
LONGITUDE
16° 29' 47"

CONSISTENT CUBES // In a highly heterogeneous environment on the eastern edge of Eibesbrunn, the four two-story cubes of this row house development prove that architectural solutions do indeed exist that can effectively counteract the urban sprawl caused by the rampant mania for single family houses. // With pleasant assertiveness, the wooden cubes manage to define and affirm their own context between the main road and the highway, between the farmland and the classic silhouettes of pitched-roof houses. // The method of construction makes use of industrially prefabricated laminated wood panels. Some of these elements were left unfinished on the interior as a visible design element. Some of the exterior walls are clad with aluminum, some with untreated larch that will weather over the years. // The client challenged the architects to not merely combine social and ecological needs, but to go a step further and really harmonize them with each other. Low-energy use standards and a geothermal energy system accommodate the ecological concept, and social differentiation is provided by flexible floor plans that mediate between a sense of community and the needs of the individual, which change over the course of a lifetime.

Haus L.
Obersdorf, Kühltal 16

ARCHITEKTEN HALBRITTER & HILLERBRAND

2007

ZENTRALES LICHT // Das Kühltal ist ein typisches Baulanderweiterungs-gebiet, eine der letzten Baulücken war noch frei: Was tun, wie bauen? Herbert Halbritter und Heidemarie Hillerbrand entschieden sich für ein introvertiertes Gebäude, eines mit fensterlosem Mauerwerk zur Straße und zu den NachbarInnen. Ein erdgeschoßiger Baukörper ist im rechten Winkel mit einem höheren Querriegel verbunden. Im niedrigen Trakt sind die geräumige Wohnküche, ein Arbeitsbereich und Nebenräume untergebracht, große Glasfronten geben Blick und Zugang zum Garten. Im höheren Trakt mit einem Erd- und einem Obergeschoß befindet sich eine lichtdurchflutete »Stiegengalerie«, sie ist das zentrale Herz des Hauses, von hier aus werden alle Ebenen, auch das Kellergeschoß, erschlossen. Atriumsähnliche Bereiche liefern zusätzliches Licht, so zum Beispiel in der Wohnküche. // Das Obergeschoß kragt zur Straße hin aus. Diese Maßnahme sorgt nicht nur für optische Auflockerung, sie bietet auch einen geschützten Vorbereich und einen gedeckten Platz zum Abstellen eines Autos. Den zeitgemäßen Standards entsprechend ist das Wohnhaus als Niedrigenergiehaus ausge-führt, als Heizmedium dient Erdwärme. *an*

194

LATITUDE
48° 22' 44"
LONGITUDE
16° 31' 09"

CENTRAL LIGHT // What does one build on one of the last remaining lots of the Kühltal, a typical land development area? Herbert Halb-ritter and Heidemarie Hillerbrand opted for an introspective building, with windowless walls facing the street and the neighbors. A single-story building meets a taller, perpendicular volume at a right-angle. In the lower wing a roomy kitchen, an office area, and adjoining rooms can be found, all with large glass façades providing views and garden access. The taller wing contains a light-filled "staircase gallery" which is the heart of the house and connects to all levels, including the basement. Atrium-like spaces bring in extra light, as in the entrance vestibule set in front of the kitchen. // The upper level is cantilevered out towards the street in a gesture that not only provides visual relaxation, but also creates a sheltered forecourt and a covered parking space. In line with today's standards, the house was designed for low-energy use and is equipped with a geothermal heating system.

Revitalisierung des Gemeindehauses
Pillichsdorf, Hauptplatz 1

2005

REVITALISIERT // Am Rande des Marchfelds liegt der Weinort Pillichsdorf. Das Rathaus der Gemeinde ist im ehemaligen Schloss aus dem
17. Jhdt. am Hauptplatz untergebracht. Die Aufgabe des Architekten-Teams
Schermann & Stolfa lag darin, den Altbestand zu sanieren, den Eingangsbereich neu und attraktiv zu gestalten, das Gemeindegasthaus mit einem
Wintergarten zu erweitern und die Baulücke zwischen Rathaus und
dem Bankgebäude zu schließen. // Selbstverständlich musste bei allen
Maßnahmen und Eingriffen auf die historische Bausubstanz Rücksicht
genommen werden. Auch der Hofbereich wurde für Veranstaltungen
adaptiert. Den Dialog zwischen Alt und Neu erklären Schermann & Stolfa
wie folgt:»Dem massiven Baukörper von Schloss Pillichsdorf wurde hofseitig eine leichte und transparente Struktur vorgesetzt, welche zwischen
Außenraum und Altbau sowie Hof und Vorplatz vermittelt. Die Terrasse
auf dem Zubau verbindet die ›Beletage‹ mit dem Festplatz. Eingriffe in die
historische Bausubstanz erfolgen in Form klarer Einschnitte zur Schaffung
nötiger Raumverbindungen und Belichtungswege.« Mit den sensiblen
architektonischen Interventionen hat die Gemeinde nun nicht nur eine
neue Heimstätte, auch das Gemeindegasthaus hat durch den Wintergarten
gewonnen, und Platz für Veranstaltungen im Innenhof ist nun auch
vorhanden. *an*

LATITUDE
48°21'51"
LONGITUDE
16°32'26"

REVITALIZED // Pillichsdorf, a small wine town, lies at the edge of Marchfeld. The municipality's town hall is housed in an old 17th-century castle on the main square. The Schermann & Stolfa architecture team was faced with the tasks of renovating the existing building, redesigning and enlivening the entrance area, adding a winter garden to the village inn, and closing the gap between the town hall and the bank building. // Of course, all modifications and structural procedures had to take the historic building substance into careful consideration. The courtyard area was also adapted for use as an events space. Schermann & Stolfa explain the dialogue between old and the new, "A light, transparent structure was set in front of the massive bulk of Schloss Pillichsdorf, and now mediates between the exterior, the old building, the courtyard, and the forecourt. The terrace on the new addition connects the piano nobile with the events area. Changes to the historic building substance are carried out as clear incisions that create needed spatial connections and light paths." These sensitive architectural interventions have given the community a new homestead, the village restaurant gained a conservatory, and there is now space to hold events in the courtyard as well.

Haus F.
Großengersdorf, Russbachgasse 13

Franz Schartner

2005

MEHRWERT // Franz Schartners Häuser sind keine Wohnboxen, stets versucht er, mehr aus der Bauaufgabe Einfamilienhaus herauszuholen. Bei diesem in Großengersdorf mit einem Raumprogramm für drei bis vier Personen entschied er sich für ein eingeschoßiges Winkelhaus und passt es damit der eingeschoßig bebauten Umgebung an. // Das Haus präsentiert sich, so wie in vielen Fällen gewünscht, großteils geschlossen zur Erschließungsstraße und offen zum Gartenbereich. Der Schenkel mit Flachdach ist parallel zur Straße situiert und nimmt die Schlafräume auf. Der andere, der den Wohntrakt beherbergt, unterscheidet sich vor allem in seiner Dachform vom Schlafbereich. Er trägt ein Satteldach. Das liegt einerseits am Wunsch nach mehr Raumhöhe im Wohnbereich, andererseits ermöglicht das Satteldach durch ein Dachfenster die Belichtung der sich darunter befindenden Eckräume. Während der Schlaftrakt vor allem über ein Oberlichtband natürlich erhellt wird, ist der Wohnbereich zum Garten bzw. Innenhof großzügig verglast. // Und weil man nie genug Platz haben kann, befindet sich im seitlichen Bauwich noch ein Nebengebäude, das flach gedeckt ist. // Der Mix aus Glasfronten, Holz- und Putzfassaden gibt dem Ensemble einen interessanten, zeitgemäßen Charakter. *an*

196

LATITUDE
48° 21' 33"
LONGITUDE
16° 33' 44"

ADDED VALUE // Franz Schartner's houses are clearly no residential boxes. He is continually dedicated to getting the most out of the architectural task of building a single family home. With this particular one, in Großengersdorf, which has a spatial design accommodating three to four people, he decided to build a one-story, L-shaped building that fits in well with the single-story buildings of the immediate vicinity. // As so often wished, the house presents a largely closed off front toward the *access street, yet remains open toward the garden area. The arm with the flat roof sits parallel to the street and accommodates the bedrooms. The other wing houses the remaining living quarters and differentiates itself from the sleeping area above all through the shape of its saddle roof. This is due on the one hand to a wish for higher rooms in the living areas, and on the other hand because the height of the saddle roof allows for daylight to brighten the corner rooms below.* *The sleeping quarters are illuminated mainly by a strip of skylights, while the living areas are generously glazed toward the garden and court-yard. // And because one can never have enough space, a flat-roofed outbuilding with roof light domes can be found in the side yard. // The mix of glass fronts, timber façades, and plastering gives the ensemble an interesting and contemporary character.*

Betriebsgebäude Lahofer
Auersthal, Bahnstraße 25

2010

SKULPTURALE EXPRESSIVITÄT // Betriebsgebäude fungieren als drei-
dimensionale Visitenkarten für Unternehmen. Sie sind nicht nur der Ausdruck
einer unternehmerischen baukulturellen Verantwortung, sondern auch prägend
für die gebaute Umwelt in einer Region. // Regina Lahofer-Zimmermann
entschied sich für einen Architektenwettbewerb mit genauen Vorgaben und
engen Rahmenbedingungen: Zum einen sollte das firmenspezifische Material
Sichtbeton verarbeitet werden, zum anderen sollten Adaptierung und Neubau
Passivhaustechnologie einsetzen sowie den Bestand weiter verwenden.
POPPE*PREHAL ARCHITEKTEN entschieden den geladenen Wettbewerb für
sich. Mit dem von ihnen konzipierten Um- und Zubau wurde ein skulpturaler
Firmensitz realisiert, der Dach, Fassade und Terrassen zu einer fließenden
Einheit zusammenführt und dennoch alle engen pragmatischen Vorgaben
als entwurfsleitend berücksichtigt. // Mit einer Strategie, die auf kluges
Recycling setzte, wurden Garagenteile des Bestandsgebäudes in die Formgebung des neuen integriert. Die betont ausdrucksstarke Fassadengliederung
arbeitet mit der Kombination von nur zwei Materialien, beigen Eternitplatten
und Glas. Die Komposition Sichtbeton und Glas bestimmt die Anmutung
der Innenräume. Die zentrale Treppe mit den auskragenden Stufen setzt
die expressive Geste im Inneren fort. // Die Haustechnik ist ausgeklügelt,
die Heizung erfolgt über den Fußboden, die Kühlung über die Decken. *ek*

197

LATITUDE
48°22'09"
LONGITUDE
16°38'37"

SCUPTURAL EXPRESSION //
*Commercial buildings are like three-
dimensional company business cards.
They not only act as the physical
expression of corporate responsibility
in construction, but can also shape a
region's built environment. // Regina
Lahofer-Zimmermann decided to
organize an architectural competition
with a program that placed precise
requirements and narrow constraints
on the entries: first, they had to
feature the company's product of
finish concrete, and second, the*

*new building and retrofit had to make
use of new passive energy building
technology and re-use the existing
building. Poppe*Prehal won the
invited competition with a project
for a renovation and addition that
transformed the headquarters
into a sculptural form that brings
together its roof and terraces into
a flowing unity, yet is also able to
accommodate all of the stringent
pragmatic design requirements.
// The existing building's garages
were incorporated into the new*

*design as part of a strategy utilizing
clever methods of recycling. The
consciously expressive façade
combines the two materials of beige
Eternit panels and glass. An exposed
concrete and glass composition
characterizes the look of the
interior. The central staircase with
cantilevered steps continues the
expressive gesture on the interior.
// The building's mechanical systems
are quite sophisticated, with radiant
in-floor heating and cooling ceilings.*

Pfarrkirche zur Kreuzauffindung

Angern/March, Schulgasse 3

Erwin Plevan

1958

MODULATION // Von Grün umgeben, liegt die Kirche dennoch zentral. Benannt ist sie nach einem aufgelassenen Feiertag des orthodoxen liturgischen Kalenders, dem Tag der Auffindung des Kreuzes Jesu durch Kaiserin Helena in Jerusalem, in der katholischen Kirche am 3. Mai gefeiert. // Als Konsulent des Erzbischöflichen Bauamtes war der Perchtoldsdorfer Architekt Plevan 1954–1988 in Wien tätig, aber auch in Niederösterreich, hier speziell im Weinviertel. Während zeitgleich andernorts noch deutlich historisierender gebaut wurde, fand Erwin Plevan schon früh eine eigenständige Formensprache. Der Neubau in Angern überzeugt durch den gelungenen Dialog von Symmetrie und variationsreicher Fassadengestaltung. // Der seitliche Turm, leicht vorgesetzt, wird durch ein vertikales Raster gegliedert, im unteren Bereich setzen sich die kleinteiligen Fenster im Hauptraum fort, der durch eine Holzdecke und ein hohes Fensterband charakterisiert ist. Den Portalbereich gestaltete – zeittypisch für »Kunst am Bau« der 1950er Jahre in Mosaik – Hermann Bauch (1929–2006), Gründer der Wiener Mosaik- und Glaskunstwerkstätte in der Josefstadt, der 1971 sein Atelier nach Kronberg verlegte, wo man seinen »Himmelkeller« besichtigen kann. Die Kreuzwegstationen stammen von Franz Deed, die Glasmalerei von Georg Pevetz, das barocke Kruzifix aus der 1945 mit dem Schloss abgebrannten Kapelle, zu besichtigen zu den Öffnungszeiten zwischen 9 und 11 Uhr. *th*

198

LATITUDE
48° 22' 42"
LONGITUDE
16° 49' 40"

MODULATION // This church is surrounded by greenery, yet still centrally located. It is named after an abandoned holiday of the Orthodox liturgical calendar, the date Empress Helena discovered the cross of Jesus in Jerusalem, which is celebrated by the Catholic Church on May 3. // As a building consultant to the archbishop, the Perchtoldsdorfer architect Erwin Plevan worked mainly in Vienna from 1954–1988, but was also active in Lower Austria, and especially here in the Weinviertel. Though a strong historicizing influence prevailed elsewhere in religious architecture, Erwin Plevan developed his own formal language early on, for which the successful dialogue between the symmetry and richly varied façade composition of the new Angern building makes a convincing case. // The façade of the lateral tower, set slightly forward, is organized with a vertical grid, while the small windows in the lower portion are continued in the main space, which is dominated by a high wooden ceiling and clerestory windows. The artwork of the portal – done in mosaics, a style typical of 1950s public art – was designed by Hermann Bauch (1929–2006), who founded the Vienna Mosaic and Art Glass Workshop (Wiener Mosaik- und Glaskunstwerkstätte) in Josefstadt. In 1971 Bauch moved his studio to Kronberg, where one can visit his Himmelkeller ("heavenly basement"). Franz Deed designed the Stations of the Cross, the stained glass is by Georg Pevetz. The baroque crucifix came from the original chapel, which burnt down in 1945. The church is open daily from 9 to 11 o'clock.

Johannes Bieber

Kunststation, ehem. Zollabfertigungsgebäude
Angern/March, bei Zollamtsstraße

2001

ÜBERBLICK // Zur Abfertigung von Zollangelegenheiten bzw. zur Pass-kontrolle wurde am Grenzübergang Angern/Zahorska Ves für den Fährverkehr über die March ein Gebäude errichtet. Mit dem EU-Beitritt der Slowakei 2004 wurde die Grenzabwicklung hinfällig. In Folge kaufte die Gemeinde das Haus, das direkt im Hochwasserabflussgebiet liegt, an. Ein Kunstverein sorgt seitdem für kulturelle Nutzung. // Von massiven Pfeilern und einem wuchtigen Glasdach mit ca. 630 m² Fläche eingefasst, schwebt der kubische Bau in der Stahlkonstruktion. Über eine Freitreppe aus Stahl überwindet man den Höhenunterschied und tritt über die vorgelagerte Terrasse ein. Der frühere Raum für den Parteienverkehr wurde ohne weitere bauliche Maßnahmen zu einem Vorraum umgewandelt, die Glastrennwand mit den Schaltern wurde belassen. Die ehemaligen Büroräume werden nun für Veranstaltungen genutzt, thematischer Schwerpunkt ist immer wieder der Bezug zur Grenze. Zum engagierten Programm gehören Lesungen und Kinoabende ebenso wie Ausstellungen. Viel natürliches Licht gelangt durch das rundum laufende Fensterband in den Raum. // Wo früher die Zöllner ihre Autos parkten, werden nun unter dem abgehängten Baukörper, der 2003 mit dem Preis des Landes Niederösterreich für »vorbildliche gestal-terische Leistung« ausgezeichnet wurde, Heurigenbänke aufgestellt. Die Veranstaltungen sind jedoch immer auch ein wenig wasser- und gelsenab-hängig, wie Ulrike Gugler vom Kunstverein Angern schmunzelnd anmerkt. *th*

199

LATITUDE
48° 22' 57"
LONGITUDE
16° 49' 58"

OVERVIEW // A hall for customs clearance and passport control was built at the border crossing at Angern/Zahorska Ves to handle the ferry traffic over the March river. After Slovakia joined the EU in 2004, such border services were no longer needed. The municipality subsequently acquired the building, which is located directly on the flood plain. Since then, an art association has used it for cultural activities. // Massive steel piers and a heavy glass roof shelter an area of

approximately 630 square meters with a cubical volume hovering within. An open steel staircase makes the level change to the projecting upper platform. The room formerly used to serve the public was converted into a lobby space, with the glass-partitioned counters preserved intact. The office spaces were redesigned to use for events, all the while retaining the connection with the border. Ribbon windows wrapping the building bring plenty of natural light into the building.

The extensive cultural program includes public readings and film screenings as well as exhibitions. // Beer garden benches have replaced the parked cars of customs officials beneath the suspended structure, which received the Lower Austrian design award for "Outstanding Creative Achievement" in 2003. However, the public events are always a bit dependent on the water level and the mosquitoes, as Ulrike Gugler of the Angern art society notes with a grin.

a

Gänserndorf

Strasshof

A

B
D
C

E

b

Strasshof

Gänserndorf →

H

I

G

F

Gänserndorf und Strasshof

Niedrigenergiehaus

Gänserndorf, Quellengasse 73

Wolfgang Hochmeister

2004

STATEMENT // Wohnbauten aus den 1970er Jahren prägen den ersten
Eindruck, wenn man sich auf die Suche nach dem außergewöhnlichen
Einfamilienhaus am Stadtrand von Gänserndorf begibt. Wolfgang
Hochmeister orientierte sich demnach an den großformatigen Kuben
der Randsiedlungen, schließlich wollte er nicht tun, als ob es diese nicht
gäbe, und setzte – unter Berücksichtigung des Maßstabunterschieds –
seinen eigenen Kubus mit Nebengebäude dazu. Ein Satteldach als Kontrapunkt übernahm im Lauf der Zeit die Rolle eines Sickerwitzes: Als der
Architekt gemeinsam mit dem Bauherrenpaar das Grundstück aussuchte,
waren die übrigen Parzellen noch unverbaut. Mittlerweile ist eine ganze
Kolonie an Eigenheimen aus dem Boden geschossen. // Die große Qualität
des Hauses liegt einerseits im Umgang mit (Tages-)Lichtstimmungen,
andererseits in der sagenhaften Raumhöhe des Wohnbereichs von
annähernd 10 m. Zweigeschoßig sowie unterkellert bietet es seinen
BewohnerInnen viel Platz sich auszubreiten. Die Bereiche Kochen,
Essen, Wohnen sind südorientiert. Das Nebengebäude dagegen brauchte
wenig Fenster und bildet damit ein relativ geschlossenes Volumen. Die
kontrollierte Wohnraumlüftung des Massivbaus untermauert den ökologischen Anspruch. *th*

202

LATITUDE
48° 20' 16"
LONGITUDE
16° 42' 30"

*STATEMENT // Residential buildings
from the 1970s are the first thing
to make an impression when on the
lookout for exceptional single-family
homes in the outskirts of Gänserndorf. Wolfgang Hochmeister chose
to orient his design along the
large-scale cubes of these suburban
developments, for after all, he didn't
want to just pretend they weren't
there. So he set his own cube
down – with a side building and
taking the scale disparity into
account. Originally a counterpoint,*

*the saddle roof took on the character
of a slow joke over time. When the
architect and building client selected
the site, the other parcels were
still undeveloped, in the meantime,
however, a whole colony of privately
owned homes has shot up from the
ground. One of the great qualities
of this house is the way it handles
daylight to create ambience, as well
as the fabulous living room height
of almost ten meters. // With two
stories and a basement, there is
plenty of room for the occupants*

*to spread out. The cooking, dining,
and living areas all face south. The
side building, on the other hand,
had no need for numerous windows,
thus creating a relatively shut off
mass. The regulated aeration system
of the solid construction underscores
the ecological concept.*

fest und wiese, Kulturhausgarten Schmied-Villa
Gänserndorf, Bahnstraße 31

sammerstreeruwitz

2007

INTELLIGENTES DOPPELLEBEN // Für die Festwiese von Gänserndorf
wurde von dem Wiener Architekturbüro sammerstreeruwitz eine ebenso
ästhetische wie strategische Intervention entworfen, die den Dauerkonflikt
zwischen dem einmal im Jahr stattfindenden Fest und der den Rest des
Jahres als öffentlicher Raum zu nutzenden Wiese zu lösen imstande war.
// Wie Florian Sammer und Karoline Streeruwitz betonen, »standen die
beiden Zustände des Platzes einander im Weg: Das Fest schadete der Wiese,
und die Wiese behinderte das Fest«. Konzeptuell erfolgte die Orientierung
an den temporären Infrastrukturen, die dörfliche Feste benötigen, die
als mehrfach zu nutzende gedacht werden. Dieser intellektuell motivierte
und zugleich pragmatische Zugang, dem das Gebaute folgt, stellt die Rolle
von Architektur als Planung von Zeit und Nutzung in den Vordergrund.
Für das Fest wurde eine Tribüne aus Holz installiert sowie eine Bühne,
eine Stahlkonstruktion, geschaffen. Werden all diese Elemente nicht für
das Fest verwendet, so können sie die übrige Zeit als Liegepritschen, Aus-
sichtsplattformen oder Pavillons fungieren. Mit Rasengittersteinen und
Bodenverdichtungen wurde die Wiese für die Strapazen des Festes an
neuralgischen Stellen gestärkt. Bodenköcher nehmen Ständer für Laut-
sprecher, Beleuchtung oder Schirme auf. Eine Hecke, in die eine Stahlkonstruktion mit Holzspalier eingelassen ist, enthält Stände für die Gastro-
nomie. Die Landschaftsarchitektur ist von Philipp Rode und Helge Schier. *ek*

LATITUDE
48° 20' 29"
LONGITUDE
16° 43' 27"

SMART DOUBLE LIFE // Viennese architecture firm sammerstreeruwitz designed an intervention for the Gänserndorf fairground that is equally aesthetic and strategic, as well as adroitly resolving the ongoing conflict between the festival held there once a year and the public use of the place during the rest of the year. // As Florian Sammer and Karoline Streeruwitz point out, "The two conditions of the space stood in each other's way: the festival damaged the field, and the field hindered the festival." The concept was oriented to the type of temporary structures that village festivals require, meant to be used for multiple occasions. This intellectual and pragmatic approach premiated the role of architecture as the design of time and use, from which built form is derived. A wooden grandstand and a stage built of steel were created for the annual festival, and whenever these elements are not being used for the festival, they can function as sunbathing platforms, observation decks, or pavilions the rest of the time. To handle the impact of the festival, the field was reinforced at strategic spots by grass pavers and soil compaction. Ground receptacles provide support for speaker stands, lighting, and umbrellas. A steel structure with an embedded wooden trellis is nestled within a hedge and stores the food stands. The landscape design is by Philipp Rode and Helge Schier.

Ulrike Lienbacher

Kreisverkehr
Gänserndorf, Volksbankplatz

2010

SPORTLICH UND DISZIPLINIERT // Vier Laufbahnen mitten im Kreisverkehr?
Ulrike Lienbacher hat die Situation genutzt und die Mitte der Verkehrsinsel,
die normalerweise nie betreten wird, in einen Miniatursportplatz verwandelt.
Vier Laufbahnen mit Start- und Ziel-Linien, zur Mitte hin gewölbt und ausgelegt
mit dem orangefarbenen Kunststoffbelag von Sportplätzen. // Susanne
Neuburger sieht in dieser künstlerischen Intervention, von Ulrike Lienbacher
selbst »Kreisverkehr« genannt, Konnotationen zum Werk der Künstlerin.
Man könnte diesen Kreisverkehr »auch als Plattform für Lienbachers eigene
Arbeiten verstehen«, schreibt sie. »Sowohl ihre Zeichnungen als auch Foto-
grafien und Objekte greifen allgemein gültige Erfahrungen auf, die sich auf
Sport, Leistung oder Disziplinierung beziehen. Hula-Hoop-Reifen, SportlerInnen und jugendliche TurnerInnen finden eine Projektionsfläche für Lienbachers Körperkonstruktionen in der überdimensionierten Scheibe, die selbst
eine solche Konstruktion ist.« // Einmal wurde diese Miniatursportanlage
auch professionell genutzt: Bei der Eröffnung der Neugestaltung des Volks-
bankplatzes weihten SportlerInnen des örtlichen Turnvereins den Platz/die
künstlerische Intervention ein. // Ulrike Lienbacher, in Salzburg geboren,
studierte Bildhauerei in Salzburg bei Ruedi Arnold. *an*

*ATHLETIC AND DISCIPLINED //
Four running tracks in the middle of
a roundabout? Ulrike Lienbacher
took advantage of the site by turning
the center of a traffic island, a
place generally never used, into
a miniature athletic field. Four lanes
are marked with start and finish
lines, curved toward the center,
and lined with an orange-colored
synthetic surface used on sports
fields. // Susanne Neuburger sees
connotations between the artist's
other work and this artistic
intervention, which Ulrike Lienbacher
titled Kreisverkehr (Traffic Circle).
One might also understand this
traffic roundabout "as a platform
for Lienbacher's own projects," she
writes. "Her drawings, photographs,
and sculptures take up universally
shared experiences related to sports,
performance, and discipline. Hula
hoops, athletes, and young gymnasts
find a surface for projecting
Lienbacher's body constructions
in the oversized disk, which
is itself such a construction."
// Professionals once used this
miniature sports complex, when
athletes from the local gymnastics
club celebrated the opening of the
newly designed Volksbank Plaza and
the artistic intervention. // Ulrike
Lienbacher studied sculpture under
Ruedi Arnold in Salzburg, where she
was born.*

1992

STÜTZEN DER ÖFFENTLICHKEIT // Museen, Schulen oder Büchereien sind Einrichtungen der Öffentlichkeit, die als Indikatoren des Architekturverständnisses einer Zeit zu begreifen sind. // Das Gebäude für die Bücherei und die Musikschule Gänserndorf, an der örtlichen Fußgängerzone gelegen, ist in exemplarischer Weise solch ein Indikator, wie die demokratisch wohlfahrtsstaatliche Öffentlichkeit Zugang zu kulturellen und bildenden Infrastrukturen und zugleich Zugang zu zeitgenössischer Architektur erlangen kann. Eine gläserne Wand signalisiert Zugänglichkeit, Transparenz und Wahrnehmbarkeit in den physischen öffentlichen Raum. Dominierende Stützen und die markante Möblierung beherrschen den Raumeindruck. Auf Erdgeschoßniveau ist die Bücherei mit dem Freihandbereich untergebracht. Die Erschließung für die im Obergeschoß gelegene Musikschule setzt gartenseitig ein Zeichen in die Umgebung und ist als Rampe ausgebildet. Im Garten wird der Lesebereich in den Freiraum hinaus verlängert. Eine bei der Rampe situierte Plattform bietet die Möglichkeit, die aus der Bücherei mitgenommenen Bücher im Außenraum zu lesen, und setzt so nicht nur ein architektonisches Signal, sondern macht auch das Lesen selbst bis zu einem gewissen Grad öffentlich. Der im Untergeschoß untergebrachte Saal für Vorträge und kulturelle Ereignisse wie musikalische Darbietungen oder Lesungen ist ebenfalls über eine Rampe erschlossen. *ek*

206

PILLARS OF SOCIETY // Museums, schools, and libraries are public institutions that may be viewed as indicators of a given period's understanding of architecture. // In exemplary fashion, the building for the Gänserndorf library and the music school, located along the town's pedestrian zone, is such an indicator. It demonstrates how the general public of a democratic welfare state can have access to cultural and educational infrastructure and to contemporary architecture at one and the same time. A glass wall signals the building's accessibility, transparency, and visibility to the physical public sphere. Imposing columns and distinctive furnishings dominate the spatial effect. The library, which offers open stacks, is housed on the ground floor. The design of the ramp leading from the garden side to the school of music on the upper level adopts a symbolic form within the spatial context. The reading room is extended out into the garden, where a platform located near the ramp gives users the option of reading library books outside – thus becoming not only an architectural signal, but to a certain extent also making the act of reading itself public. A hall on the lower level, used for lectures and cultural events such as music performances and public readings, is also accessed via a ramp.

Nehrer + Medek und Partner

Volksschule
Gänserndorf, Siebenbrunnerstraße 27

1997

GROSSFORMAT // Wenn eine Stadt mit über 10.000 EinwohnerInnen (Stand 2012) wie Gänserndorf über eine einzige Volksschule verfügt, mag die Dimension des Gebäudes nicht verwundern. Ursprünglich für 16 Klassen ausgerichtet, besuchen nunmehr seit einer Erweiterung durch Werner Zita (2010) über 400 Kinder die rund 20 Klassen. // Die für das Weinviertel typisch schmalen Grundstücke, die sich von der Straße aus in die Tiefe entwickeln, boten sich auch in diesem Fall für eine Bebauung mit einer lang gestreckten Sequenz an. Der Zugang erfolgt westseitig über einen witterungsgeschützten Vorplatz. Die weitläufige Anlage selbst erschließt sich über eine hohe Aula als Pausenhalle, die zugleich einen »Platz« darstellt, von dem aus eine kreisförmig angelegte Stiege die beiden Geschoße zusammenführt. Ein offener Gang verbindet den Unterrichtstrakt – energiebewusst Richtung Süden orientiert – mit dem Turnsaal im Norden, der durch einen zusätzlichen Zugang auch für externe Zwecke genutzt werden kann. Dazwischen liegt rechtwinkelig der Verwaltungstrakt als Steuerzentrale, auf Stelzen gesetzt. Verglasungen – speziell im Bereich der Galeriepassage, über die man zu den Klassenzimmern gelangt – schaffen Ausblicke und sorgen für zusätzliches Tageslicht. Einen Akzent setzt die ins Freie auskragende Wand entlang des Turnbereichs: als Energiespeicher klimatechnisch funktionell in gelber Färbung. *th*

LATITUDE
48° 20' 09"
LONGITUDE
16° 43' 06"

LARGE-SCALE // When a town's population surpasses 10,000, like in Gänserndorf (according to 2012 statistics), but there is only one elementary school, then one mustn't be surprised at the size of the school building. Originally designed for 16 classrooms, the 2010 expansion by Werner Zita now permits over 400 children to attend school in the 20 classes.
// Typical for the Weinviertel, the narrow property stretches deeply back from the street, thus lending *itself to an elongated building sequence. The entrance is from the west, across a weather-protected forecourt. The expansive complex itself is accessed through a high auditorium and recess area that mimics a plaza, with a circular stairway joining the upper and lower floors. An open hallway joins the scholastic wing – facing south for high energy efficiency – with the gymnasium in the north, which has an extra entrance that makes it easily usable for extra-curricular* *purposes. The administrative wing, the control center, is set in between on stilts at a right angle. Generous glazing – especially in the gallery passageway from which the class-rooms are accessed – provides a view of the outdoors and brings in additional daylight. A wall projecting out along the sports area creates a bright accent: for energy storage, it is climatically functional and painted yellow.*

Ökosiedlung Gärtnerhof
Gänserndorf-Süd, Hochwaldstraße 37

Atelier für naturnahes
Bauen Deubner

1988

PIONIERPROJEKT // 1980 gründete Helmut Deubner sein Architekturbüro, mit der Fertigstellung der Ökosiedlung Gärtnerhof 1988 hatte er die Weichen für seine Auseinandersetzung mit Architektur gesetzt: ökologisches Bauen. Heute firmiert das Büro unter »Atelier für naturnahes Bauen Deubner« und ist in der Siedlung zu Hause. Die Anlage besteht aus insgesamt elf Häusern mit kleinen Gartenhöfen, zehn Wohnungen, Kindergarten, Saunahaus, Badeteich und Gemeinschaftsräumen sowie dem Atelier des Architekten. Es war dies, so der Architekt, »österreichweit die erste in derartiger Konsequenz verwirklichte Wohnbebauung«. Alle Wohneinheiten sind nach Süden orientiert, Höhenstaffelung und seitliche Versetzung minimieren gegenseitige Verschattung. Die Siedlung ist autofrei und mit gepflasterten Fußwegen durchzogen. Eine Pionierleistung für die Zeit war das ökologische Konzept: Die Warmwasserbereitung erfolgt über Sonnenkollektoren, Gas-Brennwertthermen sorgen für eine zusätzliche Raumheizung. Aber die Energieversorgung ist nur ein Punkt im Kreislauf: So wird die Nutzwasserversorgung zu 40% aus Regenwasser aus Zisternen bezogen, sämtliche Abwässer werden in einer eigenen Pflanzenkläranlage gereinigt und zur Bewässerung der Gärten wiederverwendet. Darüber hinaus wurden auch Komposttoiletten installiert, die kein Wasser verbrauchen und durch die abgeschlossene Verrottung wertvollen Dünger für die Nutzgärten liefern. *an*

208

LATITUDE
48° 17′ 51″
LONGITUDE
16° 39′ 51″

PIONEER PROJECT // Helmut Deubner opened his architectural office in 1980, and by the time the Gärtnerhof Eco-community was finished in 1988, he had set a course for his exploration of architecture: ecological design. Today his office is called the Atelier für naturnahes Bauen (Studio for Building with Nature) and the eco-community is its home base. The community has a total of eleven houses with small garden courtyards, ten apartments, a kindergarten, sauna, swimming pond, and communal spaces, along with the architect's studio. According to the architect, this was "the first residential project in Austria to be executed as rigorously as this." All of the dwelling units face the south; vertical and horizontal staggering prevents them from casting shadows on each other. The development is car-free; it is crisscrossed by stone pedestrian walkways. At the time, the project's pioneering achievement was its ecological concept: solar collectors provide the hot water supply, and gas-fired boilers are used for supplemental heating. But the power supply is just one aspect of the energy use cycle: 40% of the utility water supply is sourced from rainwater, all sewage is treated in the community's own wastewater wetland and reused to irrigate the gardens. In addition, composting toilets were installed that use no water and provide completely decomposed valuable fertilizer for the vegetable gardens.

August Kirstein

Pfarrkirche Heiliger Antonius von Padua
Strasshof, Ortsmitte

1925

OBOLUS // Der Dombaumeister des Wiener Stephansdoms plante für Strasshof, seit 1923 selbstständige Gemeinde, einen schlichten Sakralbau. Die Gründung eines Kirchenbauvereins ging der Errichtung voraus. Den Grund spendete Ludwig Odstrčil, ab 1909 im Besitz des Strasserhofs und reich geworden durch Schürfrechte in Mähren. Ein Regulierungsplan seines Sohnes, Architekt Jan Odstrčil, hätte vorgesehen, vom Kirchenplatz ausgehend ein Ortszentrum zu schaffen, wie Judith Eiblmayr in ihrem Artikel in der »Presse« vom 30.3.2012 schreibt. Auch das Grundstück für Schule, Friedhof und evangelische Kirche stellte der Gutsbesitzer zur Verfügung. // Architekt August Kirstein, ein Schüler und später Mitarbeiter des Friedrich von Schmidt, löste sich in seinen eigenen Projekten vom neogotischen Zugang seines Vorbilds. Als Späthistorist operierte Kirstein in Strasshof mit gefälligen Säulen und Rundbogenfenstern. Sympathien zum Heimatstil klingen im Zugangsbereich an. Dem gedrungenen Bau wurde ein Glockenturm aufgesetzt. Der Architekt entwarf gemeinsam mit Friedrich Ohmann das Museum für Kunst und Gewerbe in Magdeburg (1900) wie auch das Museum Carnuntium (1904). Im Architektenlexikon des Az W wird er zitiert: »›Nebstbei‹, so Kirstein, habe er auch mehrere ›provinzielle kleinere öffentliche sowie private Bauobjekte‹ errichtet, die heute allerdings zum Großteil unbekannt sind.« th

LATITUDE
48° 18' 56"
LONGITUDE
16° 38' 41"

OFFERING // The architect of St. Stephen's Cathedral designed this simple religious building for Strasshof, which became an independent municipality in 1923. A church building society was founded prior to its construction. Ludwig Odstrčil, who had become wealthy thanks to his Moravian mining rights and acquired Strasserhof in 1909, donated the land. His son, architect Jan Odstrčil, drew up a plan for the property that envisaged a town center around the church square, as Judith Eiblmayr noted in her March 30, 2012 article in Die Presse. The landowner also had property set aside land for a school, a cemetery, and a Protestant church. // Architect August Kirstein, who studied with and later worked for Friedrich von Schmidt, departed from his mentor's neogothic style in his own projects. As a late historicist, Kirstein used simple columns and arched windows in Strasshof. The design of the entry area resonates with the vernacular Heimatstil of the time. A bell tower is placed atop the compact building. Partnering with Friedrich Ohmann, Kirstein also designed the Museum of Arts and Crafts in Magdeburg (1900) as well as the Carnuntium Museum (1904). Cited from the Az W Architektenlexikon, Kirstein said that "as a sideline, he also built a number of smaller provincial public and private construction projects, most of which are, however, largely unknown today."

Ehemaliges Heizhaus am Bahnhof
Strasshof, Siller-Straße 123

1944/
1947   STILLSTAND // Ursprünglich als Entlastung für Wien-Nord und Floridsdorf
avisiert, entstand aufgrund des erstarkenden Bahnverkehrs ein neuer,
letztlich überdimensionierter Standort der Heizhausanlage in Strasshof.
Vor dem Zweiten Weltkrieg geplant, begannen die Bauarbeiten durch die
Reichsbahn in einer bereits abgespeckten Variante: kriegsbedingt eingestellt
und 1947 durch die ÖBB vollendet. // Die allgemeine Elektrifizierung löste
die Dampflokomotiven ab, Heizhäuser wurden nicht mehr gebraucht. Die
geschlossenen Grenzen im Osten bedingten eine drastische Reduktion der
Frequenz der Strecke. Das Ende der Nutzung war 1979 unabdingbare Folge.
Nach der Übernahme durch den Ersten Österreichischen Straßenbahn- und
Eisenbahnklub und einer Kooperation mit dem Technischen Museum kann
man heute auf dem 85.000 m² großen Freigelände die Welt der historischen
Fahrzeuge erleben. // Die Gleise führen zu einer Halle für zehn Lokstände
mit zweiflügeligen Einfahrtstoren. Die Nutzfläche beträgt 3.100 m² und wird
von einem flachen Satteldach überspannt. Bei der Dachkonstruktion kamen
eiserne Fachwerkträger zum Einsatz. Die Halle, aus Ziegelmauern errichtet,
ist rückseitig unverputzt und wurde einfahrtsseitig durch Eisenbetonpfeiler
verstärkt. Zahlreiche natürliche Quellen vom Lichtband bis zu laternenartigen
Oberlichten versorgen den Industriebau mit Tageslicht. Ebenfalls zu besichtigen sind u. a. zwei Wasserkräne, ein Kohlenkran mit gemauertem Motor-
haus oder der Wasserturm aus Holz. *th*

210

LATITUDE
48° 19'35"
LONGITUDE
16° 40'13"

DORMANT // Originally intended to relieve the increase in traffic from Vienna-North to Floridsdorf but ultimately oversized, a structure for a new boiler plant was built in Strasshof. The Reichsbahn began construction on a stripped-down version of a pre-World War II design in 1944, and after a delay due to the war, the building was finished by the ÖBB (Austrian Federal Railway) in 1947. // After steam engines became obsolete due to the widespread availability of electricity, boiler plants were no longer needed. Sealed borders to the east caused a drastic reduction in rail service along this line and usage inevitably came to a halt in 1979. Following the acquisition by the first Austrian tram and railway club (Erster Österreichischen Strassenbahn- und Eisenbahnklub) and a project in collaboration with the Museum of Technology, the classic vehicles of this railway stretch can now be viewed on the grounds, which total 85,000 square meters. // The tracks lead through double entry gates to a hall with stands for ten locomotives. A shallow pitched roof carried by iron trusses spans the 3,100-square-meter space. The brick masonry hall's rear wall is left exposed, and its entrance reinforced by concrete piers. Sources of natural lighting for the industrial building range from ribbon windows to lantern-like skylights to allow an influx of daylight. Also worth a look are two water cranes, a coal crane with a brick motor housing, and a wooden water tower.

Pfarrheim Silberwald
Strasshof, Hauptstraße 400

2012

HERRGOTTSWINKEL // Die Pfarre von Strasshof ist, historisch bedingt, im Besitz von Grundstücken. Die Gemeinschaft ist groß, und die Aktivitäten sind zahlreich. Um ein Pfarrheim im Ortsteil Silberwald finanzieren zu können, wurde jener Grund auf der anderen Straßenseite verkauft, wo seit 2012 neue Reihenhäuser stehen. Zwischen Strasshof und der Erzdiözese entstand ein längerer Dialog über mögliche PlanerInnen und Standorte. Unter dem Motto »Die Kirche soll sich nicht verstecken!« wurde das Haus neben die Filialkirche gesetzt, direkt an die B8 und anstelle des ehemaligen Priester-Wohnhauses (»Antoniuskapelle«), das baufällig geworden war. // Der Entwurf von Hans J. Frey wurde mit dem lokalen Baumeister Rudolf Weidl umgesetzt. Mit bemerkenswertem Zusammenhalt der Pfarrgemeinde und einem großen Ausmaß freiwilliger Arbeitsstunden wurden u. a. der Boden gelegt und die Elektrik eingebaut. Fassadenfarbe und Innengestaltung weichen, so der Architekt, maßgeblich vom ursprünglichen Konzept ab. Eine Distanzierung erfolgte. // Ein Knick im ansteigenden Baukörper bildet nach außen den Verlauf der Räume ab. Ein zweigeschoßiger Saal, über eine Durchreiche mit der ebenerdigen Küche verbunden, ist das Herzstück des Pfarrheims. Von einer Empore aus kann man auf das Geschehen blicken. Im Obergeschoß ist der Jugendraum integriert. // Auch auf die allzu menschlichen Bedürfnisse wurde Rücksicht genommen. Außen liegende Toiletten im Eingangsbereich sind für die Nutzung während der Messzeiten vorgesehen. th

211

LATITUDE
48° 19'17"
LONGITUDE
16° 40'19"

GOD'S LITTLE CORNER // Due to the course of history, the parish church of Strasshof owns several plots of land. The church community is large and engages in many activities. In order to finance a new parish hall in the Silberwald district, it sold the property across the street, where new town-houses were built in 2012. A protracted discussion between Strasshof and the archdiocese ensued concerning possible designers and building sites. Motivated by the thought that "the church shouldn't be hidden away", the building was placed next to the chapel, right on the B8 highway, on the site of the old rectory (Antonius Chapel) that had fallen into disrepair. // Local master builder Rudolf Weidl carried out the plans, designed by Hans J. Frey. A remarkably cohesive parish community invested a great deal of volunteer hours in the construction work, including pouring the floor slab and installing the wiring. According to the architect, the exterior paint and the interior design strongly depart from his original concept, causing him to distance himself from the project. // A bend in the exterior massing of the sloped building mirrors the flow of the spaces within. A double-height auditorium, joined to the ground-floor kitchen by a pass-through, is the heart of the parish hall. All the goings-on can be seen from the balcony area. A youth room has also been incorporated on the upper level. // Consideration was also given to those all-too human needs: the public restrooms located in the foyer are designed for accessibility so they can easily be used while mass is underway.

2011

EINE FÜR ALLE // Bildung ist ein viel diskutiertes Thema unter PolitikerInnen, schön, wenn dabei auch konkrete und gelungene Beispiele wie diese Zwei-Typen-Schule herauskommen. Um eine Schulbildung bis zur Matura bereitzustellen, wurde der Neubau eines Oberstufenrealgymnasiums fixiert, der gleichzeitig auch Räumlichkeiten für die zu erweiternde Hauptschule aufnimmt. Der Bauplatz nahe der Volksschule und dem Kindergarten lag auf der Hand. Die Erhaltung und der Zugang zum Park samt Landschaftsteich (ein hervorragender Pausenplatz) stellten eine Herausforderung an die PlanerInnen dar. // franz architekten entschlossen sich für einen lang gestreckten Schulbau und einen leicht versenkten Turnsaaltrakt. Der lange Riegel läuft parallel zum Fußweg und ragt am Kopfteil markant aus, wodurch eine überdachte Freifläche entstand, die als einladende Eingangszone fungiert.»Herz« des neuen Schulgebäudes ist die sich über drei Geschoße erstreckende Bibliothek mit ihren Sitzstufen (zu nutzen von Gymnasium und Mittelschule). // Um die Gemeinsamkeit der beiden Baukörper auch nach außen zu signalisieren, wurde ein spannendes Fassadenkonzept entwickelt. Die blauen Aluminiumplatten des Sporttraktes werden nach oben hin immer heller, bis sie sich in Weiß auflösen, der Schulriegel nimmt das Weiß auf und färbt es gegen Himmel wieder in ein helles Blau. Auch die 175 Fenster, alle in der Größe 1,80 x 1,80 m, reagieren flexibel auf den Innenraum und zeichnen auf der Fassade ein dynamisches Spiel. *an*

LATITUDE
48° 17' 52"
LONGITUDE
. 16" 33' 33"

ONE FOR ALL // Education is a hot topic among politicians, and it's a good thing when the discussion yields such clearly successful examples as this type of double school. In order to provide public education right up to the college entrance exam, they sought a new scheme for a senior high school that could accommodate a future extension for a junior high school. The building site near the elementary school and the kindergarten fit the bill perfectly. The need to preserve the park with its landscape pond (great for recess) posed a special design challenge. // franz architekten decided on an elongated massing for the school's main building, with a slightly sunken gymnasium wing. The long bar runs parallel to the footpath and bends distinctively toward the "head", where a covered open space creates an inviting entrance zone. The "heart" of the new school building is the library, which is extended over three floors with a stepped seating area used by both schools. // An exciting façade concept was developed to outwardly signify the unity of the two buildings. The blue aluminum panels at the base of the sports wing gradually become lighter until they dissolve into white. The school volume takes up on the white and then gradually returns it to a pale blue as it moves up toward the sky. The 175 windows, all equally sized at 1.8 x 1.8 meters, similarly respond to the interior, dynamically inscribing a playful game on the façade.

1993

DIE KRAFT DER ARCHITEKTUR // Als dieser Merkur Markt Anfang der 1990er Jahre eröffnet wurde, entdeckten die großen Supermarktketten gerade erst die Architektur für sich. »Corporate Architecture« wurde zum Trend der Stunde und ist seither eine Selbstverständlichkeit. Wird ein neuer Markt eröffnet, wollen und können es sich viele Anbieter nicht mehr leisten, nicht auch auf eine zeitgemäße und ansprechende Baukunst zu setzen, schließlich will man ja seinen KundInnen etwas bieten. »The Office« war ein damals gerade frisch gegründetes Büro der ArchitekturabsolventInnen Wolfgang Bürgler, Georg Petrovic und Gorgona Böhm (heute führen alle drei eigene Studios; Wolfgang Bürgler und Georg Petrovic leiteten zunächst ab 1996 das Büro »the unit«, bis auch sie sich 2003 trennten). // Unkonventionelles Design schuf eine einzigartige Architektur, die schnell KlientInnen aus der Industrie, dem Bankensektor oder dem Handel anzog, so erklärt Wolfgang Bürgler heute den Erfolg. Tatsächlich blieb es für ihn nicht bei diesem einen Merkur, es folgten mehrere. Dieser erste kann auch heute noch mit den anderen mithalten, obwohl gerade der Shoppingarchitektur ein Ablaufdatum nachgesagt wird. Doch die Mittel der Attraktion sind einfach: eine ansprechende Hülle, ein paar Blickfänge (in diesem Fall Fenster, die nach außen ragen und nicht zu viel preisgeben), eine einladende Eingangszone in Glas und im Inneren ein strukturierter Einkaufserlebnisraum. *an*

217

LATITUDE
48° 18' 11"
LONGITUDE
16° 34' 33"

THE POWER OF ARCHITECTURE // When this Merkur Markt location opened up in the early 1990s, the big supermarket chains were just starting to discover architecture. Corporate architecture became the trend of the day, and has since become a matter of course. When a new supermarket is opened, many companies don't want to miss out on, and can't afford not choosing, contemporary and alluring building designs. After all, one wants to offer something to the discerning customer. At the time of the market's construction, "The Office" was the fledgling agency of architecture graduates Wolfgang Bürgler, Georg Petrovic, and Gorgona Böhm. (Today, all three have their own agencies. Starting in 1996 Wolfgang Bürgler and Georg Petrovic ran an office called "the unit", until going separate ways in 2003). // Today, Wolfgang Bürgler explains his success as coming from unconventional designs that created unique buildings, quickly attracting clients from the industrial, banking, and trade sectors. As it happened, this Merkur branch was not the only one he designed; several others followed. The very first one can, however, still hold its own, even though it's said that "shopping architecture" is reaching its expiration date. Its means of attraction is simple: an engaging skin, a few eye catchers (windows, in this case, that project outwards, revealing very little), an inviting glass entrance area, and a structured interior shopping experience.

Wohnhausanlage
Deutsch-Wagram, Feldgasse 70–72

Heinz-Dieter Kajaba

ab 1978

PATIO // Ein besonders gelungenes Beispiel für verdichtetes Wohnen in einer stark zersiedelten Gegend stellt die Wohnhausanlage von Heinz-Dieter Kajaba dar. Etwas außerhalb gelegen, erreichen die BewohnerInnen dennoch die Schnellbahn fußläufig. Ein großer Supermarkt siedelte sich in direkter Nähe an und steigerte damit die Annehmlichkeiten. // Mitte der 1970er Jahre geplant, entstanden in drei jeweils farblich gekennzeichneten Bauabschnitten im Zweijahrestakt für die Wohnbaugenossenschaft alpenland insgesamt 142 Eigentumswohnungen von 60–120 m². Der älteste Sektor trägt Gelb als Schmuckfarbe, der darauffolgende Rot, der jüngste Grün: im Detail geplant von den runden Kunststoff-Blumentrögen bis hin zur Verkleidung der Postkästen. // In eine reizvolle Hofsituation gesetzt, sind die Wohnungen ebenerdig mit Garten ausgestattet, darüber liegen – durch einen Laubengang erschlossen – Maisonetten mit Terrasse. Abgeschrägte Bereiche des zweiten Obergeschoßes nehmen dem Baukörper seine Wuchtigkeit. Für die Autos wurden Stellplätze im Untergeschoß geschaffen. // Die EigentümerInnen konnten bei den Grundrissen der Wohneinheiten, aber auch der Positionierung der Glasmodule innerhalb des Fensterbands mitplanen. Die weißen Eternitplatten der Fassade bilden mit den schwarzen des Dachs ein kontrastreiches Zusammenspiel. th

218

LATITUDE
48° 18' 05"
LONGITUDE
16° 34' 35"

PATIO // Heinz-Dieter Kajaba's residential complex is a particularly successful example of high-density living in a strongly developed area. Located toward the outskirts of town, residents can nevertheless reach the rapid transit railway by foot. A large supermarket has also opened up right nearby, increasing living comfort even more. // Planned in the mid-1970s, a total of 142 owner-occupied apartments were built for the alpenland residential building cooperative every two years in three color-coded construction phases. The apartments range from 60 to 120 square meters in size. The oldest sector is decorated in yellow, the next red, and the most recent one green: designed in detail from the round plastic planters all the way to the mailboxes. // Set in a charming courtyard arrangement, the ground floor apartments each have a garden, while the maisonettes above – accessed along a balcony – are outfitted with terraces. Slanted areas on the second upper floor relieve the structure of its bulkiness. There are parking spaces in the basement for cars. // The owners were able to collaborate on the floor plan layout of their residential unit, as well as decide on the placement of the glass modules in the window band. White Eternit panels on the façade create a contrasting interplay with the dark roof.

Karl Schneider

Wohn-, Praxis- und Atelierhaus
Deutsch-Wagram, Frimbergergasse 2a

2008

FUNKTIONALITÄT IN HOLZ // Bauten in Holz sind in Ostösterreich
nicht stark verbreitet, sieht man einmal vom Fertigteilhausmarkt ab.
Karl Schneider entschied sich in seiner Doppelfunktion als Bauherr und
Architekt ganz bewusst aufgrund der ökologischen Eigenschaften für
den Baustoff Holz. Ein weiterer Anspruch der BauherrInnenfamilie an
diesen Neubau war, Arbeiten und Wohnen zwar »unter ein Dach zu bringen«,
allerdings funktional und optisch klar getrennt. So entstanden zwei Baukörper, deren Zwischenbereich einen gut zu nutzenden, geschützten
Atriumhof ergibt. // Das Architekturbüro des Bauherrn und die Praxisräume der Bauherrin befinden sich im eingeschoßigen Bauteil, gewohnt
wird nebenan auf zwei Geschoßen. Um die Energiewerte zu optimieren,
orientieren sich die Aufenthaltsräume gegen Südwesten. Gegen zu viel
Sonneneinstrahlung in den heißen Sommermonaten schützen Holzlamellen,
Sonnensegel und Schiebeläden. Bei der Fassadengestaltung entschied
sich der Architekt allerdings, das Holzthema aufzubrechen und die unbehandelten Lärchenholzschalen mit einer Verkleidung aus Faserzementplatten
zu komplementieren. Die Energieeffizienz des Wohn- bzw. des Atelier-/
Praxishauses spiegelt sich auch in einer reduzierten Form wider. Eine
klare und einfache Sprache setzt die Maßstäbe für einen von Funktionalität
getragenen Gestaltungsgedanken. *an*

LATITUDE
48° 17' 54"
LONGITUDE
16° 34' 05"

*FUNCTIONALITY IN WOOD //
Wooden buildings are not especially
common in eastern Austria, unless
one counts the prefabricated housing
market. In the dual position of client
and architect, Karl Schneider made
a conscious decision to build with
wood, mainly for ecological reasons.
Another stipulation the family
made for the new building was
the unification of living and working
areas "under one roof", while
keeping them functionally and
visually separated. This led to*

*a set of two structures, with the area
between creating a useful, protected
courtyard atrium. // The client's
architectural bureau and his wife's
medical practice are located in the
one-story wing, the living areas in
the two-story section alongside.
To optimize energy use, the common
rooms face southwest. Wood slats,
sunshades, and sliding blinds
protect against the strength of
the summer sun. For the façade,
the architect decided to punctuate
the timber theme by complementing*

*the untreated larch cladding with
fiber cement panels. The high
energy efficiency of the residential
and work building is reflected in its
reduced form. The clear and simple
formal language sets the standard
for functionality, borne by design
aesthetics.*

AC Wohnen

Deutsch-Wagram, Sachsenklemme 7

2012

PENTAGON // Eine gekappte Pyramide mit fünfeckigem Grundriss bildet das spannende Volumen für einen Bürobau: aufgrund des Eigenbedarfs eines Projektentwicklers auf der Restfläche eines Areals, auf dem u. a. ein Supermarkt entstand. Herausforderung war, das schwierige Grundstück optimal zu nutzen, eine Gleichwertigkeit von drei Geschoßen zu erzeugen und dabei dem Gebäude eine Signalwirkung zu verleihen. Das Dachgeschoß erhielt mehr Raum als oftmals üblich. Für den geometrischen Baukörper mit Stahlbetonkern wurden die Fassaden in Holzleichtkonstruktion mit vorgefertigten Paneelen betont schräg gesetzt. Für die Oberfläche wurde eine textile Membran mit einer grafischen Struktur bedruckt. Der Entwurf von Lichtwitz Leinfellner visuelle Kultur KG spielt mit dem optischen Effekt eines Knicks. // Und auch im Inneren setzt sich die Schräge als Folge einer skulpturalen Auffassung vom Raum fort, bis hin zu den eigens entwickelten Schreibtischen. Im 73 m² großen Büronukleus des Bauherrn Reinhard Pacejka werden Wohnbauten projektiert, der Rest der insgesamt 406 m² umfassenden Nutzfläche wird vermietet. Das Thema »Häuslichkeit« ist als Umsetzung der Ideen des Architekten Jakob Dunkl mit originellen Bildsujets aus der Welt des Wohnens ganz in Grün abgehandelt. Für das begehbare Flachdach hat Landschaftsplanerin Doris Haidvogl Miscanthus-Gräser gewählt, um dem Haus eine erfrischende Gras-Frisur zu verpassen. *th*

220

LATITUDE
48° 17' 42"
LONGITUDE
16° 33' 22"

PENTAGON // This exciting office building volume is shaped like a capped pyramid with a pentagonal footprint. To meet the company needs of a project developer, it was erected on a bit of leftover space on a lot where, among other things, a supermarket had been built. The challenge was to put the difficult piece of property to optimum use, build three stories with equal value, and generally imbue the building with emblematic charisma. The penthouse floor was allotted more space than usual. The façade of the geometric structure with a reinforced steel core was clad in prefabricated panels set at a keen angle. A textile membrane was printed with a structured design to create the surface. The design, by Lichtwitz Leinfellner Visual Culture Co. plays with a bending optical illusion. // This slant is carried on in the interior, creating a sculptural conception of space that goes all the way to the specially designed desks. Residential buildings are drafted in the 73 square meters of client Reinhard Pacejka's office nucleus, while the rest of the 406 square meters of usable space is rented out. The domestic theme developed from architect Jakob Dunkl's ideas is conveyed by original photographs of home situations, all in shades of green. Landscape designer Doris Haidvogl chose Miscanthus grasses for the accessible flat roof, topping the building with a refreshing head of green.

Architekturbüro Reinberg

Landeskindergarten
Deutsch-Wagram, Jakob-Reumann-Gasse 5

EIN AKTIVES KINDER-HAUS // Wiewohl der Wiener Architekt Georg Reinberg
seit Jahrzehnten international als einer der Pioniere in der Entwicklung
des Passivhausbaus gilt, handelt es sich bei diesem Kindergarten in Deutsch-
Wagram um ein Aktiv-Haus. // Intelligent wird die Gunst der Orientierung von
dem lang gestreckten Baukörper genutzt. Dieser zeichnet sich gleichermaßen
durch Zurückhaltung wie durch Zugänglichkeit aus und erzeugt mit einfachen
Mitteln eine betont schlichte Eleganz. Der viergruppige Kindergarten ist ganz
an den nördlichen Rand des Grundstücks platziert, um durch die Öffnung
Richtung Süden die optimale Ausnutzung der Sonneneinstrahlung zu gewährleisten und zugleich einen großzügigen Außenraum im Garten zu schaffen.
Die Freiraumplanung stammt von Anna Detzlhofer. Auch die Dachfläche wurde
begrünt. // Die Lärchenholzschalung der Fassade unterstreicht den Eindruck
der Gleichzeitigkeit von Zurückhaltung und Öffnung. Konstruktiv handelt es
sich um eine Brettsperrholzkonstruktion auf einer Fundamentplatte aus
Stahlbeton. Das Vordach über dem Haupteingang wird aus Brettsperrholz-
platten gebildet, die auf Stahlsäulen ruhen. Die zentrale Erschließung der
an der Südseite gelegenen Gruppenräume, des an der Westseite befindlichen
Bewegungsraums sowie der an der Nordseite situierten Nebenräume erfolgt
von einer großen Halle aus. Die Gemeinschaftlichkeit wird durch die Halle
betont, die Orientierung erleichtert. Die Anmutung der Innenwände setzt über
Brettsperrholz und Gipskarton auf die Freundlichkeit des Lehmputzes. *ek*

221

LATITUDE
48° 18' 54"
LONGITUDE
16° 34' 18"

*AN ACTIVE BUILDING FOR ACTIVE
CHILDREN // Although the Viennese
architect Georg Reinberg has been
known internationally for decades
as a pioneer in the design of passive
energy construction, this kindergarten in Deutsch-Wagram is an
active building. // The best aspects
of the orientation of the elongated
structure's site are intelligently
utilized. This is characterized in
equal measure by restraint and
accessibility, employing simple
means to create purposefully*

*simple elegance. All four of the
kindergarten's classrooms are placed
along the northern edge of the site
in order to ensure optimum solar
exposure through the south-facing
openings, and to create a large
outdoor space in the garden as well.
The open space was designed by
Anna Detzlhofer, with the roof
landscaped as well. // The larch
wood cladding of the façade underscores the simultaneous sense of
restraint and access. The structure
consists of cross-laminated timber*

*supported on a reinforced concrete
foundation slab. The canopy above
the main entrance is made of laminated wood panels on steel columns.
A large hall provides centralized
circulation for the classrooms located
on the south side, the exercise room
on the west side, and the utility
rooms to the north. The hall emphasizes the communal atmosphere
while also providing direction. The
interior walls have a friendly feel
thanks to the use of clay plaster
over plywood and drywall.*

Musikschule, ehemaliger Kindergarten

Florian Prantl

Deutsch-Wagram, Friedhofsallee 2

1928

SPIELPROGRAMM // Wer bei der Suche nach der Adresse beim tatsächlichen Friedhof landet, hat sich in die Irre führen lassen: Die Allee ist nach jenem Gottesacker benannt, der 1923 aufgelassen wurde. // Im klassisch rot-gelben Anstrich der Zwischenkriegszeit gehalten, sticht das Haus aus dem Grünen hervor. Das pavillonartige Gebäude, das 1999/2000 zur Musikschule mit elf Unterrichtsräumen und eigenem Konzertsaal von Erich Amon umgebaut wurde, war ursprünglich als Kindergarten konzeptioniert. Der Haupteingang ist durch ein Steinportal hervorgehoben. Über den Pfeilern mit Rautenmuster wachen hockend-kniend ein Knabe und ein Mädchen in Stein. Vier Fenster zur linken und zur rechten Seite sowie mittig im Obergeschoß erzeugen eine strenge Symmetrie. // Betritt man das Haus über einen der drei Zugänge, findet man im Stiegenhaus noch die alten Kugelleuchten. Auch die eingeschnittenen Handläufe im Aufgang zum Obergeschoß vermitteln eine Idee vom Originalzustand. Ein Spielzimmer, zwei Beschäftigungszimmer zu je ca. 45 m², aber auch die Mutterberatung waren ebenerdig untergebracht. Ebenso wurden Waschraum, Zimmer zur Aufbewahrung von Spielgeräten etc. sowie eine Wohnung für den Hauswart berücksichtigt. Im Dachgeschoß gab es zwei Wohneinheiten jeweils mit Vorraum, Küche und Zimmer. // Architekt Florian Prantl, der in Wien sein Büro hatte, realisierte 1930 im zehnten Bezirk den Gemeindebau in der Kudlichgasse 26–28 sowie das Rathaus von Hohenau, das ebenfalls mit Wohnungen ausgestattet war. *th*

222

PLAYING MUSIC // If you end up at an actual graveyard while searching for this address, you have gone astray, as the cemetery this avenue was named after was closed in 1923. // The building stands out clearly against the greenery, with its classic red and yellow colors from the inter-war era intact. Florian Prantl originally designed the pavilion-like building for use as a kindergarten. Between 1999 and 2000, Erich Amon converted it into a music school, with eleven classrooms and a private concert hall. A stone portal demarcates the main entrance, which is guarded by a stone boy and girl half kneeling, half crouching above the diamond-patterned piers, and flanked by four windows on either side, with another four windows centered above, in tight symmetry. // Entering one of the building's three entrances, one is led to the stairwell, which is still lit by the old globe fixtures. The carved handrails running to the upper level also convey a sense of the building's original condition. A playroom, two activity rooms, each about 45 square meters, and the maternal counseling office were housed on the ground floor, along with a laundry room, storage for toys and the like, as well as a caretaker's apartment. On the top floor were two studio apartments, each with an entry hall, kitchen, and main room. // Prantl, whose architectural office was located in Vienna, also built council housing on Kudlichgasse 26–28 in the tenth district and the town hall of Hohenau, which contained flats as well.

Raum Zita Kern
Raasdorf, Pysdorf 1

1998

LAND UND LITERATUR // Ein alter Bauernhof, mitten im Marchfeld, versteckt in einem kleinen Wald. Die Besitzerin Zita Kern, Landwirtin und Literaturwissenschafterin, wünschte sich einen Raum zum Schreiben und Lesen. Den geeigneten Ausgangspunkt dazu fanden ARTEC Architekten (Bettina Götz und Richard Manahl) in einem alten Stallgebäude. // Die neuen Nutzungen sind zum einen direkt im Bestand (ein Baderaum) untergebracht, zum anderen dient dieser als Sockel für das aufgesetzte Objekt des Lese- und Schreiberaums: eine Holzbox mit schimmernder, metallener Außenhaut, zur Hofseite geknickt, um das Volumen nicht als zu schwer erscheinen zu lassen und die Sonne hereinzuholen. Dem Raum vorgelagert sind zwei Terrassen, die ihn ins Freie erweitern. Erschlossen wird die neue Struktur über eine seitliche Treppe, die ebenfalls in eine Aluminiumhülle gefasst ist. Perfekt nimmt die glänzende Oberfläche dieses architektonischen Eingriffs die Tönung des Himmels an, ist Teil des Hofes, jedoch davon auch deutlich abgesetzt. Intellektuelle Ebene und bäuerliche Arbeitswelt – auf einfache Weise auseinander gezogen: »Das Neue zeigt sich im Hofensemble als unzweideutig neu, der blanke Aluminiumkörper nimmt die Stimmung von Wetter und Umgebung auf. Der Bau wird immateriell, sein Zweck undurchsichtig«, so ARTEC Architekten, die für dieses Projekt 1998 den Aluminium-Preis erhielten und damit einen markanten wie schönen Meilenstein in ihrer Karriere setzten. *an*

223

LATITUDE
48° 14' 02"
LONGITUDE
16° 35' 11"

LAND AND LITERATURE // An old farmstead in the midst of Marchfeld, tucked away in a small forest. The owner, Zita Kern, a farmer and literary scholar, wanted a room for reading and writing. ARTEC Architekten (Bettina Götz and Richard Manahl) found the right starting point in an old stable. // On one hand, new uses are directly accomodated in the existing space (a bathroom), and on the other hand, it serves as a base for the objects forming the reading-and-writing room: a wooden box with a shimmering metal skin, folded toward the farmyard to keep the massing from looking too heavy, and to bring in sunlight. Two terraces are set in front of the volume, expanding the room into the outdoors. The new structure is entered via a side stairway that is also clad in aluminum. The shining surface of this architectural intervention perfectly reflects the color of the sky, and is a part of the grounds, but also clearly set off from it. An intellectual plane and a peasant's life of labor – separated from each other by simple means: "The new part of the building appears unambiguously new, while the bare aluminum mass takes on the mood of the weather and the context. The building is dematerialized, its purpose is opaque," according to the architects of ARTEC, who won the 1998 Aluminum Prize for their building, thereby setting a notable and beautiful milestone in the path of their careers.

Café-Konditorei Aïda

Groß-Enzersdorf, Eurostraße 4

Aïda (Michael Prousek)

2004

EXPORTSCHLAGER // Die Wiener Konditoreikette Aïda, 1913 gegründet und seit den Nachkriegsjahren das Stadtbild prägend, expandiert auch heute: zum einen international (in den arabischen Raum), zum anderen in die Bundesländer. Mit Groß-Enzersdorf setzt das Familienunternehmen nach der ersten niederösterreichischen Filiale in der SCS Vösendorf auf den Zuzug der StädterInnen ins Grüne. Die Gegend im Nordosten der Bundeshauptstadt boomt. Die Gründerfamilie Prousek hat seit jeher neue Ballungszentren zur Gründung von Standorten fokussiert. Mittlerweile ist man auf 30 Filialen angewachsen (die Franchise-Standorte nicht mitberechnet). // Das Retro-Design der Konditoreikette geht auf den Architekten Rudolf Vorderegger zurück, der bis in die 1980er Jahre die Räume bis hin zum Logo gestaltete. In ihrer Diplomarbeit »Bausteine der Identitätskonstruktion« hat Susanne Paschinger die Aïda-CI genau untersucht. In Groß-Enzersdorf findet man die klassischen Elemente wieder: die großen straßenseitigen Glasflächen, die lange Vitrine für Mehlspeisen und Brötchen, die verspiegelten Wandteile sowie die naiven grafischen Dekorationselemente von Elisabeth Cerwenka. Statt der typischen roten Sitzbänke in strapazierfähigem Kunstleder kam hier beim Überzug das allpräsente Rosarot zum Einsatz. Neu sind auch die geschwungenen, 50 cm breiten Holzbänder, die von der Decke schweben und der nüchternen Außenhülle des Nutzbaus Charme verleihen. Weitere niederösterreichische Standorte sollen folgen. th

LATITUDE
48° 12' 26"
LONGITUDE
16° 32' 40"

EXPORT HIT // The Viennese pastry shop chain Aïda, which was founded in 1913 and left its mark on the city after the war, still continues to expand today: both internationally (in the Arab world), and in the Austrian provinces. After opening the first store in Lower Austria, at the SCS shopping mall in Vösendorf, the family-owned company is now pursing the flight of urbanites to the countryside with a new branch in Groß-Enzersdorf. This area northeast of the capital is booming. The Prousek family that founded the chain has always focused on new urban centers when choosing new store locations. Nowadays, there are 30 branch locations (not counting franchises). // The retro-look design goes back to architect Rudolf Vorderegger, who designed everything from the interiors to the logo of the pastry chain up into the 1980s. In her master's thesis titled "Building Blocks of Identity", Susanne Paschinger closely investigated the Aïda chain's corporate identity. The same classic features can be found in Groß-Enzers-dorf: large expanses of glass facing the street, long glass vitrines full of pastries and sandwiches, mirrored wall panels, and the naïve graphic decorations of Elisabeth Cerwenka. Instead of the standard bench upholstering of durable synthetic leather in red, the omnipresent pink of the Aïda identity was used. The 50-cm-wide, curving wooden strips suspended from the ceiling bestow a touch of charm to the outside of the plain commercial building. More locations in Lower Austria are to follow.

2011

RIRARUTSCH // Im Portfolio des Mödlinger Architektenteams fand man
bislang im Bereich Kindergarten Umbauten und Erweiterungen im Süden
von Wien. Für Orth/Donau entstand eine fünfgruppige Tagesstätte für Kinder
im Alter zwischen zweieinhalb Jahren und Eintritt in die Schule. Die Donau-
Auen sind nah, der Bezug zur Umgebung wurde durch Ausblicke gewährleistet. Die Gruppen sind – als Zeichen der Identifikation mit der geschützten
Naturlandschaft – nach AubewohnerInnen benannt und von außen in
Originalgröße bebildert: Eisvogel, Ringelnatter, Biber oder Seeadler,
um nur einige zu nennen. Die Spur des jeweiligen Tieres findet man vor der
Gruppe am Boden in Fliesenform wieder. Die Unterscheidung der Gruppen
zeigt sich aber auch in der individuellen Gestaltung der Räume mit erhöhter
Spielebene oder höhlenartigen Situationen. // In einem der beiden
Bewegungsräume sind über die klassische Turn-Einrichtung hinaus auch
therapeutische Hängekonstruktionen integriert. Bei der Ausstattung des
Kindergartens wurde auch eine Spieltribüne mit Heimkino eingeplant.
Den elementaren Spaß, zwei Geschoße mithilfe einer Rutsche zu überwinden,
können die Buben und Mädchen im Landeskindergarten tagtäglich erleben:
Die Indoor-Metallröhre führt vom Obergeschoß direkt in die zentrale
Erschließungszone des Foyers. // Bei der Außenwirkung kam Ziegelrot
als Signalfarbe und Kontrast zu den weißen Baukörpern zum Einsatz.
Die kubischen Elemente wurden geschickt gestaffelt. *th*

225

LATITUDE
48° 08' 46"
LONGITUDE
16° 42' 16"

*LET IT SLIDE // Before taking
on this project, the Mödlinger
architectural firm's involvement in
kindergarten design was limited to
renovations and additions in the
south of Vienna. In Orth/Donau,
they designed a new five-classroom
facility for children between two
and a half years and school age.
// With the flood plains of the
Danube nearby, the environment
is linked by lines of sight. As a sign
of identification with the natural
landscape, the classrooms are
named after wetland wildlife.
These are illustrated on the exterior,
and include the kingfisher, the ring
snake, the beaver, and the white-
tailed eagle, to name just a few.
Each animal's tracks can be found
on floor tiles leading up to each
classroom. The rooms are further
differentiated by variations in the
interior layout, such as elevated
play areas and cave-like enclosures.
// Therapeutic suspension structures
were incorporated in one of the two
exercise rooms in addition to classic
gym equipment. The kindergarten's
amenities include a play-stage and a
home cinema. The boys and girls can
experience the simple joy of sliding
down a two-story height with the
aid of a metal tube leading from
the upper floor right into the central
circulation space of the lobby.
// Brick red was used as an accent
color to contrast the white exterior
façade. The cubic massing is
elegantly staggered.*

Nationalpark-Besucherzentrum
Orth/Donau, Schloss Orth

nonconform architektur vor ort,
MAGK architekten, synn architekten

2005

TRANSFORMATION // Inmitten von Orth/Donau steht ein Schloss, das sein Aussehen mit vier mächtigen Ecktürmen im 16. Jhdt. erhielt. Als Habsburgischer Besitz diente es Kronprinz Rudolf als Jagdrefugium. Eine elegante, geometrische Skulptur, durchlässig in Metall konstruiert, schluckt die BesucherInnen auf dem Weg zum Nationalpark-Besucherzentrum, das seit 2005 im Schloss untergebracht ist. Im französischen Fachmagazin »Le moniteur« heißt es: Viel mehr als die Frage, ob man den zeitgenössischen Zugang als einladend oder vielleicht einfach nur bizarr empfindet, zählt: Man kann ihn nicht ignorieren. // Bei der Erschließung des Schlosses wurde vom Vorplatz aus ein System entwickelt, das der Idee der »Furkation«, der Gabelung von Flussarmen, entspricht. Der Organismus des Auwaldgebiets rund um den Standort wurde zum Leitgedanken für die komplexe Wegführung durch den Bestand, in den Ausstellungs- und Veranstaltungsräume integriert wurden. Der Südturm wurde um eine signalhafte Stahltreppe in Lochblech erweitert. Die Architekten hatten mit ihrem mutigen Vorschlag den Wettbewerb gewonnen. // Der Nationalpark entstand nach erfolgreicher Besetzung der Stopfenreuther Au in den 1980er Jahren durch UmweltschützerInnen. Als Standort für ein Besucherzentrum war ursprünglich Hainburg mit einem Projekt von COOPHIMMELB(L)AU vorgesehen. Dort hatte man sich jedoch 2002 in einer Volksbefragung gegen den »Wasserturm« ausgesprochen. Schlecht für Hainburg. Gut für Orth. *th*

LATITUDE
48° 08' 41"
LONGITUDE
16° 42' 05"

TRANSFORMATION // In the center of Orth an der Donau stands a castle complex dominated by four imposing towers from the 16th century. Under the ownership of the Habsburgs, the castle served as a hunting retreat for Crown Prince Rudolf. Now, an elegant geometric sculpture translucently constructed in metal now swallows up visitors on their way into the National Park Visitor Center, which has been located at the castle since 2005. As French specialty magazine Le moniteur remarked, "Beyond the question of whether you perceive the contemporary entrance as being inviting or just plain bizarre, one thing is clear: it can't be ignored." // To access the castle from the forecourt, a system was developed that is derived from the idea of "furcation", or the forking of river branches. The wooded floodplain environment around the site became the concept for a complex routing system through the existing fabric, interspersed with spaces for exhibitions and events. An emblematic stairway of perforated steel was added to the southern tower. The architects won the design competition with this bold scheme. // The national park was established in the 1980s after environmental activists successfully occupied the Stopfenreuther floodplain. The visitor center was originally meant to be located in Hainburg, with a project designed by COOPHIMMELB(L)AU. However, a 2002 referendum turned down their "Water Tower" scheme. Bad news for Hainburg; good news for Orth.

Gerhard Steixner

2004

DAS GESETZ DER SERIE // Dass ein standardisiertes Bauen Vorteile hat, beweist dieses Betriebsgebäude der ART for ART Theaterservice GmbH. Auf dem Gelände werden nicht mehr gebrauchte Kulissen der Wiener Staatsoper oder des Burgtheaters für die Nachwelt verwahrt. Zur Verwaltung dieses Kulissen-Endlagers brauchte man eine Art Verwaltungsbau, nicht allzu groß, einfach und ökonomisch. Das von Gerhard Steixner entworfene Haus kann das alles und noch viel mehr, denn der Architekt hat zwei Spezialgebiete: standardisiertes Bauen und Ökologie. Diesem Typus vorangegangen ist seine langjährige Auseinandersetzung mit seinen Standard-Solar-Einfamilien-häusern I–IV. // Das ART for ART-Haus entwickelte er als Prototyp eines »multifunktionalen Fertighauses in Mischbauweise mit passiver Solarenergie-nutzung«. Formgenerator ist die Zweckmäßigkeit: Es steht auf Stelzen und passt sich der Grundstückslage (leichte Hanglage etc.) an. Um einen massiven Kern mit »Absorberwand«, die im Winter die Wärme speichert, sind die Serviceräume angeordnet, der Rest ist in Leichtbauweise ausgeführt, loftartig und umseitig verglast. Unter der Auskragung ist ein geschützter Freiraum, der vielen Nutzungen dient, als Carport oder Terrassenfläche. Ausgelegt ist das Hauskonzept auf Multifunktionalität (vom Wohnhaus über Büronutzung bis zum Kindergarten) und Serienproduktion. Ein zweites seiner Art steht in Wien vor der Rossauerkaserne und dient den Wiener GärtnerInnen als Stützpunkt. *an*

227

LATITUDE
48° 11′ 26″
LONGITUDE
16° 46′ 55″

THE LAW OF SERIES // The ART for ART Theater Service company building proves that standardized construction does indeed have many benefits. The facility stores no-longer-needed stage sets from the Vienna State Opera and the Burgtheater after their use. An administrative building was needed for the management of this final repository for theatrical backdrops, one that was simple, not too big, and economical. The house designed by Gerhard Steixner is that and a whole lot more, for the architect has two areas of specialty: standardized construction and ecological building. The example here stems from Steixner's many years of experience developing his Solar Standard Single-family Homes I – IV. // He designed the ART for ART house as a prototype of a "multipurpose, pre-fabricated, hybrid construction building with passive solar energy use". The shape is generated by the function: raised up on stilts, it adjusts to match the lightly sloping building site. The service rooms are situated around a massive core with an "absorber wall" that stores heat in the winter; the remaining construction is lightweight, lofty, and with full wraparound glazing. The cantilever creates a protected space that fulfills many uses, including that of carport and patio space. The building design focuses on multi-functionality (from residential to office or nursery use) and serial production. A second building of the same design stands in front of the Vienna Rossauer Barracks and is used as an outpost by the gardeners of the Vienna Parks Department.

Fahrradbrücke der Freiheit

Schlosshof – Devínska Nová

Milan Beláček

2012

KLEINER GRENZVERKEHR // Jahrzehntelang war die Grenze zwischen Schlosshof und Devínska Nová Teil des Eisernen Vorhangs, der Menschen und Nationen in Europa unüberbrückbar trennte. Mit der Ost-Öffnung und der EU-Erweiterung wird diese neue Fahrradbrücke zum symbolischen Akt einer neuen europäischen Verbundenheit. Gleichzeitig wurde mit dieser neuen Verbindung über die March an jene Holzbrücke erinnert, die unter Maria Theresia 1771 erbaut, allerdings 1880 durch heftige Eisstöße zerstört wurde. // Seit 2012 ist die österreichische Gemeinde Schlosshof nun wieder mit dem slowakischen Nachbarort Devínska Nová verbunden. 4,6 Mio Euro investierten die EU, das Land Niederösterreich und die Slowakei in eine elegant geschwungene Stahlkonstruktion, in die vorhandene Reste der alten Holzbrücke integriert wurden. Beeindruckende 525 m ist die neue Brücke lang. Abgehängt zwischen zwei Trägern bringt sie in einem sanften Bogen RadfahrerInnen und FußgängerInnen über die March und deren Auen. Mit ihrer Fertigstellung wurden der 10.000 km lange Eiserner Vorhang-Radweg/EuroVelo 13 und der Marchfeldkanalradweg bzw. der Donauradweg EuroVelo 6 geschlossen. *an*

LATITUDE
48° 12' 41"
LONGITUDE
16° 57' 47"

SMALL BORDER TRAFFIC // For decades, the border between Schlosshof and Devínska Nová was part of the Iron Curtain, which insurmountably divided the people and nations of Europe. With the opening of the Eastern Bloc and the EU expansion, the construction of this bicycle bridge has become an act symbolizing the new European unity. At the same time, the new bridge across the March River recalls the wooden one built during the reign of Maria Theresa in 1771, and destroyed by powerful ice floes in 1880. // The Austrian village of Schlosshof has been reunited with the neighboring Slovakian village of Devínska Nová since 2012. Investing 4.6 million euros, the EU, Slovakia, and Lower Austria erected an elegantly bowed steel construction, integrated into the existing remains of the old wooden bridge. The new bridge is an impressive 525 meters long. Suspended between two tower supports, its gentle curve guides cyclists and pedestrians over the March River and its marshes. The construction of the bridge completed the 10,000-kilometer-long Iron Curtain Bike Route/EuroVelo 13 and the Marchfeld Channel and Danube Bike Routes/EuroVelo 6 as well.

Karl Holey/Karl Humpelstetter

Christkönigskirche
Marchegg, Berggasse 10

1931/
1958

IHR KINDERLEIN KOMMET // Bevor die Notkirche errichtet wurde,
musste der Kinosaal der Siedlung Marchegg-Bahnhof den Bedarf der
wachsenden Bevölkerung an christlichem Zuspruch decken. Pfarrer
Kowanda engagierte sich erfolgreich beim Sammeln von Spenden zum
Ankauf eines Grundstücks. Die Kirche entwarf Karl Holey, damals bereits
aktiv im Bereich Sakralbau und später als Dombaumeister Leiter des
Wiederaufbaus des zerstörten Stephandoms in Wien. Von ihm stammt
auch der Zubau zur Kirche in Niederkreuzstetten aus dem Jahr 1923.
Holey war u. a. Rektor der Technischen Hochschule Wien. // Die Besonderheit der Christkönigskirche stellt dar, dass zusätzlich ein Kindergarten sowie
Wohnungen der Schwestern integriert wurden. Statt zum Choraufgang führt
eine Stiege zu den Wohnräumen. Um die Kirche wochentags für andere
Zwecke nutzen zu können, war es möglich, den Altarraum zu verhängen und
mit einer Fallwand eine Zone zu schaffen, in der die Zöglinge des Kindergartens betreut wurden. Erst nach dem Zweiten Weltkrieg wurde dieser
umquartiert. // Um Sakristei, Kanzel und Beichtstuhl unterbringen zu können,
war es nötig, die Kirche zu erweitern. Ein Zubau von Karl Humpelstetter
erfolgte 1958, im Jahr darauf wurde auch die Inneneinrichtung (mit Marmor-
altar) vollendet. Das barocke Kruzifix stammt aus der Kapelle von Schloss
Marchegg. *th*

LATITUDE
48° 15' 09"
LONGITUDE
16° 54' 55"

O COME, LITTLE CHILDREN //
Before the much-needed church
was built, the cinema at the
Marchegg-Bahnhof settlement
was used to meet the needs of the
growing population for Christian
faith. By gathering donations, Pastor
Kowanda succeeded in raising the
money needed to purchase a piece
of property. The church was
designed by Karl Holey, even at
the time already specialized in
religious architecture, and who later
became the head architect for the
reconstruction of St. Stephen's
Cathedral in Vienna. He also
designed the 1923 church addition
in Niederkreuzstetten and served as
dean of the Technical University of
Vienna. // Christ the King Church
is especially notable for the way it
was integrated with a kindergarten
and apartments for nuns. The
staircase leads not to the choir loft,
but instead to the living areas. In
order to make good use of the church
for other purposes during the rest
of the week, the sanctuary was
sectioned off with a descending
wall to create a space where kinder-
garten pupils could be supervised.
This was eventually relocated after
the Second World War. // The
church had to be enlarged in order
to accommodate the sacristy,
pulpit, and confessional. An addition
designed by Karl Humpelstetter was
built in 1958, and the interior was
finished the following year (including
the marble altar). The baroque
crucifix was originally from the
Marchegg palace chapel.

2011

ÖKOLOGISCH PÄDAGOGISCH // Die Montessori-Methode konzentriert sich
auf die individuellen Bedürfnisse, Talente und Begabungen der SchülerInnen.
Als Schulkonzept wird sie von staatlichen Lehranstalten nur im Ausnahmefall
geboten. Um allerdings ihre Kinder im Sinne der Montessori-Pädagogik
aufwachsen zu lassen, haben sich einige Familien um Marchegg zusammen-
geschlossen und ihre eigene Schule gegründet. Am Biobauernhof einer
der Familien fand sich ein ideales Grundstück. In einem interaktiven und
integrativen Entwurfsprozess entstand ein modulares, stufenweise
wachsendes Konzept. Martin Rührnschopf hat jedes dieser Module gleich
gestaltet, was auf dem Campus für eine gewisse Ordnung sorgt und Klarheit
schafft. Ein geschwungener Verbindungsweg regt zum Verweilen oder
Spielen an und eröffnet Ausblicke. Windgeschützte Bereiche zwischen den
Gebäuden dienen dem Lernen im Freien. // Die einzelnen Module erhalten
ihre prägende Erscheinung durch hohe Südfassaden. Im Inneren sind die
Unterrichtsräume offen gestaltet und durch eine Galerie gegliedert. Unter
dieser befinden sich Funktionsräume wie Küche, Sanitär- und Abstellbereiche,
während oben LehrerInnenzimmer und Gruppenarbeitsbereiche untergebracht
sind. Alle Materialien seien ehrlich, einfach und ökologisch, erklärt der
Architekt. Unter einem hohen Einsatz von Eigenleistung wurden hauptsächlich
Holz, Stroh von den eigenen Feldern, Ziegel, Lehm und Flachs verarbeitet. *an*

230

LATITUDE
48° 16' 24"
LONGITUDE
16° 54' 43"

ECOLOGICAL PEDAGOGY // Montessori methods concentrate on the individual needs, talents, and gifts of the children. It is an exception for these methods to be offered by a public educational institution as the overall school concept. However, in order to raise their children according to Montessori principles, several families in Marchegg joined together and founded their own school. A perfect piece of property was found on the organic farm of one of the families. An interactive, integrative design process led to the development of a modular concept that can grow in steps as needed. Martin Rührnschopf designed all the modules right away, which ensures that the campus maintains a certain order and clarity. A curving path invites one to linger or to play, as well as opening viewpoints. Wind-protected areas between the buildings can be used for outdoor learning. // The different modules draw a characteristic appearance from their high, south-facing façades. Inside, the classrooms are designed for openness and structured by a gallery. Beneath this, functional spaces such as the kitchen, restrooms, and storage can be found, while the teachers' room and group work areas are located upstairs. All construction materials used are honest, simple, and ecological, explains the architect, and the contribution of a great many volunteer hours meant that mainly wood, straw from the families' own fields, brick, loam, and flax could be used to build.

Zoran Bodrozic

OASE DER RUHE // Inmitten der dörflichen Struktur der Marchfelder Ebene wurde mit zurückhaltender Eleganz ein zeitgenössisches Ensemble realisiert, das verschiedene Nutzungen miteinander verbindet. // Auf einem der lang gestreckten Doppelgrundstücke, wie sie für die lokale Besitz- und Besiedlungs- struktur charakteristisch sind, wurde, den Wünschen der BauherrInnenschaft entsprechend, eine Komposition umgesetzt, die die unterschiedlichen Funktionen des Wohnens, des Schwimmens und des Reitens miteinander als räumliche Einheit gestaltet. In einem Bestandsgebäude ist die Tierarztpraxis unterge- bracht, des Weiteren war auch eine als vorgefertigter Hallenbau vorgesehene Reithalle in die Planungsentwicklung zu integrieren. Im Wohnhaus werden die Verbindungen zwischen Innen- und Außenraum über den Einsatz von Wasser hergestellt. Ein Innenschwimmbecken sowie ein Schwimmbiotop sind die bestimmenden Teile der Anlage des Hauses. Der fließende Übergang zwischen Wohnen und Schwimmen wird durch die Materialwahl eines durchgehend verwendeten Vollholzdielenbelags suggeriert. Das Feuer des zentralen Kamins im Wohnraum bildet den Gegenpol zum Element Wasser. Durch den Einsatz von seitlich begrenzenden Sichtbetonwänden wird um Schwimmbiotop und Haus eine intimere Zone geschaffen, die diesen privaten Bereich von den anderen Nutzungen abschottet. Richtung Norden und Osten gibt sich das Niedrig- energiehaus fast völlig verschlossen, Richtung Süden und Westen sind die Fassaden großflächig verglast. *ek*

LATITUDE
48° 15' 17"
LONGITUDE
16° 44' 43"

AN OASIS OF SERENITY // With restrained elegance, a contemporary ensemble that links together various uses was realized in the midst of the village-like structure of the Marchfeld plains. // In response to the client's wishes, the composition shapes the different functions of living, swimming, and riding together into a single spatial unit on one of the elongated double lots characteristic of the local property and develop- ment structure. The veterinary practice is housed in an existing building, with the aim of integrating it with a prefabricated hall for a future riding school. Water is used in the design of the residence as an element that creates connections between interior and exterior space. An indoor pool and an outdoor pond, also used for swimming, are the chief determinants of the house's layout. The seamless transition between living and swimming is suggested by the use of solid wood plank flooring material throughout. The flames of the central fireplace in the living room create a counter- balance to the element water. Finish concrete walls lining the natural pond and house create a more intimate zone that closes off this private area from other uses. The low-energy house is almost completely closed toward the north and east, with large expanses of glass on the south and west elevations.

Jakob Fuchs, Lukas Schumacher,
Andrea Konzett

Zu- und Umbau Haus Renner
Langenzersdorf, Bisamberggasse 18

1995

SCHWEBENDE KISTE // Häuser sind nicht als statisch abgeschlossene, für immer fertig geplante Einheiten zu betrachten. Vielmehr stehen sie immer wieder vor der Herausforderung, als erweiterbar gedacht zu werden. // Mit dieser Mitte der 1990er Jahre realisierten Erweiterung eines bestehenden Einfamilienhauses als eine frühe Arbeit in ihren Laufbahnen als ArchitektInnen stellten Jakob Fuchs, Lukas Schumacher und Andrea Konzett unter Beweis, dass dies auch eine ästhetische und funktionelle Neudefinition für ein Gebäude bedeuten kann. Der Kontrast, der den Gesamteindruck dieses Zubaus bestimmt, wird dadurch erzeugt, dass auf einem großzügig wirkenden, sich in die Umgebung hin öffnenden Untergeschoß ein verschlossen wirkendes Obergeschoß aufgesetzt wurde. Das Untergeschoß ist mit seinen fast durchgehenden Verglasungen ein Bekenntnis zum Wohnen, das den Außenraum in den Innenraum hineinkomponiert, zugleich sind Wohnraum und Küche als offene, fließend ineinander übergehende Einheit konzipiert. Das zu diesem leicht versetzte Obergeschoß wurde mit einer gleichermaßen rau wie einfach wirkenden Beplankung aus Seekieferholzplatten versehen, die die Privatheit und Rückzugsmöglichkeit betont. Der Vorsprung des Obergeschoßes erzeugt Schatten für die Glaswände. Kompositorisch wurde auf eine konsequente Einfachheit gesetzt, die durch ihre Intelligenz und Zurückhaltung zu überzeugen vermag. *ek*

LATITUDE
48° 18' 52"
LONGITUDE
16° 21' 17"

FLOATING BOX // Buildings should not be regarded as static, completed entities that are designed and finished for all time. Rather, they very often confront the challenge of becoming candidates for expansion. // With this mid-1990s addition to an existing single-family home, built at an early stage in their careers, architects Jakob Fuchs, Lukas Schumacher, and Andrea Konzett proved that such a project can considerably redefine a building's aesthetics and function. The contrast in the building's overall look that was brought about by this addition was generated by placing a new upper floor, articulated as a closed object, on top of the generously dimensioned lower floor that opens outward into the surroundings. The lower level, with nearly continuous glazing, affirms a style of living that incorporates the exterior into the interior; at the same time, the living room and kitchen are designed as open spaces that merge into a single flowing unit. The slightly staggered upper floor is lined with an Aleppo pine cladding that is both simple and rugged and emphasizes the sense of privacy and retreat. The upper floor projection creates shade for the glass walls below. The composition relies on a rigorous simplicity whose intelligence and restraint is quite convincing.

Lehmhaus

Mitterretzbach, Kaffeegasse 10

Andreas Breuss

2009

LEHM NEU GENUTZT // Als FreundInnen des Architekten dieses Haus in der noch intakten Straßendorfzeile aus ca. 1850 erwarben und zum Wohnen adaptieren wollten, war es in einem desolaten Zustand. Doch 50 Jahre Leerstand hatten dem Lehmbau (eine Mischbauweise aus Lehmziegeln und Stampflehm) falsche Sanierungen erspart. // Seit 2000 beschäftigt sich Andreas Breuss mit dem Lehmbau, zuletzt auch im Rahmen seiner Lehrtätigkeit an der New Design University in St. Pölten. Lehm ist nicht nur ein sehr traditionsreicher Baustoff, er ist vor allem baubiologisch perfekt, da er Feuchtigkeit aufnehmen kann und dadurch das Raumklima positiv beeinflusst. Doch man muss wissen, wie man mit dem Baustoff umgeht, und dieses Wissen geriet leider immer mehr in Vergessenheit, auch unter den Handwerksbetrieben. // An der Außenfassade wurde nichts verändert, da sie sich perfekt in das funktionierende Straßenbild eingliedert, nur zum Innenhof öffnete Andreas Breuss die Fassaden durch große Glas-türen, um mehr Licht in den Bestand zu bringen. Da diese Art der Dorfhäuser aus dem 19. Jhdt. traditionell eine geringe Raumhöhe hat, wurde der Boden abgegraben, um Höhe zu gewinnen. Eine Pergola im Innenhof schützt im Sommer vor zu viel Sonne. Auch die anderen Features des Hauses sind allesamt ökologisch: Gepresste Strohballen im Dach dienen als Dämmstoff, Hanf als Füllung für Hohlräume, und eine Solaranlage am Dach sorgt für die Warmwasseraufbereitung. *an*

LATITUDE
48° 47' 05"
LONGITUDE
15° 58' 27"

A NEW USE FOR CLAY // This house in a historic linear village dating from about 1850 was in a state of disrepair when friends of the architect acquired it and wanted to make it their home. However, the loam house (a composite construction of clay blocks and rammed earth) had been spared fifty years of bad renovations, as it had been vacant all that time. // Andreas Breuss has worked with loam construction since 2000, most recently as a professor at the New Design University in St. Pölten. Loam is not only a very traditional building material; it is also perfect biologically, as it absorbs moisture and thereby affects the indoor environment in a highly positive way. However, it is important to know how to properly use the construction material and, unfortunately, such knowledge is increasingly being forgotten, even among craftsmen. // Nothing was changed on the exterior façade, since it fit perfectly into the viable streetscape. Andreas Breuss simple opened up the walls toward the courtyard by means of large glass doors, in order to admit more light into the old building. Because this 19th-century village house type tradi-tionally has low ceilings, the floor was dug out in order create more height. The pergola in the courtyard protects against excessive sun exposure in summer. All of the other features of the house are ecological as well: compacted straw bales for insulation, hemp batting to fill cavities, and a solar energy system on the roof to provide the hot water supply.

Umbau und Sanierung Haus Riegelhofer

Poysdorf, Hindenburgstraße 10

2007

BELEBT // Das Haus aus der Jahrhundertwende liegt im Ortskern von Poysdorf. Während der vordere Teil dem Wohnen dient, ist der hintere Bereich dem Weinbaubetrieb der BauherrInnen gewidmet. Mit dem geschützten Innenhof stellte das Ensemble ein großes Wohnpotenzial dar, was aber fehlte, war ein privater Grün- und Außenbereich, auch sollte mehr Licht in den Bestand, der aufgrund des hohen Energiebedarfs thermisch saniert werden musste. // In seinem Entwurf begann Martin Rührnschopf die Räume neu zu ordnen und zu strukturieren; über eine Wohn-Ess-Küche entstand eine Verbindung zu einer neuen Terrasse. Besondere Aufmerksamkeit schenkte er dem Hoftrakt: Nach mehrfachen Umbauten war der gedeckte Arkadengang verschwunden, den er wieder herstellte. Klare und schlichte Holzfenster sowie das Terrassendeck hinterlassen einen lebendigen und zeitgemäßen Eindruck. An der Straßenfassade wurde über den Eingang eine markante Glasgaube gesetzt, die nicht nur Licht in die Räume des ausgebauten Dachgeschoßes bringt, sondern auch die neuen Interventionen stilvoll nach außen trägt, während die tradierten Kastenfenster erhalten blieben. Auch energetisch hat sich der Umbau (ausgezeichnet mit dem Preis für vorbildliches Bauen 2011) durch Wärmedämmungen, Solarkollektoren, Niedertemperatur-Fußboden- bzw. Wandstrahlung bezahlt gemacht. Ökologische Materialien wie Holzfenster und Holzböden sowie Lehmputz unterstreichen den Orts- und Naturbezug. *an*

235

LATITUDE
48° 39' 55"
LONGITUDE
16° 37' 48"

ANIMATED // This turn-of-the-century house lies in the center of the village of Poysdorf. The front section accommodates the living area, while the rear segment is dedicated to the client's winery business. The protected inner courtyard gave the ensemble fantastic living potential, but something decidedly lacking was a private, outdoor green space. The existing building was also in need of more light, as well as thermal upgrading due to very high levels of energy consumption. // Martin

Rührnschopf's design began with the reorganization and restructuring of the rooms, including the construction of a link to the new terrace through an open-plan kitchen. He paid special attention to the courtyard tract, since a series of different renovation projects had caused the covered arcades to disappear, something Rührnschopf chose to remedy. Clear and simple wooden windows and terrace awaken a buoyant and contemporary impression. A prominent glass dormer was set above the street-side entry,

bringing light into the new attic extension and creating a stylish outward manifestation of the new architectural interventions. The traditional box-type windows have been retained. The thermal insulation, solar panels, low-temperature floor and wall heating brought the renovation a prize for excellence in building in 2011 and also paid off well in terms of energy use. Ecological construction materials such as loam rendering and wooden windows and floors emphasize the connection with nature and the region.

2001

BESTÄNDIGE FORTSETZUNG // Bestandserhaltung ist in ländlichen
Regionen mit einer traditionell geprägten Baukultur eine Herausforderung
an die zeitgenössische Architektur. Beständigkeit als ausdrückliche Haltung
artikuliert sich durch den Umbau des Hauses A. // Sind seit den 1960er
Jahren viele KünstlerInnen auf der Suche nach großen Ateliers in ehemals
industriell genutzte Gebäude in urbanen Ballungsräumen gezogen, so lässt
sich ein durchaus vergleichbarer Trend in der Nachnutzung von vormals
landwirtschaftlich genutzten Bauten in ländlichen Regionen ausmachen.
Die gegebene Einheit von Wohnen und Arbeiten, die für diesen typischen
Weinviertler Hakenhof charakteristisch war, findet durch die neue Nutzerin,
eine Malerin, ihre konsequente Fortsetzung. // Wiewohl man durchaus
vermuten könnte, dass es sich hier um eine vorsichtige Erneuerung von
Bestand handelt, ist es vielmehr ein Neubau, der die Sprache der lokalen
Traditionen vollständig aufnimmt. Der Zustand des vorgefundenen Weinviertler Hakenhofs hatte keine Sanierung mehr möglich gemacht. Die
Tragwerksplanung des Neubaus stammt von Helmuth Locher. Der Neubau
schlüpfte aufruhend auf einer exakten Bestandsaufnahme in die Propor-
tionen des Altbaus und nahm damit nicht nur Rücksicht auf die Qualitäten
des ehemaligen Hofs mit der Anordnung seiner Wirtschaftsgebäude,
sondern auch auf die Beziehung zum Umfeld in Zistersdorf selbst. *ek*

236

LATITUDE
48° 31' 57"
LONGITUDE
16° 43' 00"

*CONSISTENT CONTINUATION //
Maintaining existing buildings in rural
areas with a traditional building
culture is one of the great challenges
of contemporary architecture.
The renovation of the A. House is
an expressive articulation of the
methodology of consistency. //
Just as many artists searching for
large studios in former industrial
buildings have moved into urban
areas since the 1960s, so can a
similar trend be identified in rural
regions in the subsequent use*
*of former agricultural buildings.
The new occupant of this building,
a painter, carries on with aplomb the
existing unity of living and working
that is characteristic for a typical
Weinviertler hook-shaped farmhouse.
// Although one might easily imagine
this to be a careful refurbishment
of an existing building, it is actually
much closer to a whole new
building – one that wholly adopts
the vernacular of local traditions.
The sorry state of the old Weinviertler hooked farmhouse made*
*a mere renovation impossible.
Helmuth Locher designed the bearing
structure of the new building, which
emerged based upon the exact
assumption of the old buildings
proportioning. This enables the
structure to take into full consideration the qualities of the old farmhouse and courtyard, maintaining
not only the arrangement of the
utilitarian spaces, but also the
bonds to the surrounding village
of Zistersdorf.*

RUNSER/PRANTL architekten

Revitalisierung Lanzendorfer Mühle
Mistelbach, Lanzendorfer Hauptstraße 54

HÖCHSTE SORGFALT // Die Umnutzung und Neudefinition historischer
Bausubstanz, die aus unterschiedlichen Zeitschichten stammt, ist eine der
großen Herausforderungen, die sich heute an ArchitektInnen stellt.
// Mit der Lanzendorfer Mühle wurde in den 1990er Jahren eine vorbildhafte
Revitalisierung durchgeführt, die den damals wirksamen Vorstellungen
und Doktrinen der Postmoderne elegant auswich. Das denkmalgeschützte,
vormals als Mühle genutzte Gebäude befindet sich in der Mitte von Lanzendorf, einem lang gestreckten Straßendorf. Die barocke, Richtung Straße
orientierte Giebelfassade stammt aus der zweiten Hälfte des 18. Jhdt.
Der Wohnteil und der Betriebsteil der Mühle, zueinander im rechten Winkel
stehend, wurden wieder für Wohnen und Arbeiten umgenutzt, und zwar
für eine Kinderfacharztordination. Die Sanierung und die Adaptierung
wurden mit hohem Respekt vor dem Bestand, der bereits mehrere
Umnutzungsschichten und Zubauten in sich aufgenommen hatte, ausgeführt.
Der markanteste Eingriff befindet sich an der sensiblen Schnittstelle
zwischen den beiden Bauteilen. Hier wurde zwischen Straßentrakt
und Quertrakt für den Stiegenaufgang interveniert und ein Baukörper
aus Stahlbeton platziert. Da die Fassaden nicht mit neuen Fenstern aufge-
brochen werden konnten, werden Eingangshalle, Wohnraum unter dem
Dach und Ordination mittels großzügiger Dachverglasungen belichtet. *ek*

LATITUDE
48° 33' 29"
LONGITUDE
16° 34' 13"

*EXTREME CARE // The redefinition
and reuse of historic buildings
originating from very different eras
is one of the major challenges
that architects confront today.
// A model renovation project was
carried out on the Lanzendorfer
Mill during the 1990s that elegantly
evaded the notions and doctrines
of postmodernism prevailing at the
time. The building, under heritage
protection, was originally used as
a mill, and is located in the center
of the long, stretched-out village*

*of Lanzendorf. The baroque gable
façade facing the street dates from
the second half of the 18th century.
The residential and service spaces
of what was once the mill are laid
out at a right angle to one another,
and were redesigned for living and
to accommodate a pediatric practice.
The restoration and conversion
work was done with highest respect
for the existing fabric and its
architectural style, in which many
layers of conversions and additions
were already embedded. The most*

*significant intervention is located at
the critical intersection of the two
parts of the building, where a new
concrete stairwell structure was
inserted between the portion facing
the street and the perpendicular
side wing. As the façades could not
be broken up with new windows,
the entrance hall, roof-level living
room, and medical practice are all
illuminated by expansive skylights.*

Haus K.

Unterolberndorf, Rußbachstraße 9

hochholdinger.knauer

1999

KRITISCH REGIONAL // Für dieses Einfamilienhaus verwendeten hochholdinger.knauer nicht nur den physischen Bestand des alten Bauernhauses, sondern ließen sich von der Bebauungsstruktur selbst inspirieren. // In vielen niederösterreichischen Dörfern werden die Formen der traditionellen bäuerlichen Bebauung von einer neuen einfamilienhauszentrierten Siedlungsstruktur abgelöst. Gabriele Hochholdinger und Franz Knauer stellen mit dem Haus K. unter Beweis, dass zeitgenössische Architektur, Ansätze des Critical Regionalism und die ökologischen Ansprüche der Niedrigenergie kein Widerspruch sind. Das bestehende Bauernhaus wurde zu einem Nebengebäude, die Einfahrt zur Garage, der Wirtschaftstrakt zu Lagerräumen. Parallel zum Hang, wo sich in der ursprünglichen Bebauungssituation die Scheune befand, wurde der Neubau situiert. Der großzügige Innenhof wurde begrünt. Die Wohnräume des Hauses nützen die Gunst der Sonneneinstrahlung zur Energiegewinnung. Großflächige Verglasungen sind hofseitig Richtung Südwesten orientiert, die Rückseite dient als Speichermasse. Das Erdgeschoß wurde der Topografie folgend ins Gelände eingegraben, auf diesem befindet sich das zurückhaltende kleinere Obergeschoß. Das Flachdach wurde begrünt. Mit der unbehandelten Lärchenholzfassade und dem Flachdach wurde einerseits ein regionales Bekenntnis zur vormaligen Scheune realisiert, andererseits die Vorschrift zur Satteldachverpflichtung elegant umgangen. ek

238

LATITUDE
48° 26' 05"
LONGITUDE
16° 28' 40"

CRITICAL REGIONALISM //
In this single-family house,
hochholdinger.knauer did not only
employ the physical attributes of the
old farmhouse, but took its architec-
ture as a design inspiration as well.
// In many villages in Lower Austria,
traditional farmhouse buildings are
being replaced by a new settlement
pattern based on the typology of
the single-family home. Gabriele
Hochholdinger and Franz Knauer's
design for K. House offers proof
that contemporary architecture,

the tenets of critical regionalism,
and the environmental requisites
of low energy standards are
not mutually exclusive. The existing
farmhouse was turned into a service
building, the driveway became
a garage, and the farming wing
became storage rooms. The new
building was situated parallel to the
slope, where the barn had originally
been placed. The spacious courtyard
was landscaped. The home's living
areas utilize the sunny conditions
for solar gain to produce energy.

Large expanses of glazing face the
courtyard and are oriented to the
southwest, while the rear serves
as thermal mass. The ground floor
was sunken within the topography
and topped with a small, demure
upper level with a flat green roof.
The untreated larch wood façade
and flat roof acknowledge the
regional vernacular style of the old
barn, while elegantly averting the
obligatory gable roof.

Doppelhakenhof

2009

REVITALISIERT // Typisch für die kleinen Orte im Weinviertel sind die Straßendörfer mit ihren Hakenhöfen. Ihre Form definiert sich durch einen Straßentrakt und einen Längstrakt zum Garten samt Laubengang, der so genannten »Trettn«. Sie sind die Ausgangslage vieler Revitalisierungen. Dass mit gezielten architektonischen Eingriffen aus diesen traditionellen Wohnformen neue Raumerlebnisse entstehen können, beweist der Umbau in Weikendorf. Bereits vor einigen Jahren wurde dieser Doppelhakenhof umfassend saniert. In einem zweiten Schritt wurde 2007–2009 nun auch der hintere Quertrakt von deephaus architects zu einer eigenen Wohneinheit ausgebaut. Wichtig war den Architekten das Einbeziehen des Innenhofes bzw. die Neuinterpretation der »Trettn« als Terrasse. Gelbe Fassadenplatten schützen einen definierten Vorbereich und akzentuieren den Eingangsbereich. Da der alte Dachstuhl ersetzt werden musste, wurde das Dach großzügig ausgebaut und beherbergt nun Schlaf- und Kinderzimmer. Dachfenster an den Schrägen sorgen für einen lichtdurchfluteten Treppenaufgang. Ein Balkon bietet zusätzlichen Freiraum. // Komplettiert wurden die baulichen Maßnahmen durch ökologische: Eine neue Pelletheizung versorgt nun beide Wohneinheiten, 20 m² Sonnenkollektoren dienen der Warmwasserbereitung und unterstützen die Heizung. *an*

239

REVITALIZED // One-street villages lined with hook-shaped farmhouses are typical for small-town Weinviertel. The building shape is made up of a street-side wing connected to an elongated wing with an arcade lining the yard, the so-called "Trettn" (walkway). These houses are the starting point for many revitalization projects. The renovation in Weikendorf is solid proof that careful architectural interventions can turn this traditional housing type into a new spatial experience.

The double-hooked farmhouse had been thoroughly renovated only a few years ago. From 2007–2009, in a second step by deephaus architects, the rear perpendicular wing was converted into a separate residential unit. The architects placed great importance on incorporating the courtyard and reinterpreting the arcaded walkway as a terrace. Yellow façade panels protect and delineate a front deck area that accentuates the entrance. Since the old attic had to be replaced

anyway, it was generously expanded and now holds the bedrooms and children's rooms. Skylights on the slanted roof surfaces ensure that the stairway is flooded with sunlight. A balcony provides extra outdoor space. // The constructive changes were complemented with ecological ones: a new pellet heating system now warms both living units, and 20 square meters of solar collectors heat water and fortify the heating system.

Zwei Weinbauregionen im Herzen Europas:
parallele, unterschiedliche und widersprüchliche Existenzen
Henrieta Moravčíková

Die mitteleuropäische Landschaft ist im Donau- und Donauzuflussraum zwischen Passau und Budapest durch eine vergleichbare Topografie, ähnliche historische Erfahrungen und Kultur, aber auch durch die Mischung deutscher, ungarischer und slawischer Ethnien gekennzeichnet. Der überwiegende Teil dieses Gebiets war sogar über einige Jahrhunderte Teil eines Staates. Die ähnliche Wirtschaftsstruktur, historische Handelswege und kulturelle Einflüsse beeinflussten auch die Beziehungen zwischen den historischen Regionen. Zu den Determinanten mit Einfluss auf diesen Teil Europas zählen auch der Weinbau und die Weinherstellung. Die geordneten Rebstockreihen, die Architektur der Winzerhäuser, die spezifischen Kellerbauwerke und die Topologie der Familienweinbaubetriebe leisteten einen wesentlichen Beitrag zum Landschaftsbild dieser Region. Der relativ homogene Charakter der Siedlungen und der Architektur wurde erst durch die durchgreifenden historischen Ereignisse des 20. Jahrhunderts zerstört. Der Zerfall der traditionellen Imperien, die Weltkriege und die anschließende Teilung Europas in West und Ost schlug sich über gesellschaftliche Veränderungen nicht nur in den Schicksalen der ethnischen Gesellschaften bzw. Individuen, sondern auch in den Beziehungen der einzelnen Regionen untereinander und ebenso im gesamten architektonischen Erscheinungsbild dieses Gebiets nieder. Einige Regionen bekamen durch die permanenten Veränderungen und die damit zusammenhängende diskontinuierliche Entwicklung von Gesellschaft und Wirtschaft wie auch durch Siedlungsstruktur und Architektur einen solchen Stempel aufgedrückt, dass sie sich inzwischen höchstwahrscheinlich unwiederbringlich vom traditionellen Bild dieser Landschaft entfernt haben. Selbiges gilt auch für die traditionellen Bindungen zwischen den einzelnen Regionen wie die Migration zur Arbeit, zu Dienstleistungen bzw. Freizeitaktivitäten oder auch der geschäftliche oder kulturelle Austausch. In diesem Kontext zeigt sich das Beispiel des niederösterreichischen Weinviertels und dessen Gegenstücks – der sich nördlich der Donau und östlich der March erstreckenden Weinregion der Kleinen Karpaten – als außerordentlich konzentriert.

Two Winegrowing Regions in the Heart of Europe:
Parallel, Different, and Contradicting Circumstances
Henrieta Moravčíková

The central European landscape of the Danube and Danube tributary area between Passau and Budapest is characterized by a similar landscape, comparable history, a related culture, and also by a mixture of German, Hungarian, and Slavic ethnicities. The vast majority of this area was even part of the same state for several centuries. The similar economic structures, historic trade routes, and culture also influenced the relationships between the regions. One of the determining influences on this part of Europe was wine growing and production. The orderly rows of vines, the architecture of the wineries, the specific cellar structures, and the tradition of family winemaking businesses all made significant contributions to the landscape. The original, relatively homogeneous character of the settlements and architecture was left intact until the breaking historic events of the 20th century. The fall of traditional empires, the world wars, and the subsequent division of Europe into east and west brought about societal transformations that affected not only the fates of ethnic groups and individuals, but also the relationships of the different regions to one another, and thus the entire architectural appearance of the area. Some regions are so permanently changed, marked so strongly by the discontinuous development of society, economy, settlement structures, and the architecture this brought with it, that they are most likely irretrievably disconnected from the way the countryside once looked. The same irreversible impact is true of the connections between regions, such as those of labor migration, services, leisure activities, and social and cultural exchange.

Zwei Weinbauregionen im Herzen Europas:
parallele, unterschiedliche und widersprüchliche Existenzen

Die Weinbaugeschichte in diesem Gebiet reicht bis ins erste Jahrhundert unserer Zeitrechnung zurück. Ähnlich wie in den übrigen Teilen Mitteleuropas brachten die Römer den Weinbau auch hierher, als die Grenze des Römischen Reichs gerade durch dieses Gebiet verlief. Der Weinanbau in den Kleinen Karpaten wurde allerdings vor allem durch die deutschen Zuwanderer geprägt, die sich im 13. Jahrhundert nördlich der Donau nach der zerstörerischen Plünderung durch die Tataren niederließen. Die ältesten erhaltenen, mit dem Weinbau verbundenen Objekte – Weinkeller zur Weinlagerung – stammen aber erst aus dem 16. Jahrhundert. Während im Weinviertel und in Südmähren Kellergassen als System von Winzerhäuschen mit tief ins Innere der Lössberge führenden Kellern angelegt wurden, baute man in der Weinbauregion der Kleinen Karpaten direkt in den Ortschaften Keller in Form von traditionellen breit gemauerten Gewölben. Die Ursache für die kleinen Differenzen in der urbanen Struktur der Ortschaften und der Bebauungsart der Grundstücke liegt in den Unterschieden des historischen Erbrechts von Österreich und Ungarn, die eine andere Form der Parzellierung bedingten. Hinsichtlich der Architekturform überwog jedoch in beiden Regionen die volkstümliche Variante der barocken Architektur, welche sich in diesem Gebiet im 18. Jahrhundert verbreitete. Im gleichen Zeitraum verzeichneten beide Regionen ebenfalls die größte Entwicklung in den gegenseitigen Beziehungen. Gerade unter der Herrschaft von Maria Theresia wurde 1771 zwischen Schlosshof und Devínska Nová Ves auch die erste Brücke über die March gebaut. Waren wie auch Arbeitskräfte strömten über die March und versorgten die Wirtschaft von Niederösterreich und Wien.

Das 19. Jahrhundert wurde unter der Habsburger-Monarchie durch nationale und emanzipatorische Prozesse geprägt. Das an Österreich angrenzende Marchgebiet wurde damals durch die Repräsentation Ungarns als symbolisch westlichste Bastei des ungarischen Teils der Monarchie betrachtet. Gerade diese Überzeugung brachte die ungarischen Nationalisten dazu, im Rahmen

In this context, the example of the Weinviertel region in Lower Austria and its counterpart – the Little Carpathians wine region stretching from north of the Danube to east of the March River – prove extraordinary intense. The history of winegrowing in this area goes all the way back to the first century of our calendar. Just like in many other parts of Central Europe, the Romans brought viticulture here at a time when the borders of the Roman Empire ran through the area. Winegrowing in the Little Carpathians region was shaped, above all, by German immigrants, who settled north of the Danube in the 13th century following the destructive plundering of the Tartars. The oldest preserved viticulture buildings – wine storage cellars – date only as far back as the 16th century. While in Weinviertel and Southern Moravia, cellar lanes were built in a system of small wine houses with cellars reaching far back into the depths of the loamy mountains, in the wine regions of the Little Carpathians, cellars with traditional, broad, walled vaults were built right in the villages. The source of these small differences in the development patterns of the villages and construction methods can be found in inheritance laws in Austria and in Hungary, where historic divergences called for different parcel allotments. In terms of architectural practice, however, the vernacular version of baroque architecture that spread throughout the area during the 18th century predominated in both regions. It was at this same time that the two regions experienced the greatest development in relationships. Under the rule of Maria Theresa, the first bridge over the March River was built between Schlosshof and Devínska Nová Ves in 1771. Goods and laborers streamed across the March, supplying the economies of Lower Austria and Vienna.

Under the Habsburg monarchy, the 19th century was marked by nationalization and emancipation processes. At the time, the March region bordering on Austria was seen by representatives of Hungary as being the symbolic westernmost bastion of the Hungarian section of the monarchy. It was this conviction that spurred Hungarian nationalists to erect a monumental statue

der Feierlichkeiten zum 1.000 Jahrestag der Gründung des Königreichs Ungarn im Jahr 1900 auf der Burg Devín/Theben die überlebensgroße Statue eines ungarischen Kämpfers zu errichten.

Das 19. Jahrhundert zeichnete das Bild beider Regionen auch durch die neuen Bauten für die Weinherstellung und -lagerung. Das erste bemerkenswerte Bauwerk, welches in der Weinbauregion der Kleinen Karpaten von einem Architekten zu diesem Zweck geplant wurde, entstand Ende des 19. Jahrhunderts. Das Château im Stil der Neorenaissance ließ einer der bekanntesten hiesigen Winzer, Jacob Palugyay, am Rand des damaligen Pressburg nach den Plänen des einheimischen Architekten Ignác Feigler jun. bauen. Die bedeutende Stellung des Weinbaus in der Region wird auch durch die Existenz der Ungarischen Königlichen Weinbauschule dokumentiert, welche in der Stadt seit 1884 existierte. Ihr neues Areal wurde 1902 unweit des bereits erwähnten Châteaus Palugyay nach den Plänen des berühmten Budapester Architekten Gyula Pártos errichtet. Sie wurde am Südhang der Kleinen Karpaten in unmittelbarer Nachbarschaft zu den städtischen Weingärten situiert. Diese Bauwerke prägten zusammen mit den regelmäßig gepflanzten Weinreben das Bild der nördlichen Vorstadt Pressburgs bis zur baulichen Erweiterung der Stadt in der zweiten Hälfte des 20. Jahrhunderts. Das sich vielversprechend entwickelnde Weingeschäft mit Exporten in die ganze Welt, das mehr als die Hälfte der Stadtkasse finanzierte, erlitt jedoch bald erste Einbußen. Diese wurden einerseits durch die sich ausbreitenden Rebstockkrankheiten zur Jahrhundertwende, aber vor allem durch die gesellschaftlichen Veränderungen und den Zerfall der traditionellen Märkte nach dem Untergang der Österreichisch-Ungarischen Monarchie und durch die Entstehung der Tschechoslowakei verursacht. Diese Erschütterung traf gleichermaßen das Weinviertel und auch die Weinbauregion der Kleinen Karpaten. Die traditionelle Grenze zwischen den Regionen wurde zu einer Staatsgrenze, später kamen Zollstellen und gegen Ende der 1930er Jahre auch eine ganze Reihe von Befestigungen

of a Hungarian soldier at Devín Castle in the year 1900 on the millennial anniversary of the foundation of the Kingdom of Hungary.

In the 19th century, new buildings for the production and storage of wine also influenced the appearance of both regions. The first noteworthy structure planned by an architect in the Little Carpathians wine region was built in the late 19th century. The neo-renaissance château was built for one of the most well known vintners of the area, Jacob Palugyay, at the outskirts of what was called Pressburg at the time, and was planned by local architect Ignac Feigler, Jr. The significance of viticulture for the region was further marked by the existence of the Hungarian Royal School of Viticulture, in the city since 1884. Its new campus, designed by prestigious Budapest architect Gyula Partos, was erected in 1902, not far from the previously mentioned Château Palugyay. It was situated on a south slope of the Little Carpathians, near the urban vineyards. These buildings, together with the evenly planted rows of grape vines, characterized the appearance of the northern suburbs of Bratislava until the city expanded in the second half of the 20th century. The promising development of the wine industry and its exports across the world, however – income from which constituted more than half of the municipal coffers – soon experienced setbacks. These were caused first by the spread of vine disease around the turn of the century, but chiefly by social changes and the collapse of traditional markets after the fall of the Austro-Hungarian Empire and the emergence of Czechoslovakia. The resulting commotion affected both the Weinviertel and the winegrowing region of the Little Carpathians to an equal extent. The traditional boundary between the regions became an international border. It was followed by the erection of toll stations and then, in the late 1930s, a whole series of fortifications intended to protect Czechoslovakia from the expansions of the German Reich. One suddenly needed a valid passport to undertake what was once a simple jaunt across the March or the Danube. Wine

hinzu, die die Tschechoslowakei vor dem expandierenden Deutschen Reich schützen sollten. Für das zuvor einfache Reisen über die March oder Donau war auf einmal ein gültiger Reisepass notwendig. Die Hersteller verloren traditionelle Absatzstandorte, und die natürlichen Bindungen rissen ab.

Befürchtungen hinsichtlich der Entwicklung der Situation hatte auch die deutsche Volksgruppe, welche zu dieser Zeit mehr als die Hälfte der EinwohnerInnen der Weinbauregion der Kleinen Karpaten stellte. 1918–1920 verließen aus diesem Grund mehrere Winzerfamilien das Land, stellvertretend für alle soll an dieser Stelle zumindest die berühmte Familie Deutsch aus Pezinok erwähnt werden, die als Gründer der anerkannten Weinmarke Karpatská Perla (dt. Karpatenperle) gilt. Es kann angenommen werden, dass mehrere Familien gerade im nahen Niederösterreich Zuflucht fanden. Unter dem Einfluss der durch die Verfassung garantierten Rechte für nationale Minderheiten verschwanden letztendlich die anfänglichen Befürchtungen, und das deutsche Ethnikon blieb auch weiterhin ein bedeutender wirtschaftlicher und kultureller Bestandteil dieser Region. Die Revitalisierung des Weinbaus und der Weinherstellung wurde aber auch durch den Staat unterstützt. Im Bemühen, die Auswirkungen der sich ausbreitenden Rebstockkrankheiten zu eliminieren, und mit dem Ziel, neue Sorten zu veredeln, wurde 1924 in Bratislava das Weininstitut gegründet. Die Beruhigung der gesellschaftlichen Atmosphäre schlug sich ebenfalls in der weiteren baulichen Entwicklung nieder. In der Region entstanden neue Produktionsobjekte, mehrere Schulen, darunter auch der neue Sitz der Staatlichen Wein- und Obstbauschule in Modra, wohin die Ausbildung der Winzer nach 1923 verlegt wurde.

Österreich durchlief damals ebenso eine schwierige Zeit, nicht nur aus gesellschaftlicher, sondern auch aus wirtschaftlicher Sicht. Die staatliche Unterstützung des Weinbaus stand somit weder im Vordergrund des Interesses der Sozialdemokraten noch der Christdemokraten, die 1933 im Land an die Macht kamen.

manufacturers lost traditional trade markets, and natural connections were broken.

The German ethnic community, which made up over half of the population of the Little Carpathians wine region at the time, also had its fears about the way the situation was developing. For this reason, many vintner families left the country in 1918–1920. The famous Deutsch family from Pezinok should be mentioned in the name of all those who left. The Deutsch family founded the renowned Karpatská Perla (Carpathian Pearl) wine brand. It can be assumed that many of these families found refuge in nearby Lower Austria. Early fears dissipated in the end – the effect of minority rights being guaranteed in the constitution – and the German ethnic group remained a significant economic and cultural component of the region. The revitalization of the wine growing and manufacturing sector was meanwhile buoyed with subsidies from the state. In an effort to counteract the effects of ever-spreading grapevine diseases, and with the aim of cultivating

new varieties of grapes, a wine institute was founded in Bratislava in 1924. The overall reassurance in the social atmosphere was reflected in other construction developments. New production buildings popped up in the region, and several schools as well, including the new headquarters of the National Wine and Fruit Growing School in Modra, where the viticulture program was moved to in 1923.

Austria was going through other difficulties at the time, however, both socially as well as economically. Government subsidies for the wine sector were thus neither a priority nor a particular interest for either the Social Democratic or the Christian Democratic parties that came into power in 1933.

Zwei Weinbauregionen im Herzen Europas:
parallele, unterschiedliche und widersprüchliche Existenzen

Zu einer gewissen gegenseitigen Annäherung der beiden Regionen kam es para-
doxerweise erst nach dem dramatischen Zerfall der Tschechoslowakei und der
Entstehung des slowakischen Staates im Frühjahr 1939. Der gleiche Einfluss der
deutschen Politik auf Österreich und die Slowakei verband die beiden Regionen.
In der Architektur begrüßte ihn der österreichische, aus Pressburg stammende
Architekt Siegfried Theiss bereits 1938 auf den Seiten der Neuen Freien Presse.[1]

Die deutsche Volksgruppe in der Slowakei erlebte während dieser Zeit einen nie
dagewesenen emanzipatorischen Prozess. Außer den politischen und kulturellen
Aktivitäten war auch der so genannte Aufbaudienst ein Teil davon – ein freiwilliger Dienst mit Orientierung auf den Bau von Kulturhäusern, Schulen und
Wohnhäusern für Angehörige der deutschen Volksgruppe. In der Weinbauregion
der Kleinen Karpaten, ein traditionell hauptsächlich von Deutschen bewohntes
Gebiet, hing diese Tätigkeit wieder direkt mit dem Weinbau zusammen. Die
deutschen Winzer schlossen sich zu dieser Zeit auch durch die Propaganda
des Dritten Reichs zu sogenannten Winzergenossenschaften zusammen. Gerade
diese Genossenschaften waren die Bauherren von zehn Winzerhäusern, die in
der Region in der Zeit von 1940–1944 gebaut wurden. Diese Objekte dienten
hauptsächlich zur gemeinsamen Weinherstellung und -lagerung, aber auch für
Veranstaltungen der deutschen Volksgruppe. In Österreich erlebte die deutsche
Minderheit zwar keinen Emanzipationsprozess, die nationalsozialistische
Vorstellung über Architektur schlug sich aber in beiden Nachbarregionen nieder.
Die architektonische Form dieser Bauwerke wurde durch die zeitgenössische
Vorstellung über traditionelles Bauen und über die Architektur als Werkzeug zur
Verbreitung des deutschen Nationalbewusstseins beeinflusst. Im Sinne des

[1] Jan Tabor: *Die Baukunst der unbegrenzten Kompromisse.* In: *Architektur
     im 20. Jahrhundert – Österreich.* Architektur Zentrum Wien (Hg.), München,
     New York 1995, S. 40

Paradoxically, a certain initial fellowship between the
two regions didn't occur until after the dramatic fall of
Czechoslovakia and the birth of the Slovak state in spring
of 1939. The uniform influence of German policies on
Austria and Slovakia bonded the two regions. In the
field of architecture, this development was first hailed
by Austrian architect Siegfried Theiss, born in Bratislava,
on the pages of the Neue Freie Presse in 1938.[1]

During this time, the German ethnic group in Slovakia
underwent an emancipatory process that had never
before existed. Besides political and cultural activities,
so-called construction services were also a part of life:
voluntary service focused upon the construction of
cultural centers, schools, and residences for members
of the German ethnic community. In the wine regions
of the Little Carpathians, an area traditionally inhabited
primarily by Germans, these activities were directly
connected to grape farming. Under the influence of the
propaganda of the Third Reich, German vintners joined
together to form so-called Vintner Cooperatives. It was
these cooperatives that contracted the construction of
ten winery facilities built in the region in 1940–1944.
The buildings were mainly used for cooperative wine
manufacturing and storage, but also for events and
festivities of the German folk. In Austria, although the
German minority didn't undergo a process of emancipation, the national socialist concept of architecture
was reflected as well. The architectural form of these
structures was strongly influenced by contemporary
ideas of traditional building, and architecture was used
as a tool for expressing German national identity.
In the name of "down-to-earth" architecture, massively
walled buildings with historic Romanic architectural
elements, steep saddle roofs, and small windows were
constructed. Within the winegrowing region of the Little

[1] Jan Tabor: "Die Baukunst der unbegrenzten
     Kompromisse." In: "Architektur im 20. Jahrhundert –
     Österreich." Architektur Zentrum Wien (Ed.),
     Munich, New York 1995, p. 40

»bodenständigen Bauens« wurden massiv gemauerte Gebäude mit Elementen der historischen romanischen Architektur, steilen Satteldächern und kleinen Fenstern errichtet. Im Rahmen der Weinbauregion der Kleinen Karpaten sind aus architektonischer Sicht die Winzerhäuser in Limbach, Rača und Sv. Jur am interessantesten. Entworfen wurden diese Gebäude von Architekten mit deutscher Nationalität, u. a. auch dem gebürtigen Pressburger Christian Ludwig, der in der Zwischenkriegszeit zu den wichtigen Exponenten der modernen Architektur zählte. In Bratislava baute er das erste Hochhaus und zahlreiche moderne Wohnhäuser. Sein Winzerhaus in Sv. Jur ist jedoch ein charakteristisches Beispiel für die Rückkehr zu traditionellen Formen unter den zeitgenössischen politischen und ideologischen Einflüssen.

Siegfried Theiss kündigte in dem bereits erwähnten Artikel an, dass das Bauwesen auf dem Gebiet Österreichs durch den Einfluss des Deutschen Reichs profitieren würde. Die groß angelegten »Aufbaupläne« erfüllten sich jedoch nicht. Auch wenn Hitlers Interesse der baulichen Entwicklung Österreichs galt, konzentrierte er seine Aufmerksamkeit eher auf Oberösterreich und Linz und nicht auf die Grenzregionen, die für ihn keine Priorität darstellten. Die deutschen Winzer und Weinbauern auf dem Gebiet der Slowakei hatten aber keine lange Freude an ihrem neuen Vermögen. Bereits 1944, noch vor dem Rückzug der deutschen Truppen, verließen etliche Deutsche das Land. Unter ihnen auch der vorgenannte Architekt Ludwig, der nach dem Krieg erfolgreich in Linz tätig war. Diejenigen, die geblieben waren, wurden zur Zielscheibe von Sanktionen aufgrund des Grundsatzes der kollektiven Schuld.

Das Kriegsende betraf auch die physische Verbindung beider Regionen – die Franz-Josef-Brücke in Bratislava und die Brücke zwischen Schlosshof und Devínska Nová Ves wurden durch die sich zurückziehende deutsche Armee zerstört. Der Fall der Brücken war wie ein symbolisches Vorzeichen einer nahenden Gebietsteilung, die einige Jahrzehnte dauern sollte.

Carpathians, the wineries in Limbach, Rača, and Sv. Jur are architecturally the most interesting. These buildings were designed by German architects, including Christian Ludwig, who was born in Bratislava and was an important practitioner of modern architecture in the inter-war years. He built Bratislava's first skyscraper and numerous modern residential buildings. His winery in Sv. Jur is nevertheless a characteristic example of the return to traditional contours that occurred under the influence of the political and ideological authority of the era.

In the article mentioned above, Siegfried Theiss predicted that the building market in the Austrian region would profit from the influence of the German Reich. However, the extensively planned "construction scheme" was never realized. Although Hitler was interested in the building and developing of Austria, his attention was mainly concentrated on Upper Austria and Linz, and not on the border regions, which he saw as having little to no priority.

The German winemakers and growers did not revel in their new wealth for long. In 1944, even before the German troops had retreated, scores of German families fled the country. Among them was the previously mentioned architect Ludwig, who went on to become quite successful in Linz after the war. Those who stayed became the target of sanctions based upon the principle of collective guilt.

The end of the war affected the physical connections between the two regions – the Franz Josef Bridge in Bratislava and the bridge between Schlosshof and Devínska Nová Ves were both destroyed by retreating German forces. The fall of the bridges was symbolic, a premonition of the impending fissure that would soon divide the regions for several decades.

Henrieta Moravčíková

Schon im März 1945, also noch vor der Befreiung Bratislavas, deklarierte das
sogenannte Košicer Regierungsprogramm die Konfiszierung von feindlichem
Besitz. Als Republikfeinde galten vor allem die Deutschen und Ungarn. Einige
Monate später wurde schon der überwiegende Teil der Deutschen nach
Deutschland repatriiert, unter ihnen ebenfalls die Winzer, Weinhändler und
zahlreiche andere einflussreiche Bürger, die im Zeitraum davor das wirtschaft-
liche und kulturelle Geschehen in der Region bestimmt hatten. Was im Rahmen
der Enteignung des deutschen und ungarischen Besitzes nicht vollendet
werden konnte, wurde 1948 durch die Verstaatlichung des Bodens und der
Produktionsbetriebe zu Ende gebracht, nachdem die kommunistische Partei die
politische Macht in der Tschechoslowakei übernommen hatte. Die drastischen
Eigentumsveränderungen trafen auch die Weinbauregion der Kleinen Karpaten.
Der familiäre Weinbau wurde in sozialistische Produktionsbetriebe zwangs-
verbunden, und der Boden ging in den Besitz der landwirtschaftlichen Genossenschaften über. Die feinen, historisch bewährten Prozesse wurden durch schnelle
Modernisierung ersetzt, welche sich nicht nur negativ auf die Qualität der
regionalen Weine, sondern auch auf die Rekultivierung des Bodens und die mit
der Weinherstellung verbundene Bautätigkeit auswirkte. Die traditionelle, den
kleinen Städtchen entsprechende Architektur wurde durch standardisierte und
unifizierte Objekte einschließlich Plattenwohnhäuser ersetzt. Die Deformierung
der natürlichen Eigentumsbeziehungen führte dazu, dass das Gefühl der
Zugehörigkeit zum Eigentum verloren ging und die Mehrheit der ursprünglichen
Gebäude aus den früheren Zeiten somit nach und nach verfiel.

Der West- und Osteuropa trennende Eiserne Vorhang bewirkte, dass die
Kontakte zwischen den Grenzregionen für fast 40 Jahren unterbrochen wurden.
Die einzige Verbindung der Bevölkerung der Slowakei mit Österreich blieb der
Blick über den Fluss und das Programm des Österreichischen Fernsehens bzw.
Rundfunks als Informationsquelle nicht nur über die Nachbarregion, sondern
auch über die ganze westliche Welt. Der Eiserne Vorhang beeinflusste auch die

*In March of 1945, even before the liberation of
Bratislava, the Košice Government Program declared the
confiscation of enemy property. Germans and Hungarians
in particular were considered to be enemies of the
republic. A few months later, the vast majority of the
Germans was repatriated to Germany, including the
vintners, wine traders, and many other influential
citizens who had previously headed the economic and
cultural life of the region. Anything not terminated by
the dispossession of German and Hungarian property
was then finished off by the 1948 nationalization of the
land and the production companies after the communist
party had come into power in Czechoslovakia. These
drastic changes in ownership hit the winegrowing region
of the Little Carpathians as well. Once familial wine
farms were forcibly joined into socialist production
companies, and ownership of the land was transferred
to the agricultural cooperatives. Delicate processes,
proven throughout history, were replaced with rapid
modernization, which affected not only the quality
of wine from the region, but also had negative
repercussions for the recultivation of farming land
and the construction that went together with making
the wine. The traditional small-town architecture
was replaced by standardized and uniform buildings,
including prefabricated concrete slab apartment
complexes. The deformation of the natural ownership
relationships meant that the feeling of belonging
to one's own property was lost, and the majority
of traditional buildings from earlier times were
neglected and gradually deteriorated.*

*The Iron Curtain that divided Eastern and Western
Europe meant that the contacts between these border
regions were interrupted for almost 40 years. The
only connection between the people of Slovakia and
the Austrians was the view across the river and
Austrian radio and television programs, a source of
information not only about neighboring regions but
about the entire Western world. The Iron Curtain also
influenced the situation in Lower Austria. The regions
on the border to the communist Eastern Bloc were*

Zwei Weinbauregionen im Herzen Europas:
parallele, unterschiedliche und widersprüchliche Existenzen

Situation in Niederösterreich. Die Regionen an der Grenze zum kommunistischen Ostblock gerieten an den Rand des Geschehens, was sich auch negativ auf die wirtschaftliche Entwicklung und die Infrastruktur auswirkte.

Die Hoffnung auf eine Wiederherstellung der unterbrochenen grenznahen Bindungen und die Entwicklung der Grenzregionen entstand erst durch den Fall des kommunistischen Blocks im Herbst 1989. Die gesellschaftlichen Veränderungen, die Rückführung des Bodens, der Immobilien und Produktionsbetriebe an die ursprünglichen Eigentümer schufen auch die Voraussetzungen für die Wiederherstellung der Weinbautradition in den Kleinen Karpaten. Als schwer überwindbar erwies sich jedoch die Trennung von Weinbau und Weinherstellung, zu der es in Folge der Verstaatlichung und Modernisierung in der zweiten Hälfte des 20. Jahrhunderts gekommen war. Auf der einen Seite begannen sich Weinbaufamilienbetriebe tatsächlich schrittweise zu entwickeln. Auf der anderen Seite blieben aber zahlreiche Weingärten unbearbeitet und wurden Gegenstand von Grundstücksspekulationen, nachdem die Kontinuität der familiären Bearbeitung unterbrochen worden war. Das traditionelle Landschaftsbild der Weinbauregion der Kleinen Karpaten wurde somit durch spekulativen Wohnungsbau zerstört und ein Weingarten nach dem anderen liquidiert. Von den ursprünglich städtischen Weingärten oberhalb von Bratislava blieb zum Beispiel fast nichts mehr erhalten. Selbst der 2007 verabschiedete Flächenwidmungsplan der Stadt konnte den bedeutenden Wert der Weingärten als Bestandteil des charakteristischen Stadtbildes nicht definieren und schützen.

Mitte der 1990er Jahre zeigten sich auch in der Slowakei erste Initiativen zur Ankurbelung der regionalen Wirtschaft und des Fremdenverkehrs in Form der Weinstraße. Im Jahr 2001 wurde so nach dem Vorbild der Niederösterreichischen Weinstraße die erste Weinstraße auf dem Gebiet der Slowakei – die Weinstraße der Kleinen Karpaten – eröffnet. Ein Jahr später entstand die Initiative zur grenzüberschreitenden Verbindung mit der Niederösterreichischen

now at the outskirts of everything, which had a negative effect on economic development and infrastructure.

Hopes for the reinstatement of interrupted cross-border ties and the development of the border regions weren't revived until after the fall of the communist bloc in the fall of 1989. Social change and the return of land, houses, and businesses to their original owners created the conditions necessary for the reestablishment of the winegrowing culture of the Little Carpathians. However, overcoming the disruption of wine farming and manufacturing that had taken place as a result of the nationalization and modernization measures instated during the second half of the 20th century proved to a very difficult task. Family wine businesses did indeed start to grow and develop, step by step. Yet many vineyards were left untouched and became the object of real estate speculation, since the continuity of familial workmanship had been disturbed. The traditional landscape of the winegrowing region of the Little Carpathians was thus marred by speculative residential building

construction, and one vineyard after the other was liquefied. Almost nothing remained of the original urban vineyards above Bratislava, for example. Even the city land development plan passed in 2007 did not succeed in defining and protecting these valuable vineyards as a characteristic part of the cityscape.

In the mid-1990s, the first initiatives to stimulate the regional economy and tourism emerged in Slovakia in the form of the wine route. In the year 2001, the first wine route was inaugurated in Slovakia – the Little Carpathians Wine Route, which followed in the footsteps of the Lower Austrian Wine Road. A year later an initiative arose to create a cross-border connection with the Lower Austrian Wine Road.

Weinstraße. Die Förderung der grenzüberschreitenden Beziehungen und des Fremdenverkehrs in der Region diente auch als Inspiration für die sogenannten Erlebnisrouten. Als erste wurde 2007 die Route Wein & Architektur konzipiert.[2]

Die ersten positiven Ergebnisse der gesellschaftlichen Veränderungen zeigten sich in der Weinbauregion der Kleinen Karpaten erst am Anfang des 21. Jahrhunderts. Während der existenziell schweren Zeiten blieb den Winzern nicht mehr viel Energie, auch noch an Architektur zu denken. Weder vom Staat noch von der Landesregierung erhielten sie finanzielle Bauförderungen. Der europäische Trend, Wein und Architektur zu verbinden, drang somit nur langsam in das Weinbaugebiet der Kleinen Karpaten vor, und die Bautätigkeit konzentrierte sich anfänglich ausschließlich auf die Sanierung der historischen Bausubstanz. Zu den ersten Revitalisierungsversuchen zählten zum Beispiel die Sanierung des Winzerhauses U richtára aus dem 16. Jahrhundert in Modra und dessen Umbau in das Pavúk wine Restaurant oder der Umbau des 300 Jahre alten Winzerhauses in Pezinok in das Restaurant Vinum Galéria Bozen. Eine bemerkenswerte Veränderung durchliefen auch einige der einstigen Winzerhäuser. Die ehemalige Produktionsstätte und das Kulturhaus in Limbach wurden zum Beispiel in ein erfolgreiches Hotel mit Restaurant umgebaut, das heute das vitale Ortszentrum darstellt.

Die entscheidende inspirierende Rolle spielten in diesem Prozess gerade die grenzüberschreitende Zusammenarbeit mit Niederösterreich und der Trend, Wein mit hochwertiger Architektur zu verbinden. Dieser trat in Österreich seit Mitte der 1990er Jahre in den Vordergrund und wurde der breiten Öffentlichkeit durch die 2005 im Architekturzentrum Wien gezeigte

[2] Helga Kusolitsch, Jürg Meister (Hg.), *Route Centrope Wein & Architektur, Erlebnisrouten im Zentrum Europas.* Wien 2007

This support for cross-border interactions and tourism in the region became an inspiration for the so-called adventure routes. The first one to be established was the Wine & Architecture Route in 2007.[2]

The first positive results of these social changes in the Little Carpathians region didn't begin to show until the early 21st century. Before then, existential hardship meant that vintners were left without the energy and resources to think about architecture on top of everything else. They received funding from neither the federal government nor the regional administration for construction projects. Thus the European trend toward bringing wine and architecture into the same context was slow to reach the winegrowing region of the Little Carpathians, and construction activities were at first concentrated simply on renovating historic buildings. A good example of an early attempt at revitalization is the renovation of the U richtára Winery in Modra, a conversion that turned the 16th century building into the Pavúk Wine Restaurant. A restored and adapted 300-year-old winery in Pezinok became the Vinum Galéria Bozen Restaurant. Many other former wineries underwent noteworthy alterations as well. For instance, the former production facility and cultural center in Limbach was converted into a successful hotel and restaurant, which has become a lively town center today.

Cross-border collaborations with Lower Austrian, however, and the trend toward combining wine with high quality architecture played the decisive inspirational role. In Austria, the movement had been at the forefront since the 1990s and was brought to the general public in 2005 through the Architekturzentrum Wien's exhibition titled WineArchitecture – The Winery Boom. Within two years, reactions to the trend could be seen in Slovakia.

[2] "Route Centrope Wein & Architektur. Erlebnisrouten im Zentrum Europas." Helga Kusolitsch, Jürg Meister (Ed.), Vienna 2007

Zwei Weinbauregionen im Herzen Europas:
parallele, unterschiedliche und widersprüchliche Existenzen

Ausstellung »WeinArchitektur. Vom Keller zum Kult« präsentiert. Die Reaktion auf diesen Trend zeigte sich in der Slowakei bereits innerhalb der folgenden zwei Jahre.

Der erste Versuch, die Familientradition der Weinherstellung mit moderner Architektur zu verbinden, gelang im Jahr 2007 der Winzerei Karpatská Perla in Šenkvice. Die torsoartige, während des gesamten 20. Jahrhunderts errichtete Struktur wurde durch den Anbau der Fermentationshalle aus nacktem Beton und Holz des Architekten Ľubomír Sádecký vereint und bereichert. Der so entstandene bemerkenswerte Komplex wurde sogar für den nationalen Architekturwettbewerb »Cena Arch 2008« nominiert. Als bahnbrechend kann jedoch erst der Weinbetrieb In Vino in Modra (Kalin Cakov, Emil Makara a Kol., 2009) betrachtet werden. Während es sich bei der Karpatská Perla um die Verbindung zeitgenössischer Architektur mit einem traditionellen Weinbetrieb handelte, stellt In Vino einen Modehybrid dar, bestehend aus der Produktion, einer Vinothek, einem Restaurant, einem Hotelbereich und einer Galerie für moderne Kunst. Es erinnert somit an das berühmte Loisium (Steven Holl, 2005) im niederösterreichischen Langenlois, welchem es gelang, in der Region Prozesse anzukurbeln, die zur Steigerung der Besucherzahlen, des Verkaufs der örtlichen Weine wie auch zur gesamten Prosperität beitrugen. Die geniale Idee, das Loisium mit Weinbau, Hotel und Weinausstellung zu bauen, entstand im Kopf eines Steuerberaters. Bezeichnend ist deshalb, dass auch der Gedanke für das In Vino nicht aus einem traditionellen Winzerumfeld kam. Gerade eine derartige Genese gibt wahrscheinlich dem ganzen Projekt nicht nur ein beträchtliches Startkapital, sondern auch den notwendigen Weitblick, die Sensibilität für aktuelle Trends und auch eine nützliche Prise an Snobismus. Im Umfeld von Modra könnte sich so das Erfolgsszenario von Langenlois wiederholen, wohin die BesucherInnen nicht mehr nur auf einen Sprung kommen, um Wein zu kaufen, sondern etwas länger bleiben und dabei gern auch das restliche Angebot der Produktion verkosten. In der Weinbauregion der Kleinen

The first successful attempt to tie traditional family winemaking to contemporary architecture was in 2007, by the Karpatská Perla Winery in Šenkvice. A torso-like structure that had been constructed during the entire 20th century was joined and enhanced by a fermentation hall made of naked concrete and wood, designed by architect Ľubomír Sádecký. The highly remarkable complex was nominated for the national Cena Arch 2008 architecture award. However, the first project that can be viewed as truly groundbreaking was the In Vino Winery in Modra (Kalin Cakov, Emil Makara and col., 2009). While the Karpatská Perla was about harmoniously joining contemporary architecture with a traditional wine company, In Vino represented a stylish hybrid of production facility, vinotheque, restaurant, hotel, and modern art gallery. As such, it is reminiscent of the famous Loisium (Steven Holl, 2005) in the Lower Austrian town of Langenlois, which successfully jumpstarted a regional process that increased the number of visitors and contributed to the sale of local wines as well as to overall prosperity as a whole.

The stroke of genius that led to the Loisium being built as a combination of viticulture, hotel and wine exhibition space was spurred by a tax consultant. It is significant that the idea of the In Vino did not spring from a traditional viticulture background. It was probably exactly this sort of development that gave the project not only considerable starting capital, but also the highly essential vision, sensitivity for current trends, and an advantageous pinch of snobbery as well. It was thus possible for the success scenario seen in Langenlois to repeat itself in the area around Modra, where visitors now don't just come to drop by and buy wine, but also to stay a little longer and taste the rest of the product palette. However, in the winegrowing region of the Little Carpathians, the works mentioned are all single – and often isolated – initiatives that were only able to counteract the problematic legacy of previously disrupted development with great difficulty.

Karpaten stellen jedoch alle genannten Werke individuelle, oft isolierte Initiativen dar, die nur schwer das problematische Erbe der vorherigen diskontinuierlichen Entwicklung aufwiegen können.

Auch die grenzüberschreitende Zusammenarbeit, die sich Anfang der 1990er Jahre so hoffnungsvoll abzeichnete und auf beiden Seiten von Enthusiasmus geprägt war, nahm einen eher problematischen Verlauf. Ein anschauliches Beispiel für die Schwierigkeiten bei der Wiederherstellung der unterbrochenen Verbindungen war die Plage mit dem Bau der Autobahnverbindung zwischen Wien und Bratislava oder mit der Erneuerung der Brücke zwischen Schlosshof und Devínska Nová Ves, welche am Beginn des 21. Jahrhunderts von der österreichischen Bevölkerung durch eine Volksbefragung abgelehnt wurde. Die Fußgänger- und Radwegbrücke konnte letztendlich mit finanzieller Unterstützung der EU erst 2012 fertig gestellt werden. Auf österreichischer Seite stößt man jedoch bis heute auf das permanent geschlossene östliche Tor des Schlossgeländes. Im Übrigen zeigen die BewohnerInnen der slowakischen Region mehr Initiative. Zahlreiche EinwohnerInnen von Bratislava fanden in den grenznahen Gebieten Niederösterreichs ein geeignetes Umfeld zur Realisierung ihrer Wohnvorstellungen. Ein besonderes Beispiel einer derartigen »Kolonialisierung« ist wahrscheinlich Wolfsthal, wo das beispielhafte Zusammenleben von ÖsterreicherInnen und SlowakInnen bereits einige europäische Auszeichnungen erhalten hat. Im Licht dieser Erfahrungen muten ambitiöse gesellschaftlich-wirtschaftliche Konzepte wie Centrope oder Twincity eher spekulativ politisch an. Die Mehrheit der erfolgreichen Versuche einer grenzüberschreitenden Zusammenarbeit ist nämlich das Ergebnis von Initiativen lokaler Einzelpersonen und nicht der anonymen staatlichen oder europäischen Bürokratien. Auf der anderen Seite ist jedoch zu betonen, dass die Monarchie Österreich-Ungarn, an die viele BewohnerInnen dieser Region bis heute mit nostalgischer Sympathie zurückdenken, zum großen Teil auch ein staatliches bürokratisches Konzept war.

252

The cross-border cooperation plans that were so hopefully forged in the early 1990s, with hearty enthusiasm on both sides, did run a somewhat problematic course. An excellent example of the difficulties confronting the reestablishment of broken ties was the messy nuisance of building the autobahn route between Vienna and Bratislava, or restoring the bridge between Schlosshof and Devínska Nová Ves, which was voted down in a referendum by the Austrian people at the start of the new millennium. The pedestrian and bicycle bridge was finally completed with the financial support of the EU in 2012. On the Austrian side, even today one butts up against the permanently closed eastern gate of the castle grounds. The inhabitants of the Slovakian region show more initiative. Numerous citizens of Bratislava have found the right environment for realizing their vision for life in the border areas of Lower Austria. A special illustration of this kind of "colonization" is Wolfsthal, where the co-habitation of Austrians and Slovaks has received several awards. In light of these experiences, ambitious social-economic concepts such as Centrope or Twincity seem more politically speculative than anything else. The majority of successful attempts at cross-border collaboration have namely been at the initiative of local individuals, and not the proof of anonymous state or European bureaucracies. On the other side, it must be emphasized that the Austro-Hungarian monarchy, which many denizens of this region think back on with nostalgic sympathy, was also a bureaucratic, state concept.

Zwei Weinbauregionen im Herzen Europas:
parallele, unterschiedliche und widersprüchliche Existenzen

In den 1990er Jahren wurde allgemein vorausgesetzt, dass der Untergang
der bipolaren Welt und der Vereinigungsprozess Europas die Erneuerung der
gewaltsam unterbrochenen wirtschaftlichen, sozialen und kulturellen Bindungen
und die damit zusammenhängende natürliche Lebensfähigkeit der historischen
Regionen ermöglichen. Die aktuelle Entwicklung zeigt jedoch, dass diese
Bindungen ebenso wie die die architektonische Kultur der Region formenden
Prozesse zwar eine große Standhaftigkeit aufweisen, sich aber nur sehr
langsam entwickeln. Dies gilt paradoxerweise gleichsam für ihre Konstruktion
wie auch Destruktion.

*In the 1990s, it was widely assumed that the demise
of the divided world and the unification of Europe would
enable the revival of brutally disrupted economic, social,
and cultural ties, and nurse the natural viability of the
historic regions. However, current developments show
that, like the processes that form the architecture of
the region, these ties are very slow to develop, even
while they may have a strong durability. Paradoxically,
this has been true both of their construction and their
destruction.*

Biografien

Andreas Breuss / geb. 1961 in Feldkirch, Vorarlberg. Seit 1989 selbstständig als Gestalter von architektonischen Räumen und Objekten tätig. Studium der Psychologie und Soziologie an der Universität Wien. Studium der Holzbauarchitektur an der Kunstuniversität Linz. 1992–2006 Kooperation mit eichinger oder knechtl. 2006–2008 Kooperation mit eichinger offices. Seit 2008 eigenständiges Büro mit Christine Schwaiger. Seit 2010 Lehrbeauftragter an der New Design University St. Pölten. Stipendium des Kulturamtes der Stadt Wien, 1989. Kulturpreis der Stadt Feldkirch, 1993. Ausstellungen in Wien, München, Stuttgart und Paris. *// Born 1961 in Feldkirch, Vorarlberg, Austria. Freelance designer of architectural spaces and objects since 1989. Studied Psychology and Sociology at the University of Vienna. Studied Timber Construction Architecture at the Kunstuniversität Linz. 1992–2006 collaboration with eichinger oder knechtl. 2006–2008 collaboration with eichinger offices. Own agency together with Christine Schwaiger since 2008. Teacher at the New Design University St. Pölten since 2010. Scholarship from the City of Vienna Culture Department in 1989. City of Feldkirch Culture Award in 1993. Exhibitions held in Vienna, Munich, Stuttgart, and Paris.*

Andreas Buchberger / geb. 1967 in Ybbs, HTL Hochbau in Krems, Studium der Architektur und Mitarbeit in verschiedenen Architekturbüros. Ausbildung für Fotografie an der grafischen Lehr- und Versuchsanstalt Wien, seit 2000 selbstständiger Architekturfotograf, lebt und arbeitet in Wien. *// Born 1967 in Ybbs, Austria. Studied Building Construction in Krems; studied Architecture and worked at various architectural firms; studied Photography at the Grafischen Lehr- und Versuchsanstalt Wien. Living and working in Vienna as a freelance architectural photographer since 2000.*

Theresia Hauenfels / geb. 1974 in Wien, Studium der Romanistik und Geschichte in Wien. Seit 1998 freie Autorin mit Schwerpunkt Architektur, bildende Kunst und österreichische Identität. 2000 Forschungsstipendium der Stadt Wien. Seit 2001 freie Kuratorin, seit 2006 Organisatorin des Symposiums »res urbanae – Waidhofner Begegnungen«. 2009 Projektstipendium des BMUKK in Zagreb. 2010 Dokumentation »Bauten für die Künste. Architekturjuwele in Niederösterreich« mit Georg Riha (ORF). Seit 2010 Autorin für »architektur aktuell«, lebt in Wien und Waidhofen/Ybbs. *// Born 1974 in Vienna. Graduated in Romance Studies and History from the University of Vienna. Working as a freelance writer specializing in architecture, visual arts, and Austrian identity since 1998. Research scholarship from the City of Vienna in 2000. Freelance curator since 2001. Organizer of the res urbanae – Waidhofner Begegnungen symposium since 2006. Project grant from BMUKK in Zagreb in 2009. Documentary film »Buildings for the Arts. The Architectural Gems of Lower Austria« with Georg Riha (ORF) in 2010. Writer for architektur aktuell since 2010. Currently living in Vienna and Waidhofen/Ybbs.*

Elke Krasny / arbeitet als Kulturtheoretikerin, Stadtforscherin, Kuratorin und Autorin zu Gegenwartsarchitektur, Urbanismus, Kunst und öffentlichem Raum, kuratorischen Praxen, Bildung, Geschlechterfragen und Repräsentation. 2010 kuratierte sie »Thinking Out Loud. The Making of Architecture« am Centre de Design de l'UQAM in Montréal. Diese Ausstellung wurde 2011 in Halifax sowie in einer neuen Version in Graz gezeigt. Jüngste Publikationen: »Stadt und Frauen. Eine andere Topografie von Wien«, metro Verlag 2008; »The Force is in the Mind. The Making of Architecture«, Birkhäuser Verlag 2008. // *Works as a cultural theorist, urban researcher, curator, and writer on contemporary architecture, urbanism, art and public space, curatorial practices, education, gender issues, and representation. Curated Thinking Out Loud. The Making of Architecture at the Centre de Design de l'UQAM in Montreal in 2010. The exhibition was shown in 2011 in Halifax and in a new version in Graz, Austria. Recent publications: Stadt und Frauen. Eine andere Topografie von Wien, metro Verlag 2008; The Force is in the Mind. The Making of Architecture, Birkhäuser Verlag 2008.*

Andrea Nussbaum / geb. in Wien, Studium der Kommunikationswissenschaften, 1990–96 im MAK-Museum für angewandte Kunst Wien tätig, 1996–2000 in New York u. a. Program Director der Galerie Storefront for Art and Architecture, danach redaktionelle Tätigkeit für das Architekturmagazin »architektur aktuell«, 2008–09 Chefredakteurin von »91 – More Than Architecture«, seit 2009 freie Autorin, lebt in Wien. // *Born in Vienna. Studied Communication Sciences. 1990–1996 MAK-Austrian Museum of Applied Arts Vienna. 1996–2000 In New York as program director for the Storefront for Art and Architecture gallery, et al. Editorial work for the architecture magazine architektur aktuell. 2008–2009 Editor-in-chief of 91 – More Than Architecture. Freelance writer since 2009. Currently living in Vienna.*

Henrieta Moravčíková / arbeitet als Senior Researcher sowie Leiterin der Architektur-Abteilung am Institut für Bauwesen und Architektur der Slowakischen Akademie der Wissenschaften in Bratislava und lehrt im Rahmen des Aufbaustudienprogramms an der Fakultät für Architektur an der Slowakischen Technischen Universität in Bratislava. Sie erforscht die Architektur des 20. und 21. Jahrhunderts, ist Herausgeberin der Fachzeitschrift Architektúra & Urbanizmus, u. a. verfasste sie »20th Century Architecture in Slovakia« (Slovart, 2002) und brachte den ersten Gesamtüberblick über slowakische Architektur heraus: »Architecture in Slovakia: A Concise History« (Slovart, 2005). Ihr jüngstes Buch »Bratislava: An Atlas of Mass Housing« erschien 2011 bei Slovart in Bratislava. // *Senior Researcher and Head of the Architecture Department of the Institute for Architecture and Construction, Slovak Academy of Sciences in Bratislava and teaches for the ongoing studies program of the Faculty of Architecture at the Slovakian Technical University in Bratislava. Researches 20th and 21st century architecture. Editor of the Architektúra & Urbanizmus professional journal. Published 20th Century Architecture in Slovakia (Slovart, 2002) as well as the first comprehensive overview of Slovakian architecture, Architecture in Slovakia: A Concise History (Slovart, 2005). Her most recent book Bratislava: An Atlas of Mass Housing was published in Bratislava (Slovart 2011).*

Biografien

Dominik Scheuch / geb. 1978, aufgewachsen in Matzen im Weinviertel, Studium der Landschaftsarchitektur an der Universität für Bodenkultur und Freie Grafik an der Universität für angewandte Kunst in Wien und Budapest. Mitarbeit in österreichischen Architektur- und Landschaftsarchitekturbüros. Seit 2009 eigenes Büro YEWO LANDSCAPES in Wien. Seit 2008 Lehrender an österreichischen Universitäten und (Landschafts-)Architekturvermittler u. a. im Rahmen seines Labels »Architekturlinienbus«. *// Born 1978 and grew up in Matzen in the Weinviertel. Studied Landscape Architecture at the University of Natural Resources and Life Sciences and Free Graphics at the University of Applied Arts in Vienna and Budapest. Worked in various Austrian architecture and landscape architecture offices. Own landscape architecture office YEWO LANDSCAPES in Vienna since 2009. Teaches at Austrian universities and organization of the Architekturlinienbus architectural tours for ORTE Lower Austrian Architectural Network since 2008.*

Gerhard A. Stadler / geb. 1956 in Perg, Oberösterreich, Industriekaufmann, Studium der Wirtschafts- und Sozialgeschichte, Ethnologie und Philosophie an der Universität Wien, wissenschaftlicher Mitarbeiter am Institut für Sozial- und Wirtschaftsgeschichte der Johannes-Kepler-Universität Linz. Seit 1990 am Institut für Kunstgeschichte, Bauforschung und Denkmalpflege der Technischen Universität Wien, Abteilung Denkmalpflege und Bauen im Bestand. Forschungsgebiete: Industriearchäologie, Bauforschung und Denkmalpflege, Wirtschafts-, Sozial- und Technikgeschichte vor allem in den Nachfolgestaaten der ehemaligen Österreichischen Monarchie. *// Born 1956 in Perg, Upper Austria. Industrial manager. Studied Economic and Social History, Ethnology, and Philosophy at the University of Vienna. Research associate at the Institute for Social and Economic History at the Johannes Kepler University Linz. Member of the Monument Preservation and Construction on Historic Fabric Department of the Institute for Art History, Building Research, and Monument Preservation at the Vienna University of Technology since 1990. Areas of research: industrial archeology, historical building research and monument preservation, and the economic, social, and technological history in particular of the successor states of the former Austrian monarchy.*

Michael Stavarič / geb. 1972 in Brno, kam 1979 als Siebenjähriger aus
der damaligen Tschechoslowakei nach Österreich. Zunächst wollte die
Familie nach Kanada auswandern, ihr Weg führte sie letztlich ins niederösterreichische Laa/Thaya. In der Folge studierte er an der Universität
Wien Bohemistik und Publizistik/Kommunikationswissenschaft und war als
Rezensent für »Die Presse« und das Wiener Stadtmagazin »Falter« sowie
für verschiedene Verlage als Gutachter für tschechische Literatur tätig.
Es folgten zahlreiche Veröffentlichungen in diversen Verlagen, Zeitschriften
und Anthologien. Michael Stavarič erhielt zahlreiche Stipendien und Auszeichnungen – zuletzt (2012) wurde er mit dem Adelbert-von-Chamisso-Preis
und dem Österreichischen Staatspreis für Kinder- und Jugendliteratur ausgezeichnet. Aus seinem umfangreichen Œuvre: »Brenntage« (C.H. Beck 2011),
»Nadelstreif & Tintenzisch« Haymon 2011, »Gloria nach Adam Riese« (Luft-
schacht, 2012). Er lebt als freier Schriftsteller und Übersetzer in Wien. //
Born 1972 in Brno. Came to Austria from the former Czech Republic at the
age of seven. Although his family originally wanted to emigrate to Canada,
their path led in the end to Laa/Thaya in Lower Austria. He went on to
study Czech Studies and Journalism/Communication Sciences. Worked
as a reviewer for Die Presse and the Vienna city journal Falter, as well as
assessing Czech literature for various publishers. Numerous publications for
many different publishing houses, newspapers, and anthologies. Awarded
numerous prizes and scholarships – most recently (2012) with the Adelbert
von Chamisso Prize and the Austrian State Prize for Children's and Youth
Literature. A selection of his extensive works: Brenntage (C.H. Beck, 2011),
Nadelstreif & Tintenzisch (Haymon 2011), Gloria nach Adam Riese (Luft-
schacht, 2012). Lives and works as a freelance author and translator in
Vienna.

Literaturauswahl

Antonín Bartoněk, Bohuslav Benes, Wolfgang Müller-Funk, *Kulturführer Waldviertel, Weinviertel, Südmähren,* Wien 1993

Jakob Baxa, *Hundert Jahre Hohenauer Zuckerfabrik der Brüder Strakosch. 1867–1967,* Festschrift, Wien 1967

Dehio, *Die Kunstdenkmäler Österreichs. Niederösterreich. Nördlich der Donau,* hg. vom Bundesdenkmalamt, Wien 1990

Stefan Eminger, Ernst Langthaler, Peter Melichar (Hg.), *Niederösterreich im 20. Jahrhundert, Bd. 2 Wirtschaft,* Wien, Köln, Weimar 2008

Stefan Eminger, Oliver Kühschelm, Ernst Langthaler (Hg.), *Niederösterreich im 20. Jahrhundert, Bd. 3 Kultur,* Wien, Köln, Weimar 2008

Gerda Fassel, Ulrike Jenni (Hg.), *Texte zur Bildenden Kunst,* Universität für Angewandte Kunst, Wien 2010

Eva Guttmann, Gabriele Kaiser, Franziska Leeb, *Architektur in Niederösterreich 2002–2010,* Wien, New York 2010

Friedrich Grassegger, Alexandre Tischer (Hg.), *Bau(t)en für die Künste. Zeitgenössische Architektur in Niederösterreich,* Wien, New York 2010

Ernst Hiesmayr, *Das Karge als Inspiration,* Wien 1991

Ernst Hiesmayr, *Einfache Häuser,* Wien 1991

Thomas Jorda, *Dependance. Bad Pirawarth,* in: Theresia Hauenfels, Thomas Jorda, *Wohnen im Sommer. Das Phänomen Sommerfrische,* St. Pölten, Salzburg 2009, S. 110–119

Kurt Klöckl, Walter Laggner, *Zeitgenössische Baukunst in Österreich,* Graz 1982

Christian Kühn (Hg.), *Anton Schweighofer – Der stille Radikale: Bauten Projekte Konzepte,* Wien, New York 2000

Wolfgang Krammer, Johannes Rieder, *Weinviertler Kellergassen: Unsterblicher Kulturschatz,* Schleinbach 2012

Ulla Kremsmayer, Anton Schultes, Robert Zelesnik, *Hohenau. Ein Heimatbuch,* Hohenau an der March 2001

Mihály Kubinszky, *Bahnhöfe in Österreich: Architektur und Geschichte,* Wien 1986

le moniteur, architecture no 165, novembre 2006

Susanne Paschinger, *Aïda – Bausteine der Identitätskonstruktion,* Diplomarbeit Wien 2008

Günter Sellinger (Hg.), *Stockerau: Geschichte und Geschichten,* Stockerau 2009

Robert Sommer, *Die Sachzwangsvollstreckung. Beispiel Hohenau an der March: Wenn eine Region die letzte Fabrik verliert,* in: Augustin 03/2006, www.augustin.or.at/article834.htm

Gerhard A. Stadler, *Das industrielle Erbe Niederösterreichs, Geschichte – Technik – Architektur,* Wien, Köln, Weimar 2006

Irene Suchy, Judith Eiblmayr, *Strasshof an der Nordbahn: Die NS-Geschichte eines Ortes und ihre Aufarbeitung,* Wien 2012

Stefan Wunderl, *Die Geschichte der Schiffswerft Korneuburg,* Diplomarbeit Wien 2008

Walter Zschokke, *Steg über Ausgrabungen,* in: Marcus Nitschke, Walter Zschokke (Hg.), *Architektur in Niederösterreich 1997–2007,* Wien, New York 2007

Walter Zschokke, *Architektur in Niederösterreich 1986–1997,* Basel, Berlin 1997

Onlinearchive

www.architektur-noe.at

Az W Architektenlexikon 1880–1945

www.nextroom.at

www.diepresse.com

www.publicart.at

Namensregister

Namensregister

Ortsregister